特殊学校教育·康复·职业训练丛书

# 特殊教育学校办学模式

| 主　　编 | 黄建行 | 雷江华 | | |
|---|---|---|---|---|
| 副 主 编 | 曹　艳 | 黄建中 | | |
| 编写人员 | 郭俊峰 | 李百艺 | 康小英 | 万　勇 |
| | 张天晓 | 陆　瑾 | 王　颖 | 白锋亮 |
| | 王　瑛 | 崔　颖 | 顾　斌 | 张　春 |
| | 何小玲 | 秦　涛 | 周　媛 | 梁　涛 |
| | 崔　婷 | 张　晶 | 柯　琲 | 刘文丽 |
| | 冯　会 | 苏　慧 | 亢飞飞 | 赵梅菊 |
| | 朋文媛 | 魏雪寒 | 熊文娟 | 宫慧娜 |
| | 康小英 | | | |

图书在版编目(CIP)数据

特殊教育学校办学模式 / 黄建行,雷江华主编. —北京:北京大学出版社,2016.8
(特殊学校教育·康复·职业训练丛书)
ISBN 978-7-301-27318-0

Ⅰ. ①特… Ⅱ. ①黄… ②雷… Ⅲ. ①特殊教育-学校管理-中国 Ⅳ. ①G769.2

中国版本图书馆CIP数据核字(2016)第181106号

| | |
|---|---|
| 书　　名 | 特殊教育学校办学模式<br>TESHU JIAOYU XUEXIAO BANXUE MOSHI |
| 著作责任者 | 黄建行　雷江华　主编 |
| 丛书策划 | 李淑方 |
| 责任编辑 | 泮颖雯 |
| 标准书号 | ISBN 978-7-301-27318-0 |
| 出版发行 | 北京大学出版社 |
| 地　　址 | 北京市海淀区成府路205号　100871 |
| 网　　址 | http://www.pup.cn　新浪微博:@北京大学出版社 |
| 电子信箱 | zpup@pup.cn |
| 电　　话 | 邮购部62752015　发行部62750672　编辑部62767857 |
| 印刷者 | 北京大学印刷厂 |
| 经销者 | 新华书店 |
| | 730毫米×980毫米　16开本　16.25印张　280千字<br>2016年8月第1版　2017年12月第2次印刷 |
| 定　　价 | 48.00元 |

未经许可,不得以任何方式复制或抄袭本书之部分或全部内容。
**版权所有,侵权必究**
举报电话:010-62752024　电子信箱:fd@pup.pku.edu.cn
图书如有印装质量问题,请与出版部联系,电话:010-62756370

# 序一

方俊明
华东师范大学终身教授
中国高等教育学会特殊教育研究会理事长
国家重点课题《特殊教育支持保障体系研究》的首席专家

"十二五"期间,是我国特殊教育工作推动力度最大,取得成绩最为显著的五年。通过贯彻《国家中长期教育改革发展规划(2010—2020)》,执行《特殊教育提升计划(2014—2016)》,以及国家特殊教育实验区的建设,我国特殊教育发展进入了历史上最好的发展时期。一是各级政府和全社会都提高了对发展特殊教育重要意义的认识,逐步落实特殊教育发展的重要任务指标,出台优惠政策与增加财政投入,使特殊教育学校的办学条件有了明显的改善,残疾儿童少年接受义务教育的人数的比例大幅度提高。二是通过国家37个特教深化改革实验区的建设,全方位推进区域性特殊教育支持保障体系的构建,初步建立布局合理、学段衔接、普职融通、"医教结合"的特殊教育体系。三是通过研制《全日制特殊教育学校义务教育课程标准》,出台《特殊教育教师专业标准》,促进了特殊教育师资水平和教学质量的提高。

面临我国特殊教育发展的大好形势,我国许多特殊学校和特教单位都在聚焦于内涵发展,通过总结经验,制订未来五年的发展规划,迎接新的挑战,由深圳市元平特殊教育学校黄建行校长与华中师范大学特殊教育系主任雷江华教授主编、北京大学出版社出版的"特殊教育学校教育·康复·职业训练丛书"就是在这样的背景下问世的研究成果。

这套"特殊学校教育·康复·职业训练丛书"系统地总结了我国改革开放的特区深圳市元平特殊教育学校的办学经验和理论思考,结合教育、教学、管理、科研等多方面的实践,深入地探讨了有关特殊儿童,尤其是智力障碍儿童的学校教育、身心康复、职业训练以及终身教育等一系列问题。"特殊学校教育·康复·职业训练丛书"由六本专著构成。

《特殊教育学校办学模式》，用8章27万字的篇幅系统地介绍了深圳元平特殊教育学校办学模式的形成与发展历程，包括学校的办学理念、办学体制、办学人员、办学环境、办学特色与办学模式的革新。该书总结了深圳市这所规模大、设备好，师资力量雄厚的特殊学校，如何在我国特殊教育发展的大好形势下，适应当地经济发展水平和人才需要，不断革新办学范式。

《特殊教育学校校本课程开发》，用6章30万字的篇幅系统地介绍了深圳元平特殊教育学校根据国家提出的建立国家课程、地方课程、学校课程等三级课程体系的构想，结合学生实际和地方特色开发校本课程的理论与实践。该书在系统地梳理我国特殊教育学校校本课程开发国内外背景、发展历程、课程开发的理念、流程和体系的基础上，以案例的形式说明康复类校本课程开发、职业训练类校本课程开发的实施原则与结构体系，深入地讨论了校本课程开发的多种支持策略。

《特殊教育学校学生康复与训练》，用9章45万字的篇幅系统地介绍了深圳元平特殊教育学校，作为一所面对智力障碍、听觉障碍、视觉障碍、自闭谱系障碍、脑瘫等五类特殊儿童的综合性特殊学校，如何通过"医教结合"，对发展障碍儿童进行康复与训练的经验。作者强调康复与训练是帮助特殊儿童恢复和补偿功能，提高生存质量与社会适应能力的重要途径，是特殊学校一切工作的重中之重。几十年来，学校在"教育、康复、职业训练一体化"办学思想的指导下，已经从建校初期的只是针对某一类特殊儿童单一的康复模式（如最初的聋童的语言康复、脑瘫儿童的肢体康复），发展到包括教育康复、医疗康复、家庭康复和社区康复等综合康复与全面康复的模式。该书的前四章介绍了特殊教育学校学生康复的理论基础、支持体系，后五章分别探讨了五类特殊儿童的康复与训练的原理、方法与过程。

《智障学生职业教育模式》，用8章25万字的篇幅系统地介绍了深圳元平特殊教育学校智障学生职业教育的理念、发展目标、组织结构、课程设置、教学与实训、质量评估与教师发展等一系列问题的实践经验和理论思考。元平学校深刻地认识到，在康复训练的基础上，对智障儿童进行有效的职业技术教育，帮助学生形成良好的职业素养和职业技能，是解决他们的就业与生存问题的重要举措。从2003年以来，学校遵循"以生为本，育残成才"的办学宗旨，提出了"立交桥"式的职业教育模式，尤其是在生态取向、以生为本、职特融通、就业导向等方面取得了显著的成就，赢得了广泛的社会赞誉。

《信息技术在特殊教育中的应用》，用6章26万字的篇幅系统地介绍了深圳元平特殊教育学校信息化建设与应用的实践与经验。学校很早就认识到21世纪是一个知识化、信息化的时代,把培养学生获得与应用信息的能力,促进沟通与交流放在一个非常重要的位置。从1991年建校开始,学校就不断地将信息技术与管理、教学与服务结合起来,积极创建信息化的校园,为教师与学生的发展提供了一个完善的信息化环境。本书不仅全面地介绍了信息技术在特殊教育中应用的概况,还采用案例形式说明了信息技术在视障、听障、智障、自闭症与脑瘫等五类障碍儿童教学、管理与服务过程中的运用策略与成效。

《特殊教育学校特奥运动项目建设》,用9章26万字的篇幅系统地介绍了深圳元平特殊教育学校作为国家特奥培训基地和深圳市残疾人运动训练基地开展特奥运动项目训练的实践与经验。从1991年以来,深圳元平特殊教育学校经过起步、发展、领跑三个阶段的发展,在特奥基地建设方面已经形成了一定的规模,培育出一批有本校特色并在全国乃至世界上都具有一定竞争力的特奥游泳、特奥保龄球、特奥滚球等优势项目。学生通过参加特奥项目的学习、训练和竞赛,不仅提高了体能与健康水平,还增加了自信和社会适应能力,培养了自强不息、奋力拼搏、超越自我的精神。从结构上看,该书的内容分为三大部分:前3章分别阐述了国内外特殊教育学校特奥运动项目建设的背景、项目的体系与项目开发过程。第4—8章,分别介绍了特奥游泳、特奥保龄球、特奥滚球、特奥滑轮以及其他特奥运动项目的发展、特色与实施过程;最后一章讨论了开展特奥运动项目在促进学生发展、提高学校育人的整体水平、赢得社会的赞誉等方面的多重意义和取得的效益。

截至2015年,我国有特殊教育学校2053所,在特殊学校就读残疾学生共20.25万人,特殊学校教职工共5.95万人,其中专任教师5.03万人。这就意味着全国每个特殊学校平均学生数不到100人,教职工人数不到30人,专任教师人数不到25人。但深圳元平特殊教育学校现有五类特殊学生人数是870人,设79个教学班,教职工和专任教师的人数分别是385人和224人,相当于10个中等特殊教育学校的规模。通过书稿的阅读和实地的参观考察,我深切地感到,这所规模大、设备好、师资力量雄厚的特殊教育学校的办学经验,特别是他们创造的"教育·康复·职业训练一体化"的元平模式,在全国特殊教育学校有很大的借鉴和推广价值。为了适应当代融合教育的发展趋势,学校在普特融合、普职融合、家校结合、社会办学、终身教育等方面也积累了丰富的经验,我深信,在未来的融合教育的背景下,作为"中国教育科学院特殊教育实验基地""广东省特殊教育基地""中国特奥培训基地"的深圳元平特殊教育学校也一定能更好地与时俱进，充分地利用学校专业优势，成为一个有引领和指导能力的特殊教育资源和指导中心。

特别值得指出的是，"特殊学校教育·康复·职业训练丛书"作为深圳元平特殊教育学校与华中师范大学教育学院特殊教育系合作研究的成果，它凝结了两地师生多年实践经验与理论思考的心血，展示了我国特殊教育界基础教育与高等教育的相互支撑，共命运、同呼吸的发展历程，证实了专业性的支持，尤其是青年教师教书育人和科研水平的提高是促进特殊内涵发展的重要因素，为学生和教师的发展创设良好的、宽松的学习、工作与生活环境是每一所学校和教育机构发展的必由之路。作为教育界一位老兵，我衷心地祝愿我们的特殊儿童、我们的青年教师，能伴随着学校的发展，特教事业发展、国家的繁荣昌盛，人类的文明进步而共同成长。

本套丛书自2011年陆续出版以来，受到业界广大读者的广泛好评，值此丛书修订重印之际，特作序。

2016年5月13日于深圳

# 序二

肖 非

北京师范大学教授

深圳元平特殊教育学校创立时间虽然不到30年,但其影响遍及全国。这所学校给人的第一印象恐怕是"大",巨大的校园,就像一所大学;校园面积5.3万平方米,就像一个社区;870名残疾学生,涉及五类以上的残疾类型,规模全国少有。其实,深圳元平特殊教育学校的"大"不仅仅如此,它还有更丰富的内容。"特殊学校教育·康复·职业训练丛书"系统深入地介绍了该校20多年来在特殊教育领域的探索和创新,比较全面地反映了深圳元平特殊教育学校"大"的内涵。

《特殊教育学校学生康复与训练》一书介绍了特殊教育学校学生康复的理论体系,并结合脑瘫、自闭症、智力障碍、视力障碍和听力障碍等类学生的特点,阐述了有针对性的康复方法。《特殊教育学校校本课程开发》一书系统介绍了学校在教育教学、医疗康复、职业训练方面校本课程开发的背景、管理、体系、过程和策略,尤其是校本课程体系、康复类校本课程开发、职业训练类校本课程开发最具特色。《智障学生职业教育模式》介绍了学校"育残成材"办学理念指导下的"立交桥"式职业教育模式,梳理了职业教育发展的历程,明确了职业教育的理念和发展思路,明晰了立交桥式职业教育模式的特点,并提出了提高智障学生职业教育质量的想法。《信息技术在特殊教育中的应用》一书全面介绍了学校信息技术在学校教学、科研管理、为师生进行信息化服务方面的情况,并在案例分析的基础上进行了理论总结。《特殊教育学校特奥运动项目建设》一书对智障学生特殊奥林匹克运动进行了系统介绍,尤其是详细介绍了游泳、保龄球、滚球、轮滑、篮球、乒乓球等有特色的特奥运动项目,对这些运动的开展与普及具有重要意义。《特殊教育学校办学模式》一书则全面系统地总结了深圳元平特殊教育学校建校20多年来的办学模式、办学理念、办学体制、办学环境、办学经费、办学效能的探索与创新,全景性地展现了学校的办学特色和办学成就。

通读整套丛书,本人有以下几个方面的感触:

1. 深圳元平特殊教育学校的发展模式是与深圳这样一个经济社会高度发

达的城市相适应的。深圳作为国家改革开放的排头兵,改革创新是发展的第一要义,特殊教育当然也需要大胆创新。作为一所历史不长的深圳唯一一所公立的特殊教育学校,如何能够满足广大特殊需要儿童接受优质教育的要求,办出学校自己的特色,是摆在学校面前的无法回避的问题。经过20多年的努力,深圳元平特殊教育学校探索出了"以生为本""服务至上""资源整合""科研兴校"的办学理念和"以生为本,育残成才"的办学宗旨,形成了"教育、康复、职业训练一体化"的元平模式。

2. 办好一所学校,人是关键。特殊教育是一项专业要求很高的工作,教师队伍的专业化程度决定了学校办学质量的高低。作为一所综合性的特殊教育学校,深圳元平特殊教育学校已经形成了一支年龄结构、学历结构、职称结构、专业结构等合理的高水平师资队伍。全校教职工385人,其中专任教师本科以上学历达99%,研究生学历达35%。在教师管理方面,元平特殊教育学校已经形成了自己独特的方式,比如班主任工作常规"九个一",教师教研常规"十个一"等。在教师专业化发展方面,学校始终以提高教师师德修养、业务能力为抓手,给教师提供了广阔的成长平台。专业化的教师造就了专业化的学校,专业化的学校为国家培养了一大批自尊、自信、自强、自立的人才。

3. 专业化的服务是衡量学校办学质量的重要标准。高质量的特殊教育,除了需要有效的课堂教学和丰富多彩的课外实践活动,专业化的相关服务也是必不可少的。相关服务是指交通以及用于帮助残疾儿童获益于特殊教育的发展性、矫正性和其他支持性服务。主要包括:言语病理学、听力学、心理学服务;物理治疗和职业治疗;娱乐活动;早期干预和儿童期残疾的评估;咨询服务;用于诊断和评估目的的医疗服务;学校健康服务、社会工作服务、父母咨询和培训。在这些方面,深圳元平特殊教育学校进行了多方面的探索。其中,他们为脑瘫儿童设立了物理治疗、作业治疗、运动功能训练、心理健康(智障)课程,为自闭症儿童开设了社会交往、感觉运动、听觉统合、音乐治疗等课程,为智力障碍儿童开设了感知训练课程,为视障儿童开设了综合康复课程。这些课程的开设,促进了特殊儿童身心障碍的补偿与矫正,为他们接受高质量的特殊教育提供了前提条件和保障。

感谢以黄建行校长为首的深圳元平特殊教育学校的全体教师,把你们20多年的理论与实践的成果奉献出来,供大家学习借鉴;感谢以雷江华教授为首的华中师范大学的师生们,你们的努力让一线教师的成果得到了理论的升华,更加有血有肉。

2016年5月于北京师范大学英东教育楼407室

# 前　　言

办学模式是指一所学校为适应当地的经济发展水平和人才需要而建立的一种学校发展范式。特殊教育学校办学模式的探索是学校由单方面改革向整体化革新转变的重大举措。各地特殊教育学校立足学校实际对于办学模式进行的积极探索既丰富了我国的特殊教育实践,也产生了良好的办学效益,更充实了我国特殊教育理论。深圳元平特殊教育学校在总结二十多年办学经验的基础上,不断凸显自身的办学特色,探索出了"教育、康复、职业训练一体化"的办学模式,成为全国特殊教育学校办学模式改革的先行者,受到了各界人士的广泛关注。为了夯实办学模式的根基建设,深圳元平特殊教育学校秉持"以生为本,育残成才"的办学宗旨,着力培育"以人为本""服务至上""资源整合""科研兴校"四种办学理念;根据特殊学生的残疾类型、残疾程度确立不同的培养目标,率先提出了"宝塔式"的培养目标;依据国际特殊教育发展的要求,力求成为代表中国特殊教育发展水平和中国人权保障水平的窗口学校;推崇特殊教育内涵式发展,倾力打造全国教师职业道德高地、人权保障水平高地、特殊教育改革高地等。

为了较全面地介绍特殊教育学校办学模式的概况,编者在对办学模式进行简单描述的基础上,从办学模式的要素出发构建本书的章节体系,共八章。其中:第1章介绍了特殊教育学校办学模式,第2章介绍了学校办学理念,第3章介绍了学校办学体制,第4章介绍了学校办学人员,第5章介绍了学校办学环境,第6章介绍了学校办学经费,第7章介绍了学校办学效能,第8章介绍了学校办学模式的革新。本书是深圳元平特殊教育学校和华中师范大学教育学院特殊教育系两个单位合作研究的成果,由深圳元平特殊教育学校黄建行校长和华中师范大学教育学院特殊教育系主任雷江华教授组织策划,拟订提纲。本书副主编为深圳元平特殊教育学校曹艳副校长、黄建中副校长,参与本书编写的人员包括郭俊峰、李百艺、康小英、万勇、张天晓、陆瑾、王颖、白锋亮、王瑛、崔颖、顾斌、张春、何小玲、秦涛、周媛、梁涛、康小英老师和华中师范大学特殊教育系的硕士研究生崔婷、张晶、柯琲、刘文丽、冯会、苏慧、亢飞飞、赵梅菊、朋文媛、魏雪寒、熊文娟、宫慧娜。本书编写工作得到了深圳元平特殊学校的支持和北京大学出版社的协助,在此表示由衷的感谢!

编　者

2016 年 5 月

# 目　　录

**第 1 章　办学模式概述** ……………………………………………（1）
 第 1 节　办学模式的界说 ………………………………………（1）
  一、定义 …………………………………………………………（1）
  二、要素 …………………………………………………………（4）
  三、特征 …………………………………………………………（6）
 第 2 节　办学模式的发展 ………………………………………（7）
  一、国际发展 ……………………………………………………（7）
  二、国内发展 …………………………………………………（14）
 第 3 节　深圳元平特殊教育学校办学模式的发展 ……………（19）
  一、历史沿革 …………………………………………………（19）
  二、基本特点 …………………………………………………（31）

**第 2 章　办学理念** ……………………………………………………（33）
 第 1 节　以人为本 ………………………………………………（33）
  一、理论依据 …………………………………………………（33）
  二、基本特征 …………………………………………………（35）
  三、战略规划 …………………………………………………（38）
 第 2 节　服务至上 ………………………………………………（42）
  一、理论依据 …………………………………………………（42）
  二、战略规划 …………………………………………………（44）
  三、规划设计 …………………………………………………（45）
 第 3 节　资源整合 ………………………………………………（52）
  一、理论依据 …………………………………………………（52）
  二、基本特征 …………………………………………………（54）
  三、战略规划 …………………………………………………（55）

第 4 节　科研兴校 …………………………………………………（60）
　　一、理论依据 …………………………………………………（60）
　　二、基本特征 …………………………………………………（62）
　　三、战略规划 …………………………………………………（63）

第 3 章　办学体制 ……………………………………………………（66）
　第 1 节　办学体系 ……………………………………………………（66）
　　一、管理体系 …………………………………………………（66）
　　二、实施体系 …………………………………………………（69）
　第 2 节　办学制度 ……………………………………………………（82）
　　一、政策法规 …………………………………………………（82）
　　二、规章制度 …………………………………………………（84）
　　三、行为规范 …………………………………………………（98）

第 4 章　办学人员 ……………………………………………………（102）
　第 1 节　基本构成 ……………………………………………………（102）
　　一、数量状况 …………………………………………………（102）
　　二、结构分布 …………………………………………………（102）
　第 2 节　素质要求 ……………………………………………………（103）
　　一、基本素质 …………………………………………………（103）
　　二、岗位要求 …………………………………………………（108）
　第 3 节　角色定位 ……………………………………………………（115）
　　一、身份多元 …………………………………………………（116）
　　二、功能多元 …………………………………………………（118）
　　三、发展多元 …………………………………………………（118）
　第 4 节　专业发展 ……………………………………………………（119）
　　一、政策支持 …………………………………………………（119）
　　二、成长平台 …………………………………………………（120）
　　三、自我反思 …………………………………………………（121）

第 5 章　办学环境 ……………………………………………………（122）
　第 1 节　物质环境 ……………………………………………………（123）
　　一、教育环境 …………………………………………………（123）
　　二、康复环境 …………………………………………………（127）
　　三、职业训练环境 ……………………………………………（131）

四、管理环境 …………………………………………………（133）
　第 2 节　制度环境 ……………………………………………（136）
　　一、综合制度 …………………………………………………（136）
　　二、行政管理制度 ……………………………………………（136）
　　三、安全管理制度 ……………………………………………（138）
　　四、教职工管理制度 …………………………………………（143）
　　五、教育教学管理制度 ………………………………………（144）
　　六、学生管理制度 ……………………………………………（145）
　　七、后勤管理制度 ……………………………………………（149）
　第 3 节　精神环境 ……………………………………………（150）
　　一、文化环境 …………………………………………………（151）
　　二、人际环境 …………………………………………………（152）
　　三、舆论环境 …………………………………………………（155）
　　四、网络环境 …………………………………………………（158）

第 6 章　办学经费 …………………………………………………（160）
　第 1 节　特殊教育学校经费概述 ……………………………（160）
　　一、特殊教育学校经费需求的特殊性 ……………………（160）
　　二、特殊教育学校经费困境 ………………………………（163）
　第 2 节　经费来源 ……………………………………………（166）
　　一、政府拨款 …………………………………………………（166）
　　二、社会资助 …………………………………………………（168）
　第 3 节　经费使用 ……………………………………………（173）
　　一、使用原则 …………………………………………………（173）
　　二、经费管理 …………………………………………………（175）
　　三、效益分析 …………………………………………………（179）

第 7 章　办学效能 …………………………………………………（182）
　第 1 节　学生效能 ……………………………………………（183）
　　一、个体效能 …………………………………………………（183）
　　二、集体效能 …………………………………………………（188）
　第 2 节　教师效能 ……………………………………………（194）
　　一、个体效能 …………………………………………………（194）
　　二、集体效能 …………………………………………………（196）

第 3 节　管理者效能 …………………………………………………（199）
　　一、个体效能……………………………………………………（199）
　　二、组织效能……………………………………………………（200）
第 4 节　其他效能 ……………………………………………………（203）
　　一、家庭效能……………………………………………………（203）
　　二、社区效能……………………………………………………（206）
　　三、企业效能……………………………………………………（212）

## 第 8 章　办学模式的革新 ……………………………………………（217）

第 1 节　观念革新 ……………………………………………………（218）
　　一、全纳教育……………………………………………………（218）
　　二、全面规划……………………………………………………（219）
　　三、全程管理……………………………………………………（220）
　　四、全员参与……………………………………………………（221）
　　五、全人发展……………………………………………………（222）
第 2 节　实践探索 ……………………………………………………（224）
　　一、校本课程的开发……………………………………………（224）
　　二、职业教育模式的构建………………………………………（226）
　　三、康复与训练的实践…………………………………………（228）
　　四、特奥运动项目的建设………………………………………（230）
　　五、信息技术的应用……………………………………………（233）
　　六、办学模式的发展……………………………………………（235）

**参考文献** ………………………………………………………………（237）

# 第 1 章　办学模式概述

办学模式是指举办、管理或经营学校的体制和机制的样式或范式[①]。它是学校运行的参照性范本,既是学校办学特色的集中体现,也是外界了解学校的窗口。随着现代教育观念的更新、教育改革的深化,学校需在国家教育方针、政策指导下,立足实际,凸显特色,积极探索适合本校发展的办学模式。

## 第 1 节　办学模式的界说

办学是一个人为的动态过程,是若干要素有机结合相互作用的一个系统运作过程,[②]在这一过程中通过各教育要素的相互整合实现办学效能的最优化,通过办学理论和办学实践的不断融合形成办学特色。对于学校办学模式的考察,要在厘清相关概念的基础上,对办学模式要素进行分析,对模式特点进行总结,以便为学校的可持续发展以及进行整体化教学改革提供理论指导。

### 一、定义

#### (一)办学模式

"模式",亦译"范型",《辞海》中对"模式"的解释是:"一般指可以作为范本、样本、变本的式样,作为术语时,在不同的学科有不同的含义……例如,在社会学中模式是研究自然现象或社会现象的理论图示和解释方案,同时也是一种思想体系和思维方式。"[③]美国管理学家哈罗德·孔茨(Harold Koontz)在《管理学》中提到"所谓模式,就是现象的抽象。它包括一些被认为重要的变量,同时也舍弃了那些对于解释现象无关紧要的因素。"[④]查有梁先生在其专著《教育建

---

[①] 李化树.建设高等教育强国——美国实证研究[M].成都:西南交通大学出版社,2012:313.
[②] 赵庆典.高等学校办学模式研究[M].北京:人民教育出版社,2005:15.
[③] 夏征农,陈至立.辞海(第六版彩图本)[Z].上海:上海辞书出版社,2009:1596.
[④] [美]哈罗德·孔茨,西里尔·奥康奈,海因茨·韦里克.管理学[M].黄砥石,陶文达,译.北京:中国社会科学出版社,1987:677.

模》中对于模式以及模式的形成进行了全面论述:"模式是一种重要的操作与科学思维的方法。它是为解决特定的问题,在一定抽象、简化、假设条件下,再现原型客体的某种本质特性;它是作为中介,从而更好地认识和改造原型客体、构建新型客体的一种科学方法,从实践出发,经概括、归纳、综合,可以得出各种模式,也可以从理论出发,经类比、演绎、分析,提出各种模式,从而促进实践发展。"① 可见,模式是一种范式,包含了现象或客体的本质属性,可以是理论的,也可以是实践的。

关于办学模式,不同学者有不同的理解。潘懋元和邬大光认为,办学模式是在一定的历史条件下,以一定办学思想为指导,在办学实践中逐步形成的规范化的结构形态和运行机制。② 刘长平认为,"办学模式是按照一定的办学思想,为完成既定的目标,将办学诸要素设计为比较稳定的组合方式和活动程序,构成综合策略体系,是办学的方式、特征及其规律,是反映办学过程的基本理论框架。"③ 林日青指出学校办学模式是指在一定办学思想指导下,将学校的办学体制、培养目标、教育方式、管理体制、学制年限和课程结构等若干要素,以某种方式整合起来,设计为比较稳定的程序,并显示出某种特征的办学形式。④ 学校教育理论与政策研究小组主编的《中国名校办学模式》中,将办学模式描述为"在一定思想指导下形成的一种规范化的结构形态和相对稳定的权力结构和关系,并在此基础上建构的规范化办学运行机制。"⑤ 可见,办学模式是一个比较宽泛的概念,研究办学模式的视角具有多元性,起点具有层次性,内容具有丰富性,但从上面的几个概念可以分析出,办学模式概念至少应涵盖以下两方面的内容。

一是明确目标体系,这主要是回答学校要实现什么样的发展的问题。学校的目标体系应具有层次性,包含学校长期战略、中期规划以及年度计划,内容应包括目标任务和可行的配套措施。

二是构建运行系统,这主要解决如何才能促进学校发展或者说如何才能更好地促进学校发展的问题。概括来说,即学校协调、组织、运用一切要素为实现办学目标而做出的一切努力,是办学过程的体现。

---

① 查有梁.教育建模[M].南宁:广西教育科学出版社,2000:5.
② 潘懋元,邬大光.世纪之交中国高等教育办学模式的变迁与走向[J].教育研究,2001(3):3—7.
③ 刘长平.我国继续教育中校企合作办学模式分析[J].学术论坛,2006(6):26—29.
④ 林日青.创建品牌学校[M].北京:华龄出版社,2006:247.
⑤ 学校教育理论与政策研究小组.中国名校办学模式[M].呼和浩特:远方出版社,2007:10.

根据上述分析，我们将办学模式简单描述为学校在一定办学理念指导下，为实现办学目标，在优化教育诸要素的基础上，建立起来的一套富有特色的运行系统。办学模式不是固定不变的，而是一个动态发展的系统，在这个过程中，将各要素、各环节以合理有效的方式组织起来，共同服务于办学目标，并体现出某种特色。

（二）特殊教育学校的办学模式

特殊教育学校的办学模式与普通学校办学模式存在诸多不同之处，这是由两者之间的教育理论、教育对象和教育资源的差异造成的。

第一，特殊教育理论。从上述几种定义中，我们可以看出办学模式是建立在某种理论基础之上的，以理论指导实践。特殊教育学校的办学模式除了要遵循一般的教育规律之外，更要关注特殊学生的身心发展规律，关注特殊教育学校的办学规律。相比之下，特殊教育理论的研究起步较晚、基础较弱，因此特殊教育学校在办学过程中应注意将特殊教育办学实践归纳总结并升华为一般性理论，夯实特殊教育学校办学的理论基础。

第二，特殊教育对象。特殊教育学校的教育对象是特殊学生，他们存在着不同程度和不同类型的身心障碍，每类特殊学生具有不同的身心发展特征，甚至同一类型特殊学生不同个体之间的情况也千差万别。以自闭症学生为例，他们社会交往存在障碍、语言发展迟缓、行为刻板重复，但是每个自闭症学生的具体特点又不一样，例如有的自闭症学生在环境改变时会大哭大闹，而有的学生会保持缄默。面对特殊的教育对象，特殊教育学校的培养目标、教学方式都不同于普通学校。特殊教育学校在培养目标上注重发挥学生的潜能，补偿缺陷；在教学方式上强调因材施教与差异化教学，期望通过学校教育、康复训练和职业训练帮助特殊学生融入社会。

第三，特殊教育资源。一方面，特殊教育对象的特殊性需要更多的资源，特殊学生的康复需求、与特殊学生相适应的基础设施建设都需要经费的支持。以游乐设施的建设为例，特殊教育学校既要考虑到中重度障碍学生的需求，建设无障碍的游乐设施，还要考虑游乐设施的安全系数，因此需要专业的设计、专业的设施以及经费上的支持。从更广阔的范围来看，小班额、障碍程度严重的特殊教育班级需要更多的教师，特殊学生的康复训练需要更多的辅助器具，特殊学生融入社会更是需要相应的社会支持。但现实情况却并不尽如人意，特殊教育学校的现有资源并不能满足特殊教育学校的发展需求。这一矛盾对特殊教育学校办学模式的发展提出了更高的要求，如何调动更多的教育资源为学校的发展服务,如何优化诸要素以达到效益最大化是特殊教育学校办学过程中要解决的问题。

可见,特殊教育学校的办学模式构建的主要依据、办学目标的侧重点以及具体的运行系统都与普通学校存在差异,特殊教育学校的办学模式不能完全参照普通学校的办学模式。我国特殊教育发展起步相对较晚,在发展过程中不太注重对办学经验的总结和升华,随着国家对特殊教育关注度的不断提升,特殊教育学校的改革也逐步开展,在这一过程中应该注重办学经验的相互交流,特殊教育学校办学者应该有意识地将办学经验加以总结,既可以审视学校过去的发展,也是为学校未来的发力点提供依据。同时,总结办学经验的过程也是梳理办学成果、打造办学特色继而形成办学模式的过程,不仅能以简明的方式展示学校的发展概况,也可以为同类型学校的发展提供借鉴。

## 二、要素

系统是由要素组成的,要素和要素间的相互作用构成了系统的组织结构。学校的运行也是各教育要素相互作用的结果,各要素的相互作用决定了系统的整体特征和功能。学校系统中涵盖的要素包括办学理念、办学目标、办学体制、办学人员、办学环境、办学经费、办学效能等多个方面。

### (一)办学理念

办学理念是一所学校的灵魂,是治校者对于"办什么样的学校"和"怎样办好学校"的思索,它体现了治校者的价值追求。例如,蔡元培先生所说的"大学者,'囊括大典,网罗众家'之学府也。"任何一种办学模式,其背后都有其特有的办学理念,特殊教育学校也不例外。办学理念反映了特殊教育学校的追求和信念,从总体上规范着学校的各种办学行为。

### (二)办学目标

办学目标是一所学校的主题,是在办学理念引导下对学校发展方向做出的评价与选择,它对学校各项工作具有导向作用,也是评价学校各项工作的标准参照;既包括学校在同级同类教育系统中的定位,也包括人才培养标准。特殊教育学校因其特殊的教育对象而形成了其特殊的办学目标,在学生培养目标方面更多地关注特殊学生的缺陷补偿、潜能开发以及社会适应能力的发展。

### (三)办学体制

办学体制是学校的机构设置及其运行规范的总和。机构是学校活动的实践者,规范是伴随机构而产生的,对学校行为或活动起指导和约束作用。良好的机构设置可以提高工作效率、减少沟通成本。合理的规范体系可以保证学校各项工作的有效运转。特殊教育学校可以根据自身的实际情况，确立相应的职能部门及与之对应的规范体系。

（四）办学人员

办学人员是关于"谁来办学"的问题，是办学模式的践行者。校长、副校长等学校领导者在很大程度上影响了学校的发展走向和精神风貌，锐意改革、积极进取的领导班子能给学校发展注入活力。学校的中层管理人员有着丰富的教学及管理经验，是学校发展的中流砥柱。广大教职工是学校各项事业的实施者，正是每位教师在自己岗位上的默默奉献才有了学生的进步和学校的发展。学校要让教师群体树立主人翁意识，并提供平台促进教师成长。

（五）办学环境

办学环境是指围绕在学校周围的一切条件，它构成了办学模式运行的立体空间结构。从性质来看，它包括物质环境、制度环境和精神环境。物质环境包含教育教学基础设施、实习实验基地、现代化的信息技术手段等，是学校基础建设的重要内容；制度环境是由学校的一切规范性准则所营造出来的，包含学校的章程、办法、规则等；精神环境是文化层面的，如学校的人际关系、学习氛围、校园文化等，渗透在学校的方方面面，体现在学校的校风、校训、教风、学风中。在环境的功能上，要突出育人功能和服务功能。例如学校物质环境的建设应摆脱单一的场所功能，能通过精心的设计产生潜移默化的教育作用；学校的制度环境要避免师生产生"被管理"或者"被限制"的心理，要让制度服务于师生。

（六）办学经费

办学经费是学校发展的重要基础。在没有办学经费的条件下谈办学模式，就如"空中楼阁"一般。办学经费不仅要保证数量充足，而且还要保证经费使用规范高效，只有这样，才能保证经费对学校作用的最大化。关于学校办学经费的获得，除了国家或地方财政拨款以外，学校应扩大经费来源渠道，充分利用社会性经费。在经费的使用上，应结合学校发展做好统筹规划，"好钢用在刀刃上"，完善经费预算、决算以及监督制度，确保学校每一笔经费的使用合法、合理、高效。

（七）办学效能

办学效能对内表现为学校管理效率的高低、学校师生的发展，对外表现为学校的社会效益，是学校竞争力的体现。高效的办学模式，对内能促进全员发展，提高办学水平，对外能承担社会责任，促进地区发展。现在越来越多的例子证明,特殊学生不仅不是社会的负担,相反,他们能通过自己的努力成为社会主义经济建设和精神建设的积极分子。在海南,十名残疾人女大学生组建了一个特别的创业团队,她们成立了专为残疾人开办的企业,已经帮助上百名残友实现就业,她们的事迹一经报道引起了广泛反响。① 同样,特殊教育学校也不应该在各级各类教育中处于边缘化的尴尬地位,而应该在本地区甚至更广阔的范围内发挥影响力。

## 三、特征

办学模式的构建和实践最终会形成相对模式化的范本。尽管不同办学模式在要素组织、系统运行甚至宏观框架上存在差异,但同作为一种学校运行的范本,从中可以抽象出办学模式所固有的特征,即思想性、方向性、示范性、可操作性、稳定性和多样性。

### (一) 思想性

思想性是办学模式的第一属性。首先,任何一种办学模式都有其理论基础,有了正确的理论基础,才有正确的办学方向;有了深厚的理论基础,才有源源不断的发展动力。其次,办学理念是校园文化的重要内容,特殊教育学校内涵化发展的前提是要深化办学理念,学校师生对于办学理念的认同是开展办学实践的先导。最后,创新办学理念有助于打造学校特色,独特的理念本身就是学校的特色。除此之外,办学理念的创新又会影响学校的发展框架、发展重点、发展路径等各方面的创新,从而逐渐形成学校特色。

### (二) 方向性

办学目标,是任何一种办学模式不能回避、必须明确的问题,正因为办学目标的存在,办学模式才呈现一定的方向性。方向明确,思路才会清晰,在办学模式的具体实施过程中,一定要将办学目标作为制订规章制度的准则,作为统筹教育资源的标准,作为评价办学效益的依据。办学目标应具备前瞻性、科学性、指导性等特点,这样才能在办学的过程中最大限度的发挥一个好的目标所带来的向心力、凝聚力。

### (三) 示范性

办学模式是学校运行的范本,具有很强的示范性。这一方面表现为对本校

---

① 黄艺,王晓斌. 海南十名残疾人女大学生创业,带动百名残友就业[EB/OL]. http://www.hi.chinanews.com/hnnew/2016-04-21.

工作具有指导作用,学校的教学、管理、后勤保障等工作的开展都可以做到有依据可循。另一方面,一所学校的办学模式对于其他学校也具有示范性,尤其是名校的办学模式可以在不同系统、不同类别、不同地区的学校中推广。正是因为办学模式示范性这一特征,故而各校在办学实践过程中,可以相互借鉴,相互融合。

（四）可操作性

办学模式在本质上是实践的。办学者以及管理者设计办学模式,不是将它"束之高阁",而是让它在实践中发光发亮,在尽可能多的学校和地区范围内产生办学效益。评价办学模式的成功与否,还是要落脚在实践层面,在实践中取得良好办学效益的模式才是成功的模式。因此,学校在对办学模式进行创新、改革或调整时,一定要充分考虑到可操作性,不能一味地追求理论上的突破,而要将理论和实践结合起来,将发展战略和配套措施结合起来。

（五）稳定性

办学模式一旦形成,就具有相对稳定性。这表现在学校的教学和管理工作有序的运行,日常活动和特色活动的顺利开展,学校运行呈现常态化,形成了一些富有特色的学校传统,稳定性是办学模式成熟的表现。但办学模式具有稳定性,并不意味着办学模式就固化下来,而是在办学实践中不断发展。一方面,办学模式各要素是不断变化的;另一方面,学校发展也会遇到新问题、新情况,这就需要在问题解决的过程中不断地对办学模式进行优化,因此办学模式又是动态的。

（六）多样性

多样性是学校办学规律的体现,因为每一所学校都有其独特的办学背景和办学条件,在此基础上发展而来的办学模式理应具有多样性。人们对教育的多样化需求以及高质量诉求也促进学校合理定位,树立特色,经典的办学模式在推广的过程中也衍生出许多变体。可见,办学模式没有优劣之分,只是定位、路径、特色上各有不同,办学模式多样化是学校办学的趋势,是深化学校体制改革的必然要求。

## 第 2 节 办学模式的发展

一、国际发展

教育是每一个国家政府都必须重视并积极承担责任的事业,世界各国为促进教育的发展都适时地推进本国的教育改革,特殊教育学校办学模式的改革也不断深化。美国特殊教育的发展是世界典范,其发展经验具有广泛的借鉴意义,是任何一个国家借鉴外来经验时都不能绕过的。法国、德国等欧洲国家作为特殊教育的发源地,各具特色的特殊教育学校对世界范围内特殊教育的发展产生了深远影响。

（一）美国

美国特殊教育的发展是跨越式的。17—18世纪,美国处于殖民地时期,人们忙于生计而无暇顾及社会弱势群体,尚没有真正意义上的特殊教育产生。[①] 美国在19世纪大力推行公立学校,在客观上促进了美国教育的快速发展,这其中也包括了特殊教育的发展。另外,黑奴解放运动和特殊教育专家的到来也成为这一时期美国特殊教育发展的重要影响因素。[②] 19世纪初,美国许多州都建立了盲校与聋校,其中1817年,托马斯·霍普金斯·加劳特德（Thomas Hopkins Gallaudet）等人在创立了美国第一所聋校,1832年塞缪尔·格雷德利·豪（Samuel Gridley Howe）于马萨诸塞州建立了第一所盲人寄宿学校,随后美国各州纷纷建立起各类特殊教育学校。这一时期美国还在公立学校中办特殊教育班,如1869年波士顿建立了一个全日制聋人班。[③]

美国的特殊教育于19世纪起源后,在很长一段时期内发展极为缓慢,甚至停滞不前,第二次世界大战结束以后,美国的特殊教育事业才开始走出低谷,并在70年代后迎来蓬勃发展时期。[④] 20世纪70年代,"正常化"主张传播到美国后,引发了对整个特殊教育产生深刻影响的"回归主流"运动。正常化原则强调身心障碍者的个别性和公民权,认为身心障碍者应该尽可能与普通人一样,拥有一个良好的教育和生活环境,并享有自由的权利和公平的机会。回归主流就是要最大限度地将特殊学生安置在普通班级接受教育,与普通学生共同学习和生活。[⑤] 一般认为,美国发布《所有残疾儿童教育法》（Education of All Handicapped Children Act,即PL94—142公法）,标志着回归主流教育运动的开始。[⑥] 该法律堪称美国特殊教育发展的里程碑,为特殊学生接受平等而适当

---

① 杨民.世界特殊教育研究[M].大连:辽宁师范大学出版社,2004:379—380.
② 张福娟,马红英,杜晓新.特殊教育史[M].上海:华东师范大学出版社,2000:80—83.
③ 杨民.世界特殊教育研究[M].大连:辽宁师范大学出版社,2004:384—385.
④ 杨民.世界特殊教育研究[M].大连:辽宁师范大学出版社,2004:388.
⑤ 雷江华.融合教育导论[M].北京:北京大学出版社,2012:34—35.
⑥ 佟月华.美国融合教育的发展进程[J].济南大学学报,2002(1):77.

的教育提供了法律支持,并确立了保障特殊儿童及其家长权益的六条基本原则,即零拒绝(Zero Reject)、无歧视性评估(Nondiscriminatory Evaluation)、个别化教育(Individualized Education)、最少受限制环境(Least Restrictive Environment)、程序合法(Procedural Process)、家长参与(Parental Participation)。94—142公法自1975年颁布以来,历经了多次修订,上述六条原则也在内容和细节上有了扩充或调整。1990年美国将《所有残疾儿童教育法》修改为《残障人士教育法》(Individuals with Disabilities Education Act,简称IDEA),这表明可以接受特殊教育服务的对象范围更广。美国还在1997年、2004年分别对IDEA进行了修订,完善了IDEA的各项条款。

20世纪90年代,全纳教育作为一种国际教育思潮兴起。1994年联合国教科文组织在西班牙召开"世界特殊需要教育大会"并发表了《萨拉曼卡宣言》,首次提出了"全纳教育"这一概念,认为每个人都拥有受教育的基本权利;每个人都有其独特的特性、兴趣、能力和学习需要;教育者必须考虑到这些特性和学习的广泛差异;学校要满足有特殊教育需要的学生;学校要接纳所有学生,反对歧视。[1] 美国的全纳教育已经从一种教育理念发展为波及全美中小学的教育改革运动,我国学者佟月华从八个方面总结了美国在全纳教育方面的实施策略方面,即健全的政策法律保障体系、完整的教育对象识别体系、层次化的教育安置体系、全方位的教育服务体系、高水平的师资队伍、小班化的教学组织形式、创新性的合作教学模式以及服务实践的教育理论研究。[2]

美国的特殊教育是指广义上的特殊教育,特殊学生的类别包含13类,[3]遵循的基本原则是"最少受限制环境",致力于保证接受特殊教育服务的学生尽可能地获得与普通学生一样的学习机会,并为满足特殊学生的教育需求提供多样化的教育服务。当然前提是对学生进行专业的、非歧视性的评估,根据评估结果,校方的测评小组会做出决定。经评估后如果确实需要接受特殊教育服务,该小组会给家长或学生推荐下面六类特殊教育形式中的一种。[4]

(1)普通班级

学生留在普通班级学习并享受相关的支持性服务,这一般适用于智力和学

---

[1] 黄志成.西方教育思想的轨迹——国际教育思潮纵览[M].上海:华东师范大学出版社,2008:525.
[2] 佟月华.美国全纳教育的发展、实施策略及问题[J].中国特殊教育,2006(8):4—6.
[3] 《残障人士教育法》(IDEA,2004)将特殊学生分为以下13类:学习障碍、言语或语言障碍、智力障碍、情绪障碍、多重障碍、听觉障碍、肢体障碍、其他健康障碍、视觉障碍、自闭症、聋-盲、外伤性脑损伤、发展迟缓.
[4] 任颂羔.特殊教育发展模式[M].北京:北京大学出版社,2012:51—56.

业水平正常,仅某些方面表现出不良或轻度障碍的学生。例如语言或言语有问题的学生可以在普通班级中学习,校方的语言治疗师、心理治疗师等会提供相关的特殊教育服务。

(2) 普通班级＋个别辅导/资源教室

对于智力正常,但学业表现相对普通学生落后1~1.5年的学生,评估小组建议其选择该种教育服务。由持有特殊教育执照的教师在小范围内对所学内容进行强化性辅导,以小组的形式进行,或者特殊教育教师直接在班级里以个别辅导的形式指导该学生理解教学内容。学生还可以在资源教室接受一定的特殊教育服务。

(3) 普通教育学校的特殊班

如果测试结果显示被试者的学习成绩落后于同年级普通学生学业水平2~3年,则被推荐进入特殊教育班。这种班级人数一般不超过15人,一般配有特殊教育教师及教师助理。使用的教材和普通班级一样,进度稍慢,教学方法上尽可能地照顾差异,实施分组教学。

(4) 特殊教育学校

特殊学生和家长既可以选择州政府管辖并自主的公立特殊教育学校,也可以选择州教育厅批准设立的私立特殊教育学校。申请程序上,父母或监护人可以自行提出申请,申请书必须附带足够的残障程度的证明材料。学校的特殊教育委员会对申请人进行全面评估,根据结果决定是否接受入学申请。私立的特殊教育学校相比于公立的特殊教育学校,能提供全天的特殊教育服务,其中包含了密集的学习辅导、康复训练以及临床医学方面的服务,是一种高度监护性学校,学生的行动受到较严格的控制。

(5) 特殊教育学校的特殊班

存在较严重障碍的学生会被推荐该服务,如智力障碍、自闭症或多重障碍等。由于学生障碍情况较严重,会适当地调整生师比,一般为8∶1∶1或者6∶1∶1,即每8名或6名学生配一名特殊教育教师及教师助理。教学内容方面主要是以日常生活知识为主。

(6) 上门授课或医院上课

对于因疾病或者其他原因必须待在家中或者医院里的学生,政府相关部门可以指派教师上门或去医院授课。这主要是一种过渡性服务,如果学生状况有所改善并得到医生的允许,就可以选择别的教育服务计划。

美国特殊教育的发展经历了从无到有、从隔离的寄宿制教育到回归主流、再到正在蓬勃发展的全纳性教育的几个发展阶段。① 从美国政府提供的特殊教育服务体系中,我们可以看出,美国特殊教育发展具有两个明显特点:

① 理念上强调教育的平等和公平。美国受欧洲宗教信仰影响较深,认为上帝面前人人平等。受教育权是公民的基本权利,任何人不应该因为种族或残疾而接受隔离教育,隔离就意味着不平等。政府有义务保障所有学生获得平等的教育权利,并且应尽量减少因障碍而带来的教育不公平,因此美国政府在承认每个学生都有特殊教育需求的基础上,通过相应的支持服务为每位学生提供最适合的教育,保证教育的公平性。

② 实施上建立全方位的支持服务体系。联邦政府和州政府在发展特殊教育的过程中采取全面、细致的政策措施,并且运用立法等手段来保证实施。例如 IDEA 法案中从入学机会、诊断标准、教学方式、教学条件和家长参与等角度制定了系统的教育方案和保障性措施,切实保障了特殊学生受教育权的实现。再如,美国特殊学生的安置是根据学生的障碍程度和教育机构所能提供的最少受限制环境来安排的,多样化的安置方式保证特殊学生都能在适合的教育环境中学习。有学者指出,全纳教育改革运动在美国取得成功的原因可归因为全纳教育的思想符合美国社会所倡导和被普遍接受的尊重人权、受教育权利平等、充分保障残疾人权益等基本价值观念,国家和地方政府在教育政策和法律上的支持为推行全纳教育提供了必要的外部环境,完善的学校管理机制和充足的教学资源则为推行全纳教育提供了必要的内部条件。② 总之,美国特殊教育的发展经验对于世界其他国家和地区特殊教育的发展具有一定的借鉴意义。

(二) 法国

法国是特殊教育事业的发源地。18 世纪下半叶,以学校形式对特殊儿童进行教育的特殊教育学校相继在法国建立。世界上第一所聋校(1770 年莱佩建立的国立巴黎学院,后改为巴黎聋哑学校)、第一所盲校(1784 年霍维建立的巴黎国立盲童学校)以及第一所正规的智障儿童学校(1837 年塞甘开办智力障碍学生学校)先后成立,这和法国的启蒙运动和法国大革命历史是分不开的,推崇理性、人性和自由的理念促使人们开始关注特殊学生的发展。③ 在第二次世界大战以后,法国开始了一系列的教育民主化改革,特殊教育也有了长足的发展,特殊教育法律法规不断完善,回归主流的实践风生水起。

---

① 邓猛.从隔离到全纳——对美国特殊教育发展模式变革的思考[J].教育研究与实验,1999(4):41.
② 佟月华.美国全纳教育的发展、实施策略及问题[J].中国特殊教育,2006(8):7.
③ 杨民.世界特殊教育研究[M].大连:辽宁大学出版社,2004:298.

法国实行中央集权的教育管理模式,特殊教育事业相关政策的制定就具有更高的效力。法国为保证每一位特殊学生都能接受合适的教育,也为特殊学生提供多种多样的教育形式,特殊学生可以就读于普通学校、普通学校特殊班、特殊教育学校、医疗-教育机构等,一些经医师诊断为无法就学的特殊学生还可以在家接受教育。

(1) 普通学校

法国 1975 年颁布的《残障者照顾方针》中规定,特殊教育不仅可以在特殊教育机构中进行,还可以在普通教育机构中进行。自此之后,就读于普通班级的人数不断增加,一些肢体残疾、身体虚弱、弱视、重听类学生在能跟上普通班级课程的前提下,被编入普通班级。接收特殊学生的普通班在教学布置、教学方式上都有所调整和改变。法国教育部还要求学校建立教育心理支援小组,其主要任务是预防学校与特殊学生之间的相互不适应。[1]

(2) 普通学校特殊班

普通学校有专门为特殊学生设立的特殊班,根据对象和功能的不同分为短期特殊班和长期特殊班。短期特殊班是针对特殊学生的预防措施,以利于其在特殊班短期学习之后再回到普通班级。长期特殊班的对象是视障、听障、社会关系或性格缺陷学生。[2] 中等学校也会附设特殊班级,但学习内容是以职业教育为主。

(3) 特殊教育学校

法国的现代特殊教育学校包括盲校、聋校和养护学校。其中,养护学校多是接受体质虚弱及肌体缺陷者,法国 19 世纪 70 年代设立"半住宿露天学校",接受"健康需特别护理的学生",还有"气候疗养初中和高中",为病弱学生提供服务,其采用的疗法主要有日光疗法、温泉疗法、饮食疗法和长期休息。

(4) 医疗-教育机构

这一机构适用于残疾程度较重的学生,包括智力障碍学生、运动缺陷学生、性格障碍学生和感觉障碍学生等。医疗-教育机构的教育特色是依照特殊学生的个别需要,统一由医师、专家、心理学者、社会工作者、特殊教育教师等以小组合作的方式共同作业。这一机构中的医疗设施在特殊学生的康复中发挥了积极的作用。

---

[1] 唐去病.法国的特殊教育[J].全球教育展望,1981(6):22-28.
[2] 唐去病.法国的特殊教育[J].全球教育展望,1981(6):22-28.

(5) 在家接受教育

对于因病或因残在家的特殊学生,可以在家接受教育。早期的教育形式主要有函授、电视以及收音机制作特别节目。1975年以后,医疗-社会性活动中心创立,以巡回指导的方式对在家就读的特殊学生提供治疗、咨询和辅导服务。

法国素来有教育改革的传统,法国特殊教育的发展也一直在改革中前进,但自始至终一直强调三个原则[①]:一是避免隔阂的发生。首先法国让特殊学生尽可能地接近普通学生群体,例如尽可能把障碍程度较轻的学生安排在普通班级,并且特殊教育班级也不能脱离普通学校。二是治疗和教育相结合,保证特殊学生身体功能的最大化恢复,注重特殊学生的康复教育。三是普通教育和职业教育相结合,注重特殊学生义务教育的开展,注重发掘特殊学生的兴趣,逐步推进职业技术教育。法国特殊教育中体现的原则也被世界其他国家广泛借鉴,持续地对世界特殊教育的发展产生影响。

(三) 德国

与美国、法国多样化的特殊教育服务体系或者安置方式相比,德国将特殊教育学校视为特殊教育发展的基本组织形式。1972年发布的《为完备特殊教育制度的劝告书》规定:"特殊教育学校是独立的学校形态,其任务是实现障碍者有依其能力及特性接受教育的权利。"[②]在该劝告书中,明确列出了10种特殊教育学校,分别为盲校、聋校、智力缺陷学校、肢体残障学校、病弱学校、家庭指导、学习障碍学校、重听学校、语言障碍学校和行为异常学校。在20世纪70年代,德国特殊教育学校的数量迅速增长,政府不断发布报告,主张提高特殊教育的质量。

20世纪80年代,融合教育的理念不断发展,德国的特殊教育学校的名称演变为"促进学校"。原来特殊学生因残疾而被贴上标签,接受隔离化的教育,特殊教育学校是接受普通学校丢包袱的"垃圾桶"。从80年代开始,德国开始弱化这种标签式的用法,背后展现的是对特殊人群的尊重,并且认为残疾人经过教育也是社会建设的积极力量。

1990年颁布的《学校法》支持融合教育,德国原来隔离的特殊教育体系受到冲击。有人认为把所有特殊学生融入普通班级是学校的任务,在隔离特殊教育体系根深蒂固而又面对国际融合教育的压力下,德国采取了折中路线,既没

---

① 杨民.世界特殊教育研究[M].大连:辽宁师范大学出版社,2004:346.
② 石部元雄,沟上修.世界各国的特殊教育[M].李聪明,张正芬,译.台北:中正书局,1988:73.

有取消特殊教育学校又不把特殊学生全部放在特殊教育学校,普通学校会接纳特殊学生。而且特殊学生在特殊教育学校接受教育并不是永久的,而是暂时的,学生经过一定的康复和教育,可以回归到主流学校当中。所以德国特殊教育学校的发展走的是"中间道路",将其看作是特殊学生进入普通学校学习的"促进学校"。特殊教育学校要为普通学校提供支持,特殊学校设有专门的流动教师为普校中的特殊学生、家长、教师提供服务。对于接受矫正治疗后转入到普通班级学习的特殊学生,特殊教育学校的教师要实行跟踪服务,定期到普通学校对学生进行观察和指导,学生也可以利用课余时间回到特殊学校继续治疗。[1]

从上面德国特殊教育学校的发展历史我们可以看出,德国的特殊教育学校的发展呈现出以下特点:

① 特殊教育学校类别多。1960 年,德国学校委员会发表《完备特殊教育制度的建议》,将特殊教育学校划分为 13 个类别,直到 1972 年劝告书将其改为 10 种。虽然在后来的发展中,各类特殊教育学校有综合化的趋势,但保留了基本的类别框架。

② 功能由单一到多元。早期的特殊教育学校功能十分单一,主要承担对特殊学生的教育和康复,随着特殊教育学校地位的提升,德国的特殊教育学校目前既是学生进行教育康复的中心,又是对家长进行咨询建议的中心,还是对融合教师进修指导的中心[2]。

③ 与普通学校的关系:从隔离到融合。德国早期的特殊教育学校系统是自成体系的,与普通学校之间没有什么交流,特殊教育学校的学生也不会到普通学校就读。随着融合教育的开展,原先封闭的特殊教育体系备受质疑。当前,融合教育不断开展,普通学校和特殊教育学校围绕特殊学生进行的交流活动日益频繁,特殊教育学校的流动教师为普通学校中的特殊学生及其家长、教师提供咨询服务,跟踪经治疗后到普通学校就读的特殊学生的学业情况,使特殊学生能回归到主流社会。

## 二、国内发展

1993 年 2 月,中共中央、国务院颁发《中国教育改革和发展纲要》,在论述

---

[1] 赵梅菊,雷江华. 德国特殊教育发展的特点[J]. 现代特殊教育,2012(1):59.
[2] 应伟忠. 德国特殊教育的特点和趋势(一)[J]. 现代特殊教育,1999(3):47—48.

建设有中国特色的社会主义教育体系的原则时指出:"必须从我国的国情出发,根据统一性和多样性相结合的原则,实行多种形式的办学,培养多种规格的人才,走符合我国和各地区实际发展的教育路子。"在阐述基础教育事业发展的目标、战略和指导方针时,明确指出"普通高中的办学体制和办学模式要多样化"。1994年7月,国务院关于《中国教育改革和发展纲要》的实施意见发表,其中提到"基础教育主要由政府办学,同时鼓励企事业单位和其他社会力量按国家的法律和政策多渠道、多形式办学";"不同类型不同层次的高等学校应有不同的发展目标和重点,办出各自的特色"以及"改变(高等学校)单一的办学模式和单一的经费来源状况"。1999年6月,中共中央、国务院发布的《关于深化教育改革全面推进素质教育的决定》中提到"凡符合国家有关法律法规的办学形式,均可大胆试验。"2010年5月,《国家中长期教育改革和发展规划纲要(2010—2020年)》指出"促进高校办出特色……引导高校合理定位,克服同质化倾向,形成各自的办学理念和风格,在不同层次、不同领域办出特色,争创一流。"在一系列教育政策的引导下,"办学模式"已成为教育改革的重点话题,不少基础教育学校在推进素质教育的过程中,立足地区和学校实际,努力打造学校特色;职业中学领域的校企合作办学模式已日渐成熟,高等教育领域的办学模式改革也持续发酵。例如2012年11月,山东省教育厅、财政厅公布了山东省名校工程首批立项建设单位名单,将重点建设5所左右应用基础型名校、15所左右应用型名校、20所左右技能型人才培养名校。[①]

与普通基础教育、职业教育、高等教育办学模式的较快发展相比,特殊教育学校的办学模式的发展相对薄弱,这与特殊教育在整个教育体系中的地位相关。长期以来,特殊教育领域的发展重点在于建立完善的特殊教育体系,除了提升义务教育阶段的特殊教育质量,还注重普通高中、中等职业学院以及残疾人普通高等教育的发展。据2014年1月教育部联合七部委发布的《特殊教育提升计划(2014—2016年)》显示,中国目前基本实现了30万人口以上的县独立设置一所特殊教育学校的目标。[②] 另据中国残疾人联合会发布的《2014年中国残疾人事业发展统计公报》显示,全国共有特殊教育普通高中班(部)187个,在校生7227人;残疾人中等职业学校(班)197个,在校生11671人。全国有

---

① 山东省教育厅.山东省名校工程首批立项建设单位公示[EB/OL]. http://www.sdedu.gov.cn/jyt/gsgg/webinfo/2012/10/1387592476046594.htm. 2012-10-24.
② 中国教育和科研计算机网.特殊教育提升计划(2014—2016年)[EB/OL]. http://www.edu.cn/xin_wen_dong_tai_890/20140121/t20140121_1066689.shtml. 2014-01-21.

7864名残疾人被普通高等院校录取,1678名残疾人进入特殊教育学院学习。[①]特殊教育的进一步发展,除了要继续巩固已有的发展规模之外,有条件的学校还要在办学模式上积极探索,以特殊学生为中心,以现有的办学模式为基础,进行规律化总结。我国特殊教育学校办学模式日趋成熟,通过梳理办学模式诸要素的变化与发展来窥探我国特殊教育学校办学模式的发展特点。

### (一) 办学理念——注重以人为本

办学理念是了解学校办学特色的重要窗口。特殊教育学校不是出于人道主义为特殊学生建立的栖身之所,特殊学生在社会生活中并不总是被动者。当代的特殊教育办学者越来越多地认识到特殊学生的潜能,认识到特殊学生接受教育的重要性,认识到特殊教育学校的存在价值。这一认识的深化体现在特殊教育学校的办学理念上,希望通过优质的教育和服务,促使特殊学生将来能适应社会生活并对社会有所贡献。盲、聋、培智等特殊教育学校的办学理念不尽相同,但始终以特殊学生为核心,力求保障特殊学生的利益,促进特殊学生的发展。例如北京东城区特殊教育学校提出了"有爱无碍,教育康复,和谐发展"的办学理念,并以"为残障学生一生成长和生活奠基"为办学宗旨。再如福州市盲校,其办学理念为"以人为本,挖掘潜能,扬长避短,形成特长,健全人格,融入主流",围绕着以人为本这一核心,对于学生的发展目标提出了更高的要求。

### (二) 培养目标——促进和谐发展

培养目标反映了学校培养人才的具体意图。特殊教育学校在培养目标上越来越注重学生综合素质的发展,体现在两个方面:一是注重身心和谐发展。聋校一定要高度重视康复训练和听力补偿,例如青岛市中心聋校积极探索"听力补偿、言语康复、医教结合、康教一体"的教育模式,同时加强特殊学生的心理健康教育,保证良好的身心状况融入社会生活。二是注重认知和人格的和谐统一。一方面根据特殊学生基本情况,在基础知识教育和职业技能教育上有所偏重。聋校中普通高中的主要任务是高考升学,例如南京聋人高级中学每年约有98%以上的毕业生考取大学;职业技术教育则以职业技能的学习为主,为特殊学生的就业做准备。另一方面注重培养特殊学生的健全人格,加强自立、自强教育,如武汉市第一聋校提出了"三自"的教育模式,即自信、自强、自立教育。

### (三) 办学体制——深化办学改革

办学体制是由学校的办学体系与办学制度所组成,是特殊教育学校的骨

---

① 中国残疾人联合会. 2014年中国残疾人事业发展统计公报[EB/OL]. http://www.cdpf.org.cn/zcwj/zxwj/201503/t20150331_444108.shtml. 2015-03-31.

架。特殊教育学校的办学体制因学生类型的不同而存在差异，如学生类别从单一的障碍类型扩展到智力障碍、听觉障碍、视觉障碍以及自闭症等多种类型，故学校的办学体制也要进行相应的调整；而且特殊教育学校的办学体制也因相关教育政策的调整而变动。当前，特殊教育学校的办学体制的变化体现在两个方面：一是学制的延长。大多数学校都能承担九年一贯制的义务教育，越来越多的特殊教育学校开始涉及学前康复和职业教育。以青岛盲校为例，学校涵盖了学前教育、义务教育和面向全国招生的普通高中教育、职业中专教育等多个学段。二是校内部门设置改革。随着特殊教育学校办学规模的扩大以及学校功能的延伸，学校部门设置逐渐发生变化。例如，随着特殊教育学校科研工作的开展，有的学校专门设置了专门科研管理办公室，还有的学校设立了承担咨询服务、对外交流等职能的相关部门。

（四）办学人员——重视师资建设

特殊教育学校的办学人员包括教学人员、管理人员和后勤人员。教师队伍的建设对于特殊教育学校的办学至关重要，是特殊学生康复与教育的实施者，是学校专业化办学的主力军，因此特殊教育学校也高度重视师资队伍的建设。例如，上海市第四聋校提出要打造高水平聋校师资队伍，形成上海市名师培养人、区学科带头人、区骨干教师、上海市以及全国有影响有知名度的教师队伍。而且越来越多的特殊教育学校将科研能力作为特殊教育教师必备的素养之一，深圳元平特殊教育学校就提出了"科研兴校"的理念，实施"名师工程"，建设高水平的特教师资队伍。

（五）办学环境——营造温馨校园

办学环境包括物质环境、制度环境和精神环境，它涵盖了特殊学生校内生活的方方面面。首先，在物质环境上，特殊教育学校高度重视学校的绿化和教学、康复设备的齐全。不少特殊教育学校都开展"绿色校园"建设，为师生提供宜教宜学环境，同时，在学校硬件设施上追求高标准。如长沙市特殊教育学校多媒体教室、微机室、理化生实验室、图书室、广播室、言语视觉康复室、心理咨询室、按摩直观室、美术室、手工室、家政室、缝纫室等功能教室齐备，为学生的全面发展和职业教育提供良好的物质基础。其次，在制度环境上，特殊教育学校越来越重视制度在师生行为和心理上的映射。制度是学校规范运行的保障，对师生行为具有约束作用，但我们在加强制度建设的同时，要考虑到制度对人产生的心理作用，避免或减少制度带给师生约束、惩罚的不良体验，突出制度的服务和激励功能。最后，在精神环境上，尊重、宽容、平等的氛围对特殊教育学校至关重要,对于特殊学生人格的发展和社会适应程度具有重要作用。例如湖北省武汉市盲童学校一直提倡"致和尚善,奋发有为",激励视障学生树立阳光向上、积极进取的人生态度。

(六)办学经费——拓宽来源渠道

《中华人民共和国残疾人教育条例》第 7 章第 44 条明确规定:"残疾人教育经费由各级人民政府负责筹措,予以保证,并随着教育事业费的增加而逐步增加。县级以上各级人民政府可以根据需要,设立专项补助款,用于发展残疾人教育。地方各级人民政府用于义务教育的财政拨款和征收的教育费附加,应当有一定比例用于发展残疾学生、少年义务教育。"[①]同时,国家鼓励特殊教育学校在不影响正常办学的情况下,通过校办产业、勤工助学等手段自筹办学经费。我国特殊教育学校目前的办学经费以政府拨款为主,在社会捐助方面往往处于被动地位,没能建立积极的经费筹集体系。深圳元平特殊教育学校率先提出"经营"资源的理念,建立了多元、主动的经费体系。

(七)办学效能——追求多元特色

办学效能体现在学校产出和影响力上,主要有内部效能和外部效能,学校内部效能体现在促进全校师生的发展,外部效能体现在承担相应的社会服务和文化建设责任。特殊教育学校根据本校实际,调动各种资源,追求最大的办学效能,主要表现为两大特点:

(1)打造各自的办学特色。学校特色对于特殊教育学校而言极为重要,这不仅是学校的办学优势,更是学校进行宣传的最佳名片。办学特色作为展现学校办学成果的窗口,对于提升学校影响力具有重要作用。例如,舞蹈艺术教育是武汉市第一聋校的光荣传统和特色,著名残疾人表演艺术家邰丽华便是优秀校友,该校输送了一批批残疾艺术表演人才。武汉盲校在学校发展过程中逐渐形成了按摩职业教育、艺术体育教育、环境育人和视力康复教育四大特色。

(2)办学效能的多元化。例如,广州市盲人学校具有视障教育、培训、科研和社会社区服务"四位一体"的办学功能。再如天津市视力障碍学校作为天津市"盲人定向行走指导中心""盲人计算机培训中心",对市内各区县残联及相关单位、人员进行培训指导;定期开办学前视觉障碍学生及家长培训;为在普通学校随班就读的视觉障碍学生提供援助。

---

① 中国残疾人联合会.中华人民共和国残疾人教育条例[EB/OL].http://www.cdpf.org.cn/zcfg/content/2001-11/06/content_30316064.htm.2001-11-6.

## 第3节　深圳元平特殊教育学校办学模式的发展

深圳元平特殊教育学校作为一所为视障、听障、智障、脑瘫、自闭症和多重障碍的特殊学生提供从义务教育到高中职业教育"一条龙"服务的全日制特殊教育学校，其最显著的办学特色是在全国率先探索实践"教育、康复、职业训练一体化"的特殊教育办学模式，并取得了显著成效。早在1996年5月，时任中国残联主席的邓朴方同志在视察该校时就说："元平特校在教育、康复和职业培训方面做出了自己有特色的有机融合，照着这条路往前走，能够走出一条好路来，可能是一条非常有希望的路。"[1]二十余年的实践经验证实了这一点，"教育、康复、职业训练一体化"的办学模式取得了显著的教育效益和社会效益。

### 一、历史沿革

深圳元平特殊教育学校办学伊始，孙振东校长就大力推进特殊教育的整体化改革，从特殊学生身心特点和社会发展需要出发，在全国率先进行"教育、康复、就业一体化"的探索和实践，即在对各类特殊学生进行思想文化教育的同时，加强康复训练和职业教育，并适当安排一部分毕业生留校就业。2002年以后，黄建行校长来到深圳元平特殊教育学校，带领全校教职工继往开来，锐意改革，着眼时代要求，在"教育、康复、就业一体化"办学模式实践的基础上，坚持以人为本，从实际出发提出"宝塔式"的培养目标，努力探索和实践"教育、康复、职业训练一体化"的办学模式；以教育教学为中心，全力推进教育改革，围绕建设全国特殊教育强校的总体目标，努力建设两个窗口，打造三个高地，力争在八个方面做中国特殊教育的引领者。

（一）艰苦创业建校（1991—1994年）

深圳经济特区在我国改革开放的历史进程中，发挥了"排头兵"的作用。经过十年的发展，到20世纪80年代末，深圳已经发生了翻天覆地的变化。深圳特殊教育事业也开始起步，深圳市委、市政府高度重视特殊教育的发展，决定将特殊教育事业作为精神文明建设的重要内容来落实。1991年12月12日，深圳元平特殊教育学校在深圳创办。为了早一天让特区的特殊学生接受教育，学校

---

[1] 康普华.育残成才的希望之路——深圳元平特殊教育学校的启示[J].中国社会工作，1997(3):58—59.

边建设边发展。在学校用地未定、校舍未建的情况下,借南华职业中学的一隅办学,找了几间办公室,稍微改造后,招了48名特殊学生,填补了深圳特殊教育事业的空白。1993年7月,学校开始全面招生,南华职业中学借来的教室已不能满足学生需求,学校便辗转各地,三易校址:1993年7月,从南华中学搬迁至皇岗幼儿园办公(学生休学);1994年2月,从皇岗幼儿园搬迁至长城大厦5号楼办公,教师临时居住"红梅阁"17楼;直到1994年我们新校址部分行政楼建成,学校从长城大厦搬迁至学校行政楼办公及食宿,有关人员临时居住行政楼4～6楼。虽然学校的主体建筑落成,但是水、电灯、通信设施都还没有,学校为了节约资金,提出节俭办学:自己能做的,坚决不买;自己能干的,坚持不外请;能买便宜的,坚持到"源头"采购。学校教职员工还利用休息日、假期为教学楼、运动场、学生宿舍楼的铁制安全网、护栏涂刷防锈漆,新校址劳动就业综合楼22间标准客房,以及100多间教工宿舍的部分装修及家具、食堂的就餐台等,都是学校教职工完成的,这也奠定了学校艰苦创业、勤俭办学的传统。

这一时期,虽然在师资、经费、场地、招生等方面面临着多重困难,但学校对内倡导团结一心,艰苦奋斗,集结全校教职工的智慧和力量为学校的创建工作而努力,对外动员一切可以借助的力量,赞助和支持学校的基础建设。这一时期办学者着眼未来,统揽全局,办学思路清晰明确,体现在三个方面:第一,对于学校基础设施建设的高瞻远瞩。考虑到深圳未来社会、经济和教育发展局面,学校认为应该充分发挥深圳特区的优势,瞄准世界特殊教育先进水平,决心建一所能够充分满足现代特殊教育需求的学校,以保证学校可持续发展为原则,立足长远,超前规划,坚持在学校基础建设上的高标准、严要求,建设现代化的美丽校园。第二,对于学校性质的成功定位。由于历史原因,我国特殊教育学校都是分设盲校、聋校,或者"培智""启智"学校。深圳元平特殊教育学校创校伊始就率先在全国实践了不同障碍类型的特殊学生之间的融合。学校从招收第一批48个孩子开始,就全面接纳视障、听障、智障以及脑瘫、自闭症、多重障碍等特殊学生入学,率先在全国开办综合性特殊教育学校,现已成为全国特殊教育学校办学的普遍模式。第三,对于学校办学模式的初步探索。学校第一任校长孙振东有着丰富的特殊教育工作经验,早在南京特殊教育师范学校(2015年升格为南京特殊教育师范学院)担任副校长期间,就率先提出把职业教育和劳动技术教育引进特殊教育教师示范教学体系。他认为,以文化教育为主的特殊教育模式并不能满足特殊学生的教育需求,提出特殊学校应进行整体化改革,变"文化教育型"单一结构为"教育、康复、就业"整体功能优化型的立体结构,通过教育、康复和就业的有机结合,提升特殊学生的整体水平,从根本上提高特殊教育适应社会主义现代化建设需要的整体效能。实践证明,这一办学模式符合特殊学生发展需求,符合特殊教育的发展方向,是特殊教育学校办学模式的典范之作。

(二)特教新兴名校(1994—2000年)

在这一阶段,学校"教育、康复、就业一体化"办学模式不断在实践中得到落实,初步展现出较好的社会效益,受到社会各界的广泛赞誉。深圳元平特殊教育学校树立了良好的社会形象,学校现代化初现规模。

1. 步入正轨:"教育、康复、就业一体化"的办学模式不断落实

学校树立"育残成才"的新教育观念,发掘特殊学生的潜在价值,认识到发展残疾人职业教育对促进经济建设的重大意义,坚定地将"教育、康复、就业一体化"的办学模式逐渐付诸实践。"教育、康复、就业一体化"办学模式要求学校在对特殊学生进行思想品德教育和基础文化教育的全过程中,还要对特殊学生进行身心缺陷补偿教育,有机结合体育康复和康复训练,加强劳动教育、职业技术教育,创造条件,安排适量毕业生劳动就业。教育结构的调整对教育内容、师资力量以及实施基地都提出了新的要求,深圳元平特殊教育学校调动一切力量,积极创造条件,将模式图景变为现实。

首先,"教育、康复、就业一体化"的教育内容的选择要以学生需求为本,结合学校实际为特殊学生提供发挥潜能、弥补缺陷所需的内容体系。学校设置了五大类的课程体系:一是帮助特殊学生确立正确道德观念和人生态度的思想品德课程,二是提高特殊学生文化素养的基础文化课程,三是为了减轻或者克服障碍的补偿训练类课程,四是指导特殊学生掌握基本生活技能、熟悉社会规范的社会适应课程,五是为特殊学生实现就业的职业技能课程。与课程结构变化相适应的是教材体系的建设,特殊教育的教材必须与特殊学生的生活密切相关,为特殊学生身心发展、参与社会生活服务。面对特殊教育学校教材缺乏的现状,深圳元平特殊教育学校充分利用现有教材的基础上,自编具有深圳特色的乡土教材,同时发挥地理优势,积极吸收港澳台地区和世界其他地区的特殊教育教材。

其次,在教育内容确定后,学校又对师资队伍进行调整。除了思想品德和基础文化教育的师资外,扩充具有康复专业和职业教育背景的教师,能对各级各类特殊学生进行医疗康复与训练,能进行多种类型、多种形式、多种层次的职业技术教育。

最后,关于实施基地,学校立足"教育要面向现代化、面向世界、面向未来"

的精神,高标准地规划办学。为了对各类特殊学生进行医疗康复与训练,学校设立康复部和机能训练室,配备康复训练设备。为了对特殊学生进行劳动训练和职业技术教育及安排就业,将辟建工厂、场圃等基地。学校建立了元平饭店、元平邮电代办所、盲人按摩诊所、平价超市等一批校办企业,把校办工场作为职业教育的实施基地,并创造条件安排毕业生在校办企业就业。1997年,8名智障毕业生与元平饭店签订就业合同,标志着这一模式的成功,有效缓解了政府和社会安排特殊学生就业的压力。

2. 成果丰富:特教名校效应逐步彰显

深圳元平特殊教育学校坚持社会主义的办学方向,全面贯彻国家的教育方针,建立涵盖义务教育和职业技术教育的办学体系,熔教育、康复、就业于一炉,逐渐把学校办成特殊学生学习基础文化、补偿身心缺陷、培养劳动技能、安排适量就业的乐园。学校"教育、康复、就业一体化"的办学模式得到了广泛认可。学校从1995至2000年连续六年被深圳市政府授予"深圳市教育系统先进单位";1995、1997、1999三年被深圳市委、市政府授予"深圳市文明单位"称号;1995、1997两次被广东省委、省政府授予"广东省文明单位"称号;1996年深圳市委、市政府授予学校"深圳市奉献爱心,育残成才模范学校",并号召全市广大干部群众积极开展向深圳元平特殊教育学校学习的活动,文件中说:"学习他们艰苦创业、锐意进取的开拓精神;学习他们奉献爱心、敬业乐业的高尚品格;学习他们勤奋工作、严谨求实的工作作风。"深圳元平特殊教育学校成为展现深圳教育发展成果的一张名片,彰显了"开拓、创新、团结、奉献"深圳精神,丰富了深圳精神文明建设的内涵。随着办学质量的提升,深圳元平特殊教育学校在全国范围内的影响力越来越大,1997年被国家教委评为"全国特殊教育先进单位",荣膺国务院残疾人工作协调委员会授予的"残疾人之家"光荣称号。深圳元平特殊教育学校为深圳的教育事业和精神文明建设作出了突出贡献,并在全国产生了广泛的社会影响力,成为新兴的特教名校。

(三)全国特教强校(2000年至今)

进入21世纪,学校进入了新的发展时期。着眼于新世纪对特殊教育的要求,学校提出走内涵发展之路,科研兴校,致力于打造一支高水准的师资队伍,以特殊教育品牌立足于全国特教领域,办学水平上与世界先进国家接轨。为了夯实办学模式的根基建设,学校提出了"宝塔式"的培养目标,努力探索和实践"教育、康复、职业训练一体化"的办学模式,围绕建设全国特殊教育强校的总体目标,努力建设两个窗口,打造三个高地,力争在八个方面做中国特殊教育的引领者,率先实现特殊教育现代化。

1. 明确方向,提出"宝塔式"培养目标

只有把培养目标的问题思考清楚,才能把学校各项工作做好。黄建行校长来到元平之后,思考最多的是:"经过学校 9～12 年的培养,我们的学生应当达到什么目标? 应当具备什么样的素养? 可以学到和获得哪些知识和技能? 哪些能力对特殊学生今后一生的生存和发展最有用?"同时,基础教育领域的素质教育改革不断推进,素质教育应该是在尊重个体差异的基础上,使每个学生都得到适合其自身发展特点的最佳教育和发展,其教育对象是面向全体学生的,特殊教育也不能超越素质教育的范畴。① 黄建行校长在思考了特殊教育培养目标的特殊性以及特殊教育素质教育如何开展等问题之后,提出了"宝塔式"的培养目标(图 1-1),在国家教育方针的基础上,根据特殊学生的残疾类型、残疾程度确立分层的培养目标。第一层级:培养学生掌握简单科学文化知识和生活技能,具有初步融入家庭、社区、社会的能力;第二层级:培养学生掌握基本科学文化知识、基本的劳动技能和学习能力,参与一定程度的社会生产或创造,具有进一步融入家庭、社区、社会的能力;第三层级:培养学生掌握多种劳动技能和可持续发展的学习能力,深入参与社会生产或创造,具有较强的融入家庭、社区、社会的能力。

图 1-1 "宝塔式"培养目标

2. 深化改革,优化办学模式

随着对特殊教育办学规律的认识,学校管理者认为"教育、康复、就业一体

---

① 陈云英.中国特殊教育学基础[M].北京:教育科学出版社,2004:305-306.

化"办学模式的内涵应当随着时代背景和办学实际的变化而变化。面对新时代、新政策和新情况,学校将其调整为"教育、康复、职业训练一体化",这是新型职业教育理念对特殊教育的要求,也是学校可持续发展的必然选择。

特殊教育中融合的理念深入人心,特殊教育学校也更注重特殊学生回归主流社会所需能力的培养,使特殊学生学会生活,学会生存。因此,职业教育的内涵也发生了变化,不能局限于为了帮助特殊学生就业,而应为特殊学生融入社会打下坚实基础。发展职业教育是为了发展学生潜能,满足特殊学生教育需求,特殊学生的就业倾向和就业选择也是多种多样的,而且在职业高中三年精通一门、掌握一至两门技能是完全可以的。而在校办企业安排特殊学生就业在一定程度上限制了特殊学生更多的就业选择,而且针对校办企业岗位进行职业教育的模式,对特殊学生职业适应力的培养不够,表现在特殊学生更换工作或工种时花费很多时间去适应。在政府要求取消校办企业的情况下,将"就业"调整为"职业训练",强调职业类课程的预备性作用,使特殊学生具备生活自理能力、社会适应能力和就业能力,为特殊学生的持续、全面发展奠定基础显得尤为重要。因此,特殊教育学校发展职业教育要注意增强特殊学生对工作岗位适应能力的培养,而不是包办就业。

2002年11月,深圳市教育局正式批准学校成立职业高中部,为深圳地区听障、智障等各类特殊学生提供以"双证"(高中毕业证和劳动技能等级证)为主要内容的中等职业技术教育,通过培训使他们掌握劳动就业所需的职业技能和独立生活技能,为将来参与社会劳动和社会生活打下了坚实的基础。学校深化与深圳市残疾人联合会、深圳市劳动和社会保障局等部门的合作,联合开设各类专业的职业资格培训班,聘请行业、企业的专业技术人员担任兼职教师,加强与校外实训、实习就业基地的深度合作。目前学校与香格里拉酒店管理集团公司、百胜餐饮集团公司等世界500强企业签订了学生就业培训、实习和就业基地的合作协议。鼓励教师参加职业技能培训班,增强专业技术能力,并获取相应的职业资格等级证书,努力成长为合格的"双师型"职业教师。

3. 全面规划,促进内涵发展

明确的培养目标会指导办学实践,"宝塔式"培养目标旨在让不同类别、不同程度的特殊学生得到更有针对性的教育与康复。这意味着学校要尽可能地调动各种教育资源来满足每一个特殊学生的教育需求,因此必须从系统角度出发,以特殊学生发展为核心构建学校的发展体系,将"教育、康复、职业训练一体化"的办学模式置于特殊教育现代化建设的未来视角下,谋划学校未来一段时期的发展举措。学校构建了"一个目标,两个窗口,三个高地,八大引领"的学校发展图景,坚持走内涵发展道路,不断丰富特殊教育强校的内涵,扎实推进特殊教育现代化建设。

(1) 一个目标

深圳元平特殊教育学校的办学目标是以学生发展为本,以教师发展为抓手,促进学校科学、持续发展,努力建设全国特殊教育强校。目前我国特殊教育事业已经从以规模、普及为重心转变为以效益、质量为重心,各级政府高度重视特殊教育的发展,在提高本地区特殊教育普及程度的同时提升特殊教育办学质量,各地区特殊教育学校不断开展教育教学改革,加强师资队伍建设和教学科研建设。深圳元平特殊教育学校经过二十多年的发展和积累,已经站在全国特殊教育发展和改革的制高点上,被誉为中国特殊教育的一面旗帜,如何在这个起点上实现新的跨越,既是压力,更是挑战。面对新的机遇和挑战,学校领导者树立开阔的视野,继续高举改革创新大旗,提升学校在特殊教育领域的专业影响力,坚持内涵发展路线,建设全国特殊教育强校,与世界先进特殊教育办学水平接轨。

(2) 两个窗口

"两个窗口"是指把学校办成能够代表中国特殊教育发展水平和中国人权保障水平的窗口学校。纵观世界各国教育发展的历史,可以看出一个三段式的发展规律[①],分别是贵族教育、平民教育和全民教育。三个阶段的依次递进也就表明了教育水平的不断提高,其中特殊教育多数是在全民教育阶段得到长足发展。因此,我们评估一个国家教育发展水平高低时,一个重要的参考依据便是特殊教育的发展状况。而我国特殊教育起步较晚,整体水平在国民教育体系中相对较低,因此,通过特殊教育的发展提升整个国家的教育水平是教育发展的必然趋势。深圳元平特殊教育学校是中国特殊教育的一面旗帜,是世界了解中国特殊教育事业的窗口。2004年,我国把"尊重和保障人权"写入宪法。人权的最基本特征是人人享有且平等,特殊学生当然不能例外。教育权又是我国宪法确认的公民的基本人权,特殊学生教育权发展状况在一定程度上影响了中国人权事业的整体状况,西方国家还因中国特殊教育发展落后而抨击中国的人权事业。当前我国的特殊教育受到了党和政府前所未有的高度重视,中国政府为残疾人教育事业的发展作出了极大的努力,也取得了喜人的成果,成为展示

---

① 陈云英.中国特殊教育学基础[M].北京:教育科学出版社,2004:17—18.

中国人权事业发展的重要内容。黄建行校长就是在认识特殊教育事业对于中国人权事业发展的重要性之后，提出"做有使命感的领跑者"，不仅要做全国特殊教育的领跑者，也要成为中国人权事业面向世界的窗口。

（3）三个高地

深圳元平特殊教育学校从落实党的执政理念，提升国家、城市国际形象的高度去理解特殊教育的社会属性，从国际的视野去把握特殊教育改革的方向和趋势，要在三个方面占领特殊教育的发展高地：

① 教师职业道德高地。倡导"家校零冲突"理念，努力把学校锻造成爱的熔炉，使特殊教育教师成为全社会职业道德的楷模。

② 特殊教育改革高地。加强教育科研，深化教育改革，努力使学校成为全国特殊教育改革的示范基地。

③ 人权保障水平高地。坚持零拒绝理念，保障每一位深圳户籍的适龄特殊学生能享受达到国际先进水平的优质特殊教育服务。

通过三个高地的建设，力求丰富社会主义精神文明建设的内涵，提升特殊教育学校办学水平，展现中国人权事业的发展成果。

（4）八大引领

为进一步将办学模式的目标体系落到实处，学校立足实际，着眼于特殊教育的发展趋势，提出要在八个方面做特殊教育的引领者。

一是教师职业道德的引领者。始终把爱心和责任心作为特殊教育学校教师职业道德的核心价值，追求"乐于耕耘不问收获，甘于奉献不图回报"的师德境界，不放弃，以学生为本；不懈怠，以教学为乐，把学校打造成爱的熔炉。培养一支忠诚于特殊教育事业、师德高尚、有理想、有追求、有奉献精神的教师队伍。

二是教师专业发展的引领者。通过举办研究生课程班，提高青年教师的特殊教育理论水平，进一步优化教师专业结构，提升研究生学历的教师比重。推进校内"名师工程"和"特色学科建设"，培养一批国内特殊教育名师，大力培养学科带头人和骨干教师。

三是课程开发建设的引领者。深化学校课程改革，进一步完善"教育、康复、职业训练一体化"的课程体系，努力打造全国特殊教育示范性课程。例如，生活适应、感觉运动、物理治疗、特奥运动、西式面点等课程成为特殊教育领域内的精品课程。

四是医教结合改革的引领者。大力开展个别化康复训练，构建与国际接轨的学校教育与康复训练相结合的特殊教育模式。组织开展康复训练营工作,提高特殊学生的个别化训练水平和康复效果。加快推进"医教结合"教育改革的进程,积极探索与康复机构和医疗机构互为依托的合作模式,拓宽学校康复服务的渠道和范围。建立多元化的康复师资队伍,继续加大康复类专业教师引进和培养力度,充实物理治疗师、职业治疗师、言语治疗师、心理治疗师、康复医师等各类康复人才。积极争取深圳市残联的资金支持,完善客座教授、兼职治疗师的聘任机制,打造在全国具有领先水平的专业康复治疗师团队。

五是残疾人职业教育的引领者。进一步完善特殊学生、青少年职业教育、就业培训和就业安置立交桥体系,建设推进"三进三出"的校企合作模式:"三进"即企业文化进校园,岗位工作任务进教材,实际工作流程进课堂;"三出"即教师到企业顶岗锻炼,学生到企业顶岗实习,学生到顶岗企业就业。突出学生职业道德、社会适应能力和职业技能的培养,在全国率先建立特殊学生职业能力测评体系。

六是特奥运动的引领者。以特奥运动作为培养特殊学生自强不息精神和乐观自信心态的重要手段,加大特奥运动的普及力度,让每个特殊学生都能平等参与到与其相适应的体育训练中。充分利用学校的资源优势,建立游泳、硬地滚球、羽毛球、足球等优势特奥运动项目,为广东省和国家输送优秀特奥运动人才。

七是特殊教育学校校园信息化的引领者。目前,学校建立了总容量为169G、资源记录总数为72057条的全国培智教育资源库,在全国特殊教育学校推广应用,进一步做好《中国特殊教育资源库(智障版)》的补充完善工作,继续为全国特殊教育学校提供培智教育资源服务。加大力度推进"数字化"校园建设,加快推进学校信息化综合管理系统平台的应用,实现无纸化办公目标。与时俱进,不断推动信息化新技术在特殊教育中的应用,力争在数字校园的建设方面继续走在全国特殊教育的前列。

八是特殊教育先进理念的引领者。着力培养的"以人为本的学校办学理念、家校零冲突的教育服务理念、开放的教育经营理念和以创新为灵魂的科研创新理念"作为指导学校科学发展的核心价值观,作为教育教学活动的行动指南。

4. 分层实施,建设七大工程

围绕着"一个目标,两个窗口,三个高地,八大引领"的目标体系,学校逐步建立完善的配套措施,立足学校长远发展,从全局出发谋划实施方案,加强制度建设，提出七大工程建设方案，为率先实现特殊教育现代化而努力。

（1）学生潜能开发工程

"宝塔式"培养目标体系旨在使每个特殊学生的潜能得到最大发展。在该目标体系下，学校提出实施学生潜能开发方案，不断提高差异化教育和训练的针对性和实效性，保障每一名学生享有个性化服务。制订并实施工作室制度，制订工作室的申报、评估机制，充分发挥工作室在学生潜能开发中的作用，培养一批有专长的优秀学生；力争做到打造一个工作室（或特色项目）、带动一个团队、培养一批学生。制订并实施体育、文艺特色项目申报制度，结合学校的资源优势，打造体育类、文艺类的特色项目。体育类的特色项目，要达到代表国家水平参加世界特奥会的水平；文艺类的特色项目，要打造出在全国具有影响力的精品节目。开展自闭症学生数学、设计、绘画等各类特长生的培养工作。持续开展康复训练营，利用晚间、周末、假期的时间对各类特殊学生开展康复训练，开发潜能，补偿缺陷，提高康复质量和生活适应能力。

（2）教师职业幸福指数提升工程

特殊教育学校教师容易产生职业倦怠，对职业发展前景缺少规划，职业幸福指数偏低。深圳元平特殊教育学校切实加强师德师风建设，增强教师的责任感、归宿感和自豪感，不断提高教师的职业幸福指数。充分发挥教职员工的创造力，创新校园文化活动，在继续保持深受教职工欢迎的传统活动的基础上，积极谋划喜闻乐见和具有广泛参与性的文体、学习活动。进一步完善有利于教师专业成长的培训、激励机制，努力使每一位教师都成为幸福、优秀的教师，使学校成为全国特殊教育名师基地。学校制订了《深圳元平特殊教育学校"名师工程"实施方案》和《深圳元平特殊教育学校特色项目创建与管理实施方案》，将名师培养和学校特色项目建设结合起来，加大优秀教职工的奖励力度，扩大优秀教师的奖励范围和数量；开展学术研讨、互访交流、教师互派、派遣访问学者等多种形式的交流活动，进一步拓宽视野；与不同国家、地区的学校或康复机构确立友好合作单位的关系，定期互派教师交流。

（3）课程改革深化工程

特殊教育学校课程体系对于满足特殊学生教育和发展需求、推进特殊教育专业化发展具有重要作用。深圳元平特殊教育学校以智障课程体系为突破口，着手特殊教育学校课程体系建设。学校于2002年9月成立了校本课程改革与发展委员会，探索建立具有深圳特色的适合智障学生发展需要的教育课程体系。截至2016年，学校共编订了适用于智障、脑瘫、自闭症、听障、视障学生的

30门学科课程标准,包括生活适应、生活语文、感觉运动、西式面点、特奥运动、物理治疗、信息技术、沟通与交往等学科,共240个教学主题,16本教学指导手册,1224册校本教材。近年来,学校课程改革不断深入,在更高层次、更多学科上开展更深入的课程改革。以高校为依托,在北京师范大学、华中师范大学专业科研人员的引领下进一步完善学校校本课程的基本框架,不断提高课程开发水平。学校积极落实《深圳市中小学素质教育特色学校创建实施方案》的要求,充实和完善创建工作计划,加强创建领导和管理,以创建课程改革特色学校为载体,加强课程标准、课程资源、教材或教学指导手册的研制,通过课程改革提升学校的教学水平。

(4) 康复训练强化工程

康复训练是"教育、康复、职业训练一体化"办学模式的重要组成部分。学校不断推进"医教结合"教育改革的进程,积极探索与康复机构和医疗机构互为依托的合作模式,拓宽康复服务的渠道和范围,全面提高康复服务的质量。加强听障学生听力语言康复工作,大力开展智障学生个别化康复训练,强力推进学校教育与康复训练相结合特殊教育模式的改革。充实教师配置,脑瘫班级基本实现1+1+1的教师配备模式(1名特教专业教师、1名康复治疗师、1名个训教师),自闭症班级基本实现2+1+1的教师配备模式(2名特教专业教师、1名康复治疗师、1名个训教师),完善康复教育所需的设备设施,积极引进新的干预手段与方法,加大具有专业背景的康复师资的引进力度,提升康复训练的专业化水平。同时,学校发挥相应的社会服务功能,成立面向社区的康复训练训练服务机构,利用周末和寒暑假为有需要的残疾人士提供专业的训练。

(5) 职业教育拓展工程

学校在发展职业教育的过程中,高度重视职业教育的价值,不断丰富职业教育内涵,从而为特殊学生融入社会打下坚实的基础。学校不断扩大职业教育规模,在满足本校学生职业需求的同时,充分发挥学校作为深圳市残疾人职业教育基地的作用,拓宽学校的社会服务功能。全面提高职业教育质量,不断提高学生职业综合素质,使学生劳动资格证获取率和一次性就业率一直保持较高水平。加强"双师型"师资队伍的建设,加强职业专业和职业课程建设,成立职业教育专业建设指导委员会,完善各专业的课程标准,开发建设优质共享型专业教学资源库。加强校内外相结合的实训基地建设,深化校企合作,构建校外实习基地运行的长效机制,满足职业教育的需求。探索构建职业高中毕业生就业服务体系,为职业高中毕业生提供及时、全面的就业后追踪指导服务。

(6) 数字化校园建设工程

学校加大力度推进"数字化"校园建设,加快推进学校信息化综合管理系统平台的应用,实现无纸化办公目标;着力加强教学、科研、管理和服务信息系统建设,建立结构合理、层次分明、性能优良的学校数据共享中心及以校园网络信息技术为基础的公共服务体系。重视网络安全,建立网络和信息安全机制,确保校园网络高效、安全、健康运行。开展教师信息技术水平的培训,特别是在互动教学方面,采用"以点带面"的方式提高教师信息技术能力,建设公开课堂数字化的录播系统。完善校园安全和教学管理信息化监控系统,实行校园一卡通系统的建设工程,推进互联网的应用,通过信息传感设备,实现对学生的智能化识别、定位、监控和管理,提高校园管理的信息化水平。

(7) 特奥运动普及工程

特奥运动对于增强特殊学生的自信心、提升康复水平方面的作用尤为显著,因此,越来越多的特殊教育学校将体育项目作为学校活动的重要内容。2000年12月,第一个"中国特奥培训基地"在学校挂牌。经过十多年努力,学校特奥运动项目开展已经形成体系,并精心培育出了有本校特色的优势项目,学校为各级运动队伍输送了一大批优秀特奥运动员。截至2016年,有30人次参加国际体育赛事,92人次参加全国比赛,165人次参加省级比赛和91人次参加区域邀请赛。学生运动员在省、市级以上残运会、特奥会取得337枚金牌,232枚银牌,202枚铜牌。多次承办了全国特奥教练员、东亚区特奥高级教练员、中国特奥运动员领袖等国内外培训活动。深圳元平特殊教育学校在原有成绩的基础上,加大特奥运动的普及力度,让每个特殊学生都能平等参与到与其相适应的体育训练中。充分利用学校的资源优势,建立游泳、硬地滚球、羽毛球、足球、高尔夫、轮滑等优势特奥运动项目,着力打造特奥运动品牌。加强特奥课程的改革实践,在智障教育部率先普及特奥运动,开发特奥运动课程。同时,加强特奥运动员、特奥运动教练的培养,增强学校特奥运动项目开展的可持续性。加强学校特奥项目的经验总结,以申报课题的形式加强特奥理论发展水平。

2002年以来,深圳元平特殊教育学校坚持走内涵发展路线,延续良好社会形象的同时,注重打造学校在特殊教育领域的专业形象。"教育、康复、职业训练一体化"的办学模式逐渐成熟,产生了更大的办学效益。在这一阶段,学校成功地完成了从特教新兴名校到特教强校的跨越式发展,为学校实现特殊教育现代化、步入世界特殊教育的先进行列奠定了基础。

## 二、基本特点

深圳元平特殊教育学校虽然只有二十多年的发展历史,但其在办学模式上的探索和成就使其成为中国特殊教育学校中的佼佼者。系统梳理其办学模式的发展历程,会发现该模式的成功蕴含着先进的办学思想和对特殊教育事业的热情,蕴含着敢闯敢拼的魄力与勇气。这离不开深圳市委、市政府的支持,离不开办学者的高瞻远瞩,离不开全校师生的孜孜追求。"教育、康复、职业训练一体化"办学模式在其提出、发展、深化的过程中有其自身的特点。

### (一) 系统性

"教育、康复、职业训练一体化"办学模式改变传统的学校教育模式,对特殊教育学校的发展模式进行了重新构建。从系统的角度出发,从特殊学生的需求出发,围绕着"教育""康复"和"职业训练"三个主题。以建设全国特教强校为目标;力求成为代表中国特殊教育发展水平和中国人权保障水平的窗口学校;打造全国教师职业道德高地、人权保障水平高地、特殊教育改革高地。从课程开发、康复训练、职业教育、特奥运动、信息技术等方面构建办学模式的子系统,这样一个目标明确、层次分明的办学系统逐渐成熟。经过二十余年的发展,"教育、康复、职业训练一体化"办学模式已深入人心

### (二) 综合性

深圳元平特殊教育学校目前已发展成全国同类学校中办学规模最大、办学条件优良、办学水平较高的特教名校,是一所综合性的特殊教育学校。从教育对象上来看,学校在招生上坚持着"零拒绝"的原则,力求为视障、听障、智障、自闭症以及脑瘫学生提供教育场所;从学制上来说,涵盖了义务教育、普通高中教育以及高中职业教育;从教育内容上来说,涵盖了教育、康复与职业训练,注重学生特长的发掘与培养;从学校功能上来说,集教育、师资培训、特教科研于一体;从学校的辐射范围来看,学校在全国同类学校中具有广泛的影响力,每年都有全国各地的特殊教育学校和机构人员来校参观考察和学习,其中也包括来自港澳台的参观者。这也从另一个方面反映了学校的综合水平。

### (三) 生成性

"生成"原本是用来揭示事物诞生过程与发展机制的概念,但今天它又带有"认识论"甚至是"本体论"的特征。作为认识论,"生成"主要是指用动态的观点

来看待事物;作为本体论,"生成"则指万物在本质上是一种过程性存在。[①]办学模式是一种生成性存在,它在实践中不断变化、完善与发展,在这一过程中,存在着无限的发展可能,因而也充满了创造新事物的机会。深圳元平特殊教育学校"教育、康复、职业训练一体化"办学模式是在实践中不断生成的,我国综合类特殊教育学校发展起步较晚,因此学校在发展过程中总是面临着很多新问题需要解决,总是需要发现新思路、提出新方法,学校就是在不断发现问题、解决问题的过程中实现了创新生成。尽管学校对于办学模式进行了经验总结,但我们必须清楚地看到"教育、康复、职业训练一体化"办学模式是与学校的办学实践息息相关的,在实践中生成,在实践中发展。

(四)开放性

学校一直秉承开放办学的理念,即开门办学,这有两方面的含义:其一,在学校的发展方向上,以社会需求为导向,促进学生社会适应能力的发展;其二,吸纳有利于实现该目标的社会力量参与到学校办学中,力求实现特殊教育学校与社会的融合,促进学生与社会的融合,共创和谐局面。学校管理者一直思索,特殊学生在学校应该接受什么样的教育,才能使他们将来能适应社会?学生要适应社会,必须要了解社会,只有开放办学,将社会大环境引入到学校教育中来,才会使学生尽可能地减少将来适应社会过程中的阻力,所以开放办学对于学校发展的意义重大,是特殊教育学校践行融合教育理念的重要途径。特殊教育学校不是特殊学生逃避社会的隐世之所,而是特殊学生走入社会的引路者。开放办学还是学校和社会良好互动的重要途径,通过展示办学成果,引导社会大众关注特殊学生,支持特殊教育,为社会精神文明建设添砖加瓦。为促进这一目标的实现,必须有相应的学校机制来保证,依托学校,将社会力量、社会资源、社会需求纳入到学校中来,将学校变成一个小社会,使特殊学生在其中获得适应社会的知识与技能,减少融入社会的障碍与不适。

---

① 罗祖兵.生成性思维及其教学意蕴[J].当代教育与文化,2011(3):76.

# 第 2 章　办学理念

办学理念是办学的出发点,是学校的灵魂。先进的办学理念,对内是凝聚力、向心力,对外是核心竞争力和特色。每所特殊教育学校都有自身独特的办学理念,指导学校的发展。深圳元平特殊教育学校在二十多年的发展历程中,秉持"以生为本,育残成才"的办学宗旨,着力培育"以人为本""服务至上""资源整合""科研兴校"四种办学理念。学校独特的办学理念保障了学校发展的持久生命力,使学校始终走在中国特殊教育发展前沿。

## 第 1 节　以人为本

### 一、理论依据

以人为本的"本"是指人的一切行为活动的出发点、手段和目的。以人为本要求我们的一切行动都要以人本身及其需要为准则,所有的制度安排、生产、消费、交易、管理行为都应当把满足人的需要作为目标。"以人为本"体现着浓厚的人文关怀,有着深刻的哲学、心理学和管理学的理论基础。

（一）人本主义哲学

在中国,"以人为本"最早是战国时代齐国政治家管仲的治国之术,即"夫霸王之始也,以人为本。本理则国固。"儒家所倡导的"仁者爱人""民为贵",墨家的"兼爱"都体现了以人为本的思想。在西方,人本主义贯穿于西方近现代哲学发展史。人本主义起源于古希腊时期普罗泰戈拉所提出的"人是万物的尺度",标志着哲学研究的对象从自然转向了人。文艺复兴以来的人文主义运动企图摆脱宗教神学和封建等级制度对人的束缚,反对神道,宣扬人的尊严和人的意志自由,崇尚理性和科学,关注现世的幸福。以这场运动为起始的人本主义思潮,经过休谟和 18 世纪法国唯物主义者的发展,到以康德和费尔巴哈为代表的德国古典哲学形成了较为完整的近代人本主义。康德重视人的生存和价值,提出"人以自身为目的",对人要"永远当作目的看待,绝不仅仅当作手段使用"。

费尔巴哈推崇人,把人看成是至高无上的存在和哲学的最高对象。之后人本主义思潮不断丰富,现代人本主义出现了诸多流派,如弗洛伊德主义、存在主义和法兰克福学派等。与近代人本主义不同,现代人本主义针对资本主义和科技理性的发展所造成的人的异化进行了批判,把人的感性、欲望、意志放在第一位,以反理性主义取代古典哲学中的理性主义。虽然近代和现代的人本主义的表现形态和内涵不同,但他们作为人本主义有着相同的基本特征。首先,尊重人,弘扬人的主体性,强调人在社会中的主体地位和主体作用,尊重人的人格和尊严;其次,主张人人平等,每个人都有追求幸福的权利,在法律上人人平等;第三,主张人是自由的,自由选择是每个人的权利,他人和社会无权干涉。建立在人本主义思潮基础上的以人为本思想的核心是对人的理解,重视人的主体性和存在价值。

(二)人本主义心理学

人本主义哲学,尤其是现代人本主义时期的存在主义为人本主义心理学的产生提供了理论基础。人本主义心理学来源于对行为主义和精神分析心理学的批判。行为主义心理学使用客观的、量化的和可验证的方法研究人的心理,将研究物的模式应用于人的研究,降低了人的尊严、价值和地位;精神分析心理学把病态人格的研究推及普通人,持潜意识决定论和悲观宿命论。人本主义心理学在批判两种心理学的基础上着重研究人的本性、潜能、价值和经验,注重对社会生活中的健康人进行意识分析,强调意识自我的重要性。其主要代表人物是亚伯拉罕·马斯洛(A. Maslow,1908—1970)和卡尔·罗杰斯(C. R. Rogers,1902—1987)等。人本主义心理学家主张人性本善。马斯洛分析了自我实现者人格的15种人格特征,绝大多数表现了人性中健康美好的方面。人本主义心理学家相信人是一种"正在成长中的存在"[①],人性之中有一种"本能的"内核,驱使人类追求自我完善和发展。同时,人具有自由的意识,可以自由选择。这种自由和自主促使人们消除种种环境和条件的限制,去发展和实现自我。因此人的成长过程"不是被动消极的,而是积极自主的,是通过人的负责任的自主选择过程而实现的"[②]。

(三)人本管理学

管理是伴随着群体劳动而产生的。在传统的管理思想中,管理活动的对象

---

[①] 叶浩生.心理学通史[M].北京:北京师范大学出版社,2006:354.
[②] 叶浩生.心理学通史[M].北京:北京师范大学出版社,2006:354.

是物而非人,管理者重视机器、设备等的作用。以泰勒为代表的科学管理理论学派提出管理的中心问题是提高工人的劳动生产率,具体方法包括实行工作定额、操作方法和工具的标准化、差别计件工资制等。虽然科学管理理论将管理的对象转移到人,提高了生产效率,但是人只被看成是谋求经济利益的"经济人"。以梅奥为代表的行为科学学派认为,人本原理才真正在管理中发挥作用。梅奥的霍桑试验表明人不仅是经济人,更是社会人。社会人不仅有经济利益的需求,还有社会、心理方面的需求,即追求人与人之间的友情、安全感、归属感和尊重等。到20世纪90年代以后,现代管理理论进一步丰富和发展了"人本管理"的思想,包括以孔茨等人为代表的管理过程学派、以麦格雷戈等人为代表的人性行为学派、以巴纳德等人为代表的社会系统学派、以西蒙为代表的经验主义学派、以德鲁克为代表的目标管理等,他们的管理思想着眼于人,注重挖掘人的潜能达到管理的目标。人本管理深刻地认识到人在社会经济生活中的作用,突出人在管理中的作用,是以人为中心的管理。简而言之,人本管理是指"以人为本体,以人为根本,尊重人的价值,开发人的资源,谋求人的全面自由发展为最终目的的管理。"[①]人本管理一方面强调人在管理过程中的主导地位以及调动人的主动性、积极性和创造性的思想,另一方面强调通过以人为本的管理,实现组织的目标,以此来发展人的智力和体力,完善人的意志和品格等,最终实现人的全面发展。

## 二、基本特征

学校要坚持"以人为本"的办学理念,使这一思想渗透在学校活动的各个层面,具体体现在学生培养与学校管理上。

(一)培养目标上,强调学生的差异性

教育目的是指社会对教育所要造就的社会个体的质量规格的总设想或规定。它既是一切教育活动的出发点和依据,也是教育活动的归宿。但在教育史上,对于教育目的的价值取向存在着个人本位论和社会本位论的分歧。个人本位论者认为教育应该从受教育者的本性出发,教育的目的是培养人,充分发挥受教育者的个性,增进受教育者的个人价值。社会本位论者主张教育目的应该根据社会需要而定,个人的发展必须服从社会需要。教育的目的在于培养符合社会准则的公民,使受教育者社会化,保证社会的稳定和延续。但从根本上讲,

---

[①] 赵敏,江月孙.学校管理学新编[M].广州:广东高等教育出版社,2008:23.

个体本位论和社会本位论并不是对立的。马克思从历史唯物主义观角度提出社会的发展和人的发展是互为条件和因果的。社会的发展要通过人的发展来实现,人在改造自然和社会过程中也获得了自身的发展,因此判断教育目的是否合理,在于它是否在经济条件许可的范围内尽可能地促进了人的发展。"教育只有在经济和社会发展的基础上最大限度地发挥人的潜能,增进人的意识,提高全民族的科学技术水平和文化心理素质,才能成为经济和社会发展的依靠,为经济和社会发展服务。"[1]现阶段我国教育目的的实质是培养劳动者,要求学生德智体美全面发展,培养学生独立个性。

培养目标是各级各类学校对受教育者身心发展所提出的具体标准和要求。它是不同级别、不同类型、不同层次和不同专业教育的具体目标,在教育目的的基础上制订出来,是教育目的的具体化。目前我国设置了盲校、聋校、培智学校及综合性的特殊教育学校。在基础教育课程改革的背景下,2007年教育部新发布了特殊教育学校义务教育课程设置实验方案,在方案中根据特殊学生的身心发展特点提出了各类学校义务教育的人才培养目标,强调独立生活能力及社会适应能力的培养,强调缺陷补偿,强调德、智、体、美全面发展。具体而言,首先是重视特殊学生的德育,不仅表现在品德规格素质要求方面,而且重视公民意识和公民的基本法律道德素质养成;其次,注重特殊学生的能力培养,包括创新能力、实践能力、科学和人文素养以及环境意识,特别是特殊学生终身学习的基本知识和技能、生活自理能力、社会适应能力和就业能力等;再次,注重特殊学生良好的身心素质的培养,养成良好的行为习惯和健康的生活方式。特殊教育学校的培养目标与国家的教育目的是一致的,有许多共通之处,如注重学生德智体美全面发展。其特殊之处表现为对特殊学生提出了各自的培养目标,在目标的内容上更加强调学生的差异性,并且特别强调特殊学生通过缺陷补偿与潜能开发实现社会适应,使每一位特殊学生获得整体和谐发展。

(二)教育教学上,突出学生的主体地位

20世纪90年代到21世纪,我国开展了新一轮的基础教育课程改革。此次改革的核心理念是"为了中华民族的复兴,为了每位学生的发展"。改革对我国的课程目标、课程结构、课程内容、课程实施、课程评价及课程管理等方面进行调整;改变课程过于注重知识传授的倾向,强调学生积极主动的学习态度的养成;根据地区和学生发展的需求,提升课程结构的均衡性、综合性和选择性;加

---

[1] 王道俊,王汉澜.教育学[M].北京:人民教育出版社,1999:109.

强课程内容与学生生活的联系,关注学生的兴趣和经验;在课程实施上倡导学生的主动参与、探究和实践,培养其分析和解决问题的能力;发挥课程评价促进学生和教师发展的功能;实行三级课程管理,增强课程对地方、学校和学生的适应性。由此看出,基础教育新课程改革改变了原有课程的知识本位和社会本位的取向,改为以学生为中心,从学生发展的视角,对课程的各个方面做出规定,以培养"整体的人"[①]。

教学是课程实施的重要途径,是教师和学生的统一活动,是学生在教师指导下学习知识技能,获得身心全面发展的教育活动[②]。虽然教学被看成是教师的教与学生的学共同构成的活动,但对于教师和学生地位存在着不同的看法。教师主体论认为教师是教学的主体,在教学活动中具有能动性、创造性和自主性,而学生是受教育的对象,教学是教师对学生的单向的培养活动。学生主体论认为学生是教学活动的主体,其自主活动决定着教学的过程,教师的教受学生的学制约,教师是促进学生学习的外部条件之一。双主体观针对以上两种单一主体论的偏颇,提出教师和学生同为教学活动的主体,教学活动要求发挥教师和学生双方的主体性。主导主体论认为在教学过程中教师起主导作用,学生起主体作用,这一观点是目前国内教育界最有影响力的看法。虽然关于教师和学生的关系存在分歧,但这些争论背后的根源在于"我国教育长期以来轻视学生的主体地位,以及师生关系不同等的历史和现实,其目的在于突出学生的主体地位,倡导师生平等的关系。"[③]新课程改革要求教师在教学上处理好知识传授和学生能力发展的关系,特殊教育学校更要注重培养特殊学生的主动性、独立性、能动性和创造性。教师需尊重特殊学生的人格尊严,关注特殊学生的个体差异,增强课程与教学对特殊学生的适应性,使每个特殊学生得到充分发展。

(三)学校管理上,彰显学校的人文关怀

人本管理是把人的要素放在首位,尽可能地发挥人的主动性和创造性。教师和学生是学校教育教学活动最主要的参与者,因此学校的管理包括学生管理和教师管理两大部分。一方面,由于特殊教育的对象是各类特殊学生,这些学生在身体或心智上存在障碍,在理解学校管理、适应学校生活方面存在很多困难,这就要求学校管理更加人性化。因而在特殊学生管理方面,要倡导教师尊重特殊学生的人格,发展特殊学生的个性,以学会欣赏特殊学生,关爱特殊学

---

① 李允,周海银.课程与教学原理[M].济南:山东人民出版社,2008:140.
② 王维臣.现代教学——理论和实践[M].上海:上海教育出版社,2012:4.
③ 陈佑清.教学论新编[M].北京:人民教育出版社,2011:292.

生,关注特殊学生的需要,构建和谐的师生关系,以管理促进特殊学生的发展。例如,深圳元平特殊教育学校在学生生活管理方面,处处体现人文关怀,学校不断加强无障碍设施的建设,为不住宿的学生提供午休房供学生休息等。另一方面,由于教学工作是学校工作的核心,教师又是教学工作的组织者和实施者,因此学校管理最根本的是教师管理,以人为本的学校管理最关键的是做好教师的管理工作,调动教师的工作积极性。为实现此管理目标,学校要实施民主管理,相信教师并依靠教师管理学校;通过激励的方法,调动教师的积极性;根据教师性格、能力等特点安排工作,做到知人善任,人尽其才,使教师有机会施展自身的才能;创设良好的工作氛围,给教师提供主动发展的人文环境等。

### 三、战略规划

教育的本质是育人,人是教育中最核心、最能动的要素,教育始终要坚持以人为本,重视学生和教师两大因素。深圳元平特殊教育学校坚持"以人为本"的核心就是落实"以生为本,育残成才"的办学宗旨,以生为本,以师为根,把特殊学生的适应能力、康复水平、职业能力的发展水平等作为评估教育质量和学校办学水平的重要标尺,将"以人为本"的理念贯穿于学生培养、教师发展、学校管理等一切活动之中。

(一)以生为本,促进学生和谐发展

1. "宝塔式"培养目标

深圳元平特殊教育学校始终坚持以特殊学生为本,以道德、文化、科学教育为中心,以身体、心理康复为基础的教育发展途径,强化职业训练,培养学生自尊自强、顽强拼搏、超越自我、立志成才的品质,努力为特殊学生将来平等、充分参与社会生活、适应社会打好基础。学校根据学生障碍的类型及程度,实施三个层次"宝塔式"分类推进的培养目标,充分尊重特殊学生的个体差异,开发学生的潜能。

2. 校本课程开发

为满足特殊学生个别化、多样化的教育需求,开发学生潜能,使课程适应学生实际并推动学生发展,深圳元平特殊教育学校致力于校本课程开发和特色课程建设。自2001年起学校着手开发校本课程,探索建立具有深圳特色的适合智障学生发展需要的教育课程体系。经过多年的努力,学校基本完成了适合本校各类学生的校本课程开发,形成了学校教育类、康复类、职业训练类三大类校本课程,以指导教师教育教学、康复与职业训练工作的开展,促进学生和发展。

3. 个别化教学

个别化教学是指在教学过程中,教师根据学生的能力、兴趣、需要、身体状况等设计不同的教学计划和方案,采用不同的教学资源、教学方法和评价方法进行教学工作,从而使班级中的每一个学生都能得到合适的教育,取得尽可能大的进步。个别化教学是一种以适应并发展学生的差异性和个别性为主导的教学策略与设计,这也是以生为本的重要体现。特殊学生的身心发展都存在着显著的差异,个别化教学是保障每一个学生通过教育获得最优发展的重要途径。为此,深圳元平特殊教育学校教师根据特殊学生的身心发展特点及实际需要为学生建立差异化的教育方案,制订具体的训练内容,并定期对学生的发展进行评估,最大限度地促进学生发展。同时,学校制订了《学生潜能开发方案》,由教师利用课外活动时间对学生进行训练,开发特殊学生潜能,为学生提供更有针对性的个别化训练,促进其发展。此外,学校还利用深圳市政府提供的"学龄残疾儿童康复训练营"项目,为自闭症、脑瘫、唐氏综合征儿童提供康复训练,使他们享受到全面康复的服务,从而进一步提高其康复水平及生活质量。

(二)以师为根,提升教师职业幸福感

1. 教师的民主管理

为了充分调动广大教职员工的工作积极性,培养教职员工对于特殊教育事业的责任感,多年来,学校致力于建立科学规范、民主人文的管理模式,努力构建充满生机活力的用人机制。

(1)重视建章立制,提高依法治校水平

学校制订了《深圳元平特殊教育学校规章制度汇编》,包括决策管理、教育教学管理、教育科研管理、后勤服务管理、财产管理等五大类规章制度,初步实现了以制度管人管事的目标。例如制订《行政管理人员工作规范》《班、组长工作要求》《教职工职业道德要求"十不准"》《教师仪态仪表暂行规定》等规章,规范干部、教师的行为准则、办事流程以及工作质量标准;制订《安全管理细则100条》明确校园安全规范、建立安全责任体系。

(2)实施全员聘用制,构建公平公正的用人机制

深圳元平特殊教育学校对员工实施合同管理,在全校推行全员聘用制,提高教师的工作效率,增强责任意识。学校的中层干部竞争上岗,实行"三公开、一公示",即条件公开、办法公开、程序公开,结果公示。

2. 教师的全面参与

教师是教育事业的第一资源,是学校办学的主体。学校坚持"以人为本"的

理念,尊重教师的主体性和创造性,重视教师的价值和尊严,发挥教师的聪明才智,鼓励教师全面参与到学校事务中,不仅包括教育教学、班级管理等日常事务,而且还包括课程建设与改革、学校决策与管理等重要事务。

(1) 教师参与课程建设与改革

学校自办学以来重视校本课程的开发,让教师参与到课程的建设与改革中,从被动的服从者、执行者转变为主动的开发者、主力军、中坚力量,破除原有的封闭的课程观念,以开放的心态接纳新的课程。让教师参与校本课程开发,这不仅有助于教师自身的专业发展、参与意识、合作能力、课程意识、课程开发能力、研究意识、研究能力的提升,对学校的归属感、对工作的责任感的增强,而且有助于教师的个体发展以及学校的长远发展,实现教师的个体价值与社会价值的统一。

(2) 教师参与学校决策与管理

学校定期召开教职工代表大会(简称教代会),充分尊重教职工的民主权利。教职工代表由教职工直接选举产生,体现代表性和群众性。教代会的职责包括:审议通过学校章程;听取校长工作报告;审议学校发展规划;审议学校重大改革方案、工资福利分配方案等;根据上级工会有关教职工代表大会规定,相应行使审议建议权、审议通过权、审议决定权、评议监督权。教代会是教职工参与学校管理、决策、监督的一种基本形式,是教职工发表意见与建议的平台,也是调动教职工的主动性与创造性的一种重要途径。

3. 教师的特色教学

所谓特色教学是指教师在教学过程中所展现出来的独具特色的教学风格与技巧,是根源于教学内容而表现出来的教学形式,是内容与形式的有机统一。特色教学不仅仅是教师个人风格的展现,也是学科内容独特特征的反应。[1] 随着我国特殊教育课程改革的不断深入,特殊教育教学手段现代化程度的不断提高,课堂教学模式不断更新,学校愈发重视教师独具特色的教学风格,通过建设花意插花工作室、特奥轮滑、游泳、田径、绘画与手工等特色教学项目,推进学校信息化建设以及课程改革,为教师的教学提供广阔的空间。学校于2011年编制《教学设计集》,收录教师的教学设计,为激励教师形成教学特色,促使教师相互学习、相互借鉴提供空间。特色教学的形成是教师劳动成果的体现,是教师个体主观能动性的体现,有利于提高教师的教学水平,优化课堂教学,取得最佳

---

[1] 冯春欣.初中地理课堂特色教学之略观[J].课堂教育研究,2013(2):153—154.

教学效果。

4. 教师的专业发展

教师专业发展是教师生命潜能和价值的有目的、有方向、有策略的延伸和扩展，是一个动态的、不断流变和革新的过程。① 新课程实施以来，教师专业发展呈现出多维、综合发展的趋势。② 近年来，深圳元平特殊教育学校加大走内涵发展道路的力度，为教师提供了广阔的专业发展平台。

（1）师德建设

师德建设是教师专业发展的重要方面。教师职业的"教育性"决定了教师专业发展永远无法脱离道德的规范，专业伦理始终是教师专业发展的核心要素。③ 学校始终把爱心和责任心作为特殊教育学校教师职业道德和校园文化的核心价值，教育、引导广大教师站在社会道德的制高点上衡量自己的职业道德水平。学校提出了"铸高尚师德，树良好师风，创人格品牌，办特教强校"的师德师风建设要求和目标。师德建设在于强化教师的责任心和使命感，只有深刻地理解了"以生为本，育残成才"是教师的职责所在，才能将这一宗旨落实在教育教学实践中。为此，学校组织了师德论坛、班主任工作研讨会、师德征文、榜样示范、警示教育、征集建设幸福和谐元平"金点子"等活动，增强教师的责任感、归宿感和自豪感，加强教师的师德建设，推进教师自身修养的提升。

（2）科研引领

学校充分尊重教师个体的主观能动性，通过鼓励教师参与课题研究调动教师的积极性；提倡发扬教师的钻研精神，培养教师的教育教学改革创新意识，提高教师教育教学实践能力和理论研究水平。元平特殊学校被评为深圳市首批教育科研基地。

（3）名师工程

学校为教师提供各种晋升、发展的机会，实施"名师工程"。建立名师工作室，极力打造师德高尚、业务精良的师资队伍；促进名师工作室主持人和成员间相互成长，优化学校教师队伍结构，促进教师的专业成长，发挥名师的骨干、示范、辐射、带动作用；鼓励教师从经验型教师向研究型教师转变，全面提高学校师资队伍的整体素质。

---

① 路仙伟,贾国安.论新形势下的教师发展[J].唐山学院学报,2009,22(5):105-108.
② 郭清丽.浅议师德建设与教师专业发展一体化[J].教育与职业,2006(21):114-115.
③ 郭清丽.浅议师德建设与教师专业发展一体化[J].教育与职业,2006(21):114-115.

## 第 2 节　服务至上

### 一、理论依据

"服务至上"的理念着重突出学校的服务功能,与"以人为本"的理念一脉相承。特殊教育学校既不是一个以管理为主的行政单位,也不是以营利为目的的企业单位,而是为学生和教师发展提供服务的组织。服务至上理念的提出是马斯洛需要层次理论和加德纳的多元智能理论在学校领域的具体运用。

（一）马斯洛需要层次理论

亚伯拉罕·马斯洛是人本主义心理学的代表人物。他认为人类的需要是产生动机的基础和源泉,而动机是人类生存和发展的内在动力,引起人的行为。人类的需要是多种多样的,马斯洛将其分为两大类:一是基本需要,这类需要和人的本能有关,包括生理需要、安全需要、爱与归属的需要、尊重的需要。基本需要是低层次的需要,人的低层次需要得不到满足就难以产生高层次的需要。第二类是成长性需要或心理需要,包括求知需要、审美需要和自我实现的需要。这类需要不受人的本能支配,以发挥人的自我潜能为动力。两类需要按照对人的生存意义及生活意义的大小,按照出现的先后和力量的强弱,呈金字塔形状按等级排列。

马斯洛认为人的需要是有层次之分的,一般而言,低层次的需要得到满足之后高层次的需要才出现。但也有例外的情况,比如具有创造性的人,虽然基本需要尚未满足,依然执着追求科学和艺术。需要的发展层次也与人的发育阶段有关,比如婴幼儿期是生理需要占优势,到青少年时期尊重的需要逐渐占优势,到中晚年以后自我实现的需要日益增强。个人需要的结构是不断改变的,但需注意的是即使某一需要占据优势,其他的需要也并未消失。马斯洛的需要层次理论强调尊重人,肯定人的内在价值和潜能,体现出人本主义的思想。此理论对于教育和管理都有着重要的意义。需要是产生动机的基础,因此人的行为往往是受个体最主要、最强烈的需要所支配。为调动学生或者教师的学习、工作的积极性,教育者或管理者就需要了解、研究他们的需要内容、结构、性质和变化规律,尽可能地满足他们的需要,引导其进入更高层次的需要,进而最大限度地发挥人的潜能。

（二）多元智能理论

多元智能理论是美国哈佛大学心理学教授加德纳于 1983 年在《智力的结

构》一书中提出的。他认为传统的智力太狭隘,无法全面准确地反映出个体的智力情况,而现代的智力测验偏重对知识的测量,窄化甚至曲解了人的智力。多元智能理论中智力是在一种文化环境中个体处理信息的生理和心理潜能,这种潜能可以被文化环境激活以解决实际问题和创造产品。在智力结构上,加德纳提出人类的智能至少包括九种类型:语言智能、逻辑数学智能、音乐智能、空间智能、身体运动智能、人际关系智能、内省智能、自然智能与存在智能等。[①]

语言智能是指个体运用言语思维,用语言表达和欣赏语言作品的能力;逻辑数学智能是指逻辑思考和数学运算的能力;音乐智能是指感受、辨别、记忆、理解、评价、改变和表达音乐的能力;身体运动智能是指操作和控制自己身体动作的能力;空间智能是指感受、辨别、记忆和改变物体空间关系并借此表达思想和情感的能力;人际关系智能是指与人相处和交往的能力,表现为觉察他人的情绪、情感、气质、意图和需求并据此做出适当反应的能力;内省智能是指认识、洞察和反省自身的能力,并在正确的自我意识和自我评价的基础上形成自尊、自律和自制的能力;自然智能是指认识物质世界的相似和相异性及动物、植物和自然环境其他事物(如云、岩石等)的能力;存在智能是指陈述、思考有关生与死、身体与心理世界的最终命运等的倾向性,如人为何要到地球上来,在人类出现之前地球是怎样的,在另外的星球上生命是怎样的,以及动物之间是否能相互理解等。

加德纳认为,每个人都在某种程度上具有九种智能的潜力,但这些智能在每个个体身上的发展水平是不同的,表现为有些人在某一项智能领域有着杰出的才能,而有些人却在另一个智能领域有着超凡的表现。换而言之,每个个体具有不同形式的智能组合和结构,这也是个体差异的原因之一。他们所具有的这些潜能和智能组合通过恰当的教育和训练都可以发展到更高的水平。多元智能理论为认识人类智力提供了一个全新视角,对我国的教育改革和实践具有重要影响。我国基础教育长期以来重视学生的语言智能和逻辑数学智能,使得课程设置和学习评价方式单一,使某些学生其他方面的优势没有机会得到进一步的发展。多元智能理论给我们的启示是尊重学生的多元化发展,尊重学生的个体差异,创造条件开发学生的潜能。

---

① [美]加德纳.智能的结构[M].沈致隆译.杭州:浙江人民出版社,2013:53—55.

## 二、战略规划

依据马斯洛的需要层次理论和加德纳的多元智能理论,学校需为学生和教师提供多样化和个性化的服务以满足学生和教师发展的需要,为他们施展才能提供平台。

### (一)多样化服务

马斯洛需要层次理论首先强调人人都有需要,并且人的需要是多样的,需要的层次是由低层次发展到高层次的。特殊学生及教师的需求也是多样化的,这就要求特殊教育学校为他们提供多样化的服务,来支持他们的发展。

#### 1. 为特殊学生提供多方位服务

特殊学生的个体及群体差异性决定了他们需要的多层次性和多方面性。深圳元平特殊教育学校学生的不同发展需要在其"宝塔式"的培养目标中得以充分体现。学校通过教育、康复、职业训练使不同层次的学生达到不同的发展目标,通过差异化的服务最大限度地挖掘不同障碍程度学生的潜能,促进学生多方面、多层次的发展。如根据学生的生理特征提供肢体、语言等康复训练;根据学生的认知特点制订适合的教育目标和方法;根据学生的兴趣和特长,开设兴趣小组;根据学生未来融入社会的发展需求,提供职业能力的训练和就业服务等。学校为学生提供的服务是多样化的,不仅要提供条件满足其低层次的生理和安全需要,还要创设良好环境,使其感受到来自学校和社会的关爱和尊重;不仅着眼于缺陷补偿,更要注重潜能开发,使他们的能力得到发挥,获得成就感;不仅满足其当前的需要,更要着眼于学生未来的生存、生活和发展需要。

#### 2. 为特殊教育教师提供多层次服务

教师是学校发展的核心力量,学校教育理念的践行,学生培养目标的实现,学校的运作和发展都离不开教师的作用。因此服务至上的办学理念也蕴含着为教师服务的思想。依据马斯洛的需要层次理论,教师的需要也是多层次的。首先,在低层次需要方面,教师有基本的物质保障需要,职业上的安全保障需要,在工作中和人际交往中得到关爱、寻求归属的需要。其次,当这些低层次需要得到满足后,教师的需要会向高层次发展,需要得到尊重,实现自我价值。例如,特殊教育教师的工作性质使得他们在体力和精神上承受很多的压力,工作成果的认同感、成就感不高。学校应尊重教师在学校的地位,尊重他们的劳动成果,通过各种途径对教师的工作给予肯定,鼓励他们在工作岗位上实现人生价值。

## （二）个性化服务

根据马斯洛的需要层次理论，不同个体的需要层次和需要内容是不同的。比如一些经济条件比较落后的地区，人们的需要多与生存有直接关联，他们需要解决与生存密切相关的温饱问题。而发达地区的人们在基本需求得到满足之后，会有着更高层次的需要，如审美、自我实现的需求。同一个体的需要在不同的发展阶段也是不同的。换而言之，需要无论是在个体方面还是群体方面都是有差异的。

### 1. 为特殊学生提供个性化服务

就特殊学生而言，不同障碍类别和程度的学生在需要内容和需要层次上存在差异。比如听障学生有言语和语言康复方面的需求，而智障学生需要生活技能和社会交往方面的训练，其中重度智障学生更需要的是生活自理能力的培养，中度、轻度智障学生更侧重融入社会所需的基本技能的培养。他们的需求还会受到个体的年龄、人格特质、家庭环境等多方面的影响。因此学校和教师需要了解每一类、每一位学生的需求，有针对性地为学生提供他们所需要的服务，以促进学生的发展。

### 2. 满足特殊教育教师的个体性需求

就教师而言，学校要实现以人为本的管理，也需要了解教师个体和群体的需求。有研究表明，教师群体的需求具有"物质需要的朴实性、发展需要的稳定性、自尊需要的迫切性和成就需要的强烈性等特点"[①]。不同年龄阶段的教师需要也不同，就心理需求而言，青年教师发展需求强烈，中年教师的成就需求突出，老年教师更希望得到尊重。学校在深入地分析教师个体和群体需求的基础上，充分尊重和理解教师的合理需要，为他们提供所需要的个别化服务。

如果从多元智能的角度来理解，每一位教师和学生的智能组织和结构各异，在九项智能领域里他们都有各自的优势和不足。学校教育的目的是为了每一个学生的发展，因此实现教育目标的前提是了解每一个学生的特点，挖掘其潜能，实现个体最优化发展。而学校管理方面，为调动教师工作的积极性，就需要根据教师的个性和能力特点为其提供个别化的发展条件，使其有自由施展才能的空间，做到知人善任，人尽其才。

## 三、规划设计

以人为本理念的落实，需要在学校范围内树立服务的意识，以服务对象的

---

① 赵敏,江月孙.学校管理学新编[M].广州:广东高等教育出版社,2008:24.

需要为出发点,为他们提供优质的服务。

(一)为学生服务

深圳元平特殊教育学校通过教育、康复、职业训练使学生实现潜能开发、缺陷补偿,最终能够回归并融入社会生活。

1. 教育

多元智能理论指出个体的差异在于多种智能的组合和表现方式不同,每个儿童都具有优势智能领域和弱势智能领域,特殊学生也是如此。因此,学校在教育教学过程中,需要根据学生不同的特点、优势及不足,有针对地促进学生发展。比如听障学生听觉和语言能力受限,但视觉敏锐清晰,形象思维能力突出;视障学生在视觉方面存在缺陷,但听觉、触觉灵敏,部分视障学生在音乐领域表现出独特的优势;智障学生在语言和数理逻辑方面发展迟缓,但部分智障学生在音乐、运动、人际关系等方面表现出优势;自闭症学生对周围环境的适应能力差,常表现出情绪和行为问题,但同时表现出视觉优势,少数自闭症学生在音乐、美术、速算、记忆、日历推算等方面有着独特的天赋。加德纳的多元智能理论对特殊教育的启示是特殊教育的任务不仅仅是补偿学生的弱势智能领域,更重要的是发现和培养学生的优势智能领域。同时,在日常教学中,学校要求教师根据特殊学生的情况制订个别化的教育方案,根据不同类别学生的特点因材施教。比如在自闭症康复训练和教学中充分利用学生的视觉优势,采用结构化教学、图片沟通系统、社会故事等方法。另外,学校为学生的优势领域发展组织多样化的艺体活动,如开展各种兴趣小组,组织文艺表演,举办体育节、学生运动会,特别是学校特奥运动训练营等,采用多种方式开发学生潜能,促进学生发展。

2. 康复

深圳元平特殊教育学校目前招收的五类特殊学生,在生理或心理上存在着某种缺陷,导致他们行动受限,影响着他们的学习和生活,更重要的是身心发展的不足制约了他们未来的发展。学校针对每类学生的身心发展特点,开设一系列针对性的康复类课程,以补偿其生理及心理缺陷。以脑瘫和自闭症学生为例,脑瘫学生运动发育迟滞,运动姿势异常,粗大和精细动作发展迟缓,平衡能力差,四肢不协调,动作呆板而机械,不能保持稳定姿势等。学校根据脑瘫、自闭症学生的特点和需要,开设了物理治疗、运动治疗、作业治疗、经络导平治疗、言语治疗、听觉统合治疗、音乐治疗、多感官综合治疗等多种康复训练课程。自闭症学生在语言方面存在着严重障碍,主要表现为语言的主动性严重不足,影响了自闭症学生的社会交往能力,社会交往障碍成为了自闭症学生的核心症状。为此,学校为自闭症学生开设了社会交往课,同时还开设了感觉运动课,以感觉统合游戏、感知觉训练和粗大动作、精细动作练习为主要方式,促进自闭症学生感觉统合能力的协调发展。此外,为了使那些无法自理、无法行走、无法坐立的重度多重障碍学生得到及时、有效的康复服务,学校创造性地采取家庭辅教人员进校园的措施,全方位地为特殊学生康复服务。学校还积极探索与康复机构和医疗机构互为依托的合作模式,拓宽学校康复服务的渠道和范围,全面提高学校康复服务的质量。

3. 职业训练

特殊教育的最终目标是通过教育和康复,使特殊学生将来能够平等、充分地参与社会生活、适应社会。实现就业是残疾人参与社会生活,融入主流社会的重要途径。为解决特殊学生的就业问题,学校成立职业教育教学部,为学生提供职业教育。学校职业教育主要坚持国家"以服务为宗旨,以就业为导向"的办学方针,根据深圳市就业市场对人才的需求,结合学生的身心发展特点设置专业和课程。职业教育教学部目前开设了针对智障学生的办公文员、客房服务、洗衣服务、西式面点、中国结艺、中式厨艺、插花艺术等专业技能课程,为听障学生开设了计算机应用、办公文员、电脑美术设计、动漫制作、版画等专业技能课。学生可以根据兴趣和特长选择其中一项作为主修专业。为提高学生的职业技能,顺利实现就业,学校还与市残联、劳动部门积极合作,安排了灵活的密集型职业资格培训,使学生获得相应的职业资格证书;建立校外实训基地,通过与社会企业合作,为学生提供实习场所。此外,学校还积极探索构建职业高中毕业生就业服务体系,为职业高中毕业生提供及时、全面的就业追踪指导服务。

(二) 为教师服务

教师是学校的中坚力量,学校各项工作的开展离不开教师的支持。因此保持和提高教师工作的积极性,挖掘教师的潜能也是学校管理的重要工作。根据马斯洛的需要层次理论,调动教师工作积极性的核心在于满足教师的需要。

1. 工作需要

在学校的工作过程中,教师会面临很多困难,无论是知识方面还是精神方面都存在许多问题。与普通学校的教师相比,特殊学校教师很难有桃李满天下的喜悦。有研究发现,在特殊教育教师群体中普遍存在着职业倦怠、职业成就感低等问题。① 基于此,深圳元平特殊教育学校通过各种形式的活动缓解教师的职业压力。首先通过"教师职业幸福指数提升工程"增强教师对特殊教育职业的责任感和自豪感。其次建立"平等、互容、互利"的现代人际关系,通过和谐关系的确立,增强教师对学校和团队的归属感。再次,组织各种文体活动和比赛,发挥教师的创造力和特长,进而提升教师的成就感,满足其自我实现的需要。

随着校园信息化的发展,教师在教育教学过程中需要面对各种设备,在使用过程中或多或少地存在一些问题。因此,学校为帮助教师有效地使用信息设备,为教师开展长期的信息技术培训,内容包括电脑基本知识与网络应用,电教设备的使用与维护,日常办公及其文字处理软件的使用,多媒体教学课件的制作,交互式白板和交互智能平板一体机的使用,智慧云课堂教学平台的运用等等。

2. 成长需要

教师有成长的需要,通过不断地提升自身素质来适应其工作岗位所要求的知识和技能。据此,深圳元平特殊教育学校为教师提供了知识技能培训和再教育的机会,主要途径包括:

一是校本培训。在学校实行全员的校本课程、手语、信息技术应用等通识培训;对新教师开展"一帮一"以老带新活动,并细化新教师的帮扶工作,安排一对一结对帮扶,新老教师共备一节课、共评一节课,在新教师的班级管理、备课、教学、反馈等各环节给予指导,使新教师尽快成长;不定期地聘请特殊教育专家举办专题报告会或讲座。

二是校外培训。具体形式包括高校进修、出国访学、校企联合培训等。例如,学校实施三年培训计划,安排部分教师前往北京、上海、山东、广西等地培训学习,以提高教师的教育教学能力;部分教师利用业余时间攻读在职研究生,来提高自身的专业素养;也有部分教师利用业余时间学习插花、茶艺、面点等来应对学生职业教育的需求等。多样化的培训和再教育的途径,有效地提高了教师的专业知识与技能,使其在特殊教育教学中做到游刃有余。

此外,学校结合创建书香校园和读书月活动,为各办公室购买图书,设置书架,开展读书分享活动,鼓励教师看书学习,提供教师"充电"提升的保障。

3. 生活需要

教师从事教学工作的目的之一是满足最基本的衣食住行的需要,因此学校

---

① 王玲凤.特殊教育教师的职业压力、应对方式及职业倦怠[J].中国特殊教育,2010(1):55—59.

能否为教师提供生活方面的保障也是影响教师工作积极性的重要因素。具体而言,学校需要尽量改善教师的生活条件,保障其法定的休息时间,对其额外的工作付出有所补偿,对生活有困难的教师给予适当的帮助和照顾。为此,深圳元平特殊教育学校制定了相应的福利待遇规定,尽力满足教师的生活需要以调动教师的积极性。例如,对工作成绩显著、表现突出的教师,给予一定的奖励,加大优秀教职工的奖励力度,扩大优秀教师的奖励范围和数量;为有需要的教师提供午休房或单身公寓等。同时,学校为了提高教师的职业幸福指数,丰富教师的校园文化生活,充分发挥教职员工的创造力,在继续保持深受教职工欢迎的传统活动的基础上,积极谋划喜闻乐见和具有广泛参与性的文体活动。例如,心理组教师定期开展"快乐工作,幸福生活——教师心理压力及其排解"的讲座活动,将理论与实际操作相结合,更新教师观念,使教师正确认识和理解"幸福"。此外,学校继续深入开展党政工共建"教工之家"活动,努力把学校建成团结、民主、文明、温馨的"模范职工之家"。

### (三)为家长服务

儿童自一出生就生长在家庭环境中,因此家长对儿童的身心发展,尤其是在儿童的良好行为习惯的培养、基本技能及道德品质的养成方面起着至关重要的作用,特殊学生家长亦然。但是据调查显示,特殊学生家长通常需要花更多的时间来照顾、教育特殊学生,在这一过程中通常会遇到多方面的困难和挫折。家长们普遍要经历否认、自责和罪恶感、困惑、沮丧和接纳的心路历程[①],承担更大的经济压力、社会压力及心理压力。部分家长由于特殊教育知识的缺乏,对特殊学生的照顾、教育存在盲目性,这直接关系到特殊学生的身心康复及健康成长。因此,特殊学生家长亟需心理、知识、技能等方面的支持。同时,对于学校教育而言,家庭教育是保证学校教育目标达成不可或缺的组成部分。学生在学校所受到的教育和所学的知识需要在家庭生活中得到练习、巩固和检验,对于特殊学生更是如此。家长对学校教育的积极参与和配合,以及他们对学生在校外环境中的表现的反馈使教师的教育更加具有针对性。因此,深圳元平特殊教育学校倡导"家校零冲突"的教育服务理念,把教育服务从学生个体延伸到学生家庭,为家长提供多方面的服务,以争取家长对学校教育的支持和配合,力求形成良好的家校合作氛围,共同实现学生发展的目标。

**1. 通过家长学校等渠道,为家长提供专业指导与心理支持**

学校成立家长学校,并制订了家长学校制度,规定了家长学校的职责,为家

---

① 张宁生,荣卉.残疾儿童的父母如何调适心路历程[J].心理科学,1997,20(5):398—401.

长有效地参与学校工作提供了制度保障。家长学校制度规定家长学校的任务是帮助家长树立正确的特殊儿童观,普及家庭教育、特殊教育知识,提高家长的家庭教育水平,充分发挥对家庭教育的指导作用;争取学生家长对学校教育工作的支持和配合;规定学校要以各教学组为单位定期举办家长学校培训活动,使更多的家长能够掌握科学的教育技能和方法,以提高家庭教育水平,促进学生的发展。

学校还通过开办讲座、课堂参与、课堂开放日等活动,为家长提供支持。学校定期向家长开展系列讲座活动,通过丰富的教学实例,使家长们对家庭教育、亲子关系有了更深刻的认识和感悟。学校教师在课堂教学中,十分注意引导家长在辅助孩子的过程中掌握训练特殊学生的基本知识、技能技巧。例如,让家长掌握帮助视障学生定向行走训练和保护残余视力的方法,帮助听障学生语言训练的方法,帮助自闭症学生掌握社会交往技能的方法以及帮助脑瘫学生进行上下肢功能训练的方法等,保证各类特殊学生得到及时、有效的干预。学校也通过各种渠道帮助家长排解心理压力,为家长提供心理支持及慰藉。例如,2013年学校家长资源中心正式对外开放,为家长提供热线、咨询服务,为遇到困难的家庭提供心理辅导、情绪支持等。通过支持性小组,为家长建立互助网络,彼此分享,共同面对,互勉成长,开展不同主题的课程、讲座等,协助家长掌握培育子女的方法与技巧。

2. 拓展家校沟通渠道,使家长及时全面地了解学生情况

学校积极主动地与家长建立联系,通过家访、家长会、联系手册、家校热线、家长意见箱、家校网上互动专栏等多种形式,与家长互通情况共同商讨、协调实施最有效的教育方法。各班级还利用春游、运动会等机会邀请家长参加班级活动,搭建家长与教师之间、家长与家长之间沟通的桥梁。学校还利用各种科技手段,不断探索新的途径来加强家校联系。

长期以来,学校采用家校联系册的方式与家长进行沟通。家校联系册记录学生每周的学习和生活表现情况,由班主任和家长填写。班主任对学生一周的学习情况、文明礼貌、参加活动情况、卫生、纪律以及身体状况等做出评价,告知家长。家长也要将学生在家的表现情况反馈给教师,使家长和教师能够交流学生在校在家的学习和生活情况,反馈双方的意见,共同促进学生的发展。

3. 实行家长委员会制度,鼓励家长参与学校事务

学校重视发挥家长的作用,成立家长委员会,负责与学校的日常联系与沟通,传达学校的办学情况,反映家长的心声。学校还定期召开家长会、家长教师

交流会,广泛征集家长对学校课程建设的建议,促进家长和学校、家长和教师的联系与沟通。例如,学校在设计相关课程时,就多次召开了家长会,充分吸纳了家长对于课程建设的意见。

(四)为社会服务

李克强总理作出重要批示:"办好特殊教育,对于保障残疾人平等参与社会的权利、增加残疾人家庭福祉和促进社会公平正义具有十分重要的意义,也是教育现代化的重要内容。"开办特殊教育学校,为残疾人提供教育,是保障残疾人基本权益,实现教育公平、社会公平的重要途径。

1. 为残疾人事业服务

残疾人的教育与就业是残疾人事业的重要组成部分。深圳元平特殊教育学校不仅提升了深圳市残疾人的文化水平及综合素养,提高残疾人适应社会的水平及能力,为深圳市残疾人的教育事业、康复事业作出贡献,而且为全省乃至全国特殊教育学校做示范。学校始终坚持以特殊学生为本,秉持"服务至上"理念,自觉增强教育服务意识。为满足特殊儿童平等接受优质教育的愿望,在全国率先招收中、重度智障、脑瘫、自闭症以及多重障碍儿童入学,是目前国内同类特殊教育学校中学生残疾类别最多、残疾程度最重的学校。使那些重度多重障碍的孩子能够接受学校教育,有效解决深圳地区的特殊儿童就读问题,为深圳市普及特殊儿童少年义务教育和高中教育作出重要贡献。

学校通过为残疾人提供教育,让残疾人学会如何生存,如何生活,使其获得自食其力的本领,更好地适应社会生活,实现自尊、自信、自强、自立,为残疾人未来的生活打下基础,改善残疾人的生活状况。通过提升残疾人自身能力来缓解残疾人就业难的困境,不仅减轻家庭负担,也减轻了社会压力,提高社会的融合度,促进社会全面发展。此外,学校规划成立面向社区的医疗康复训练服务机构,利用周末和寒暑假为有需要的残疾人士提供专业的训练,为深圳市残疾人康复事业服务。2013年广东省教育厅副厅长朱超华说:"元平学校师资队伍强大,教育教学资源开发和办学成果在全省、全国都享有很高的知名度,要利用好学校的优质资源为深圳的特殊儿童接受更好的教育服务,要继续为促进全省特殊教育事业的发展发挥引领作用。"

2. 为社会大众服务

特殊教育学校是社会大众励志教育、生命教育的平台。深圳元平特殊教育学校通过宣传特殊学生的典型事迹以及校园开放性活动,为社会大众提供教育的素材。例如,视障学生即使失去了光明,但仍然自强不息,为了自己的未来而不断奋斗；听障学生即使失去了声音，但仍然乐观开朗，积极生活、积极处事；智障学生即使存在智力缺陷，但可以友善待人，为了自立而不断努力等等。这些不仅可以为普通学校学生提供教育素材，也可以为社会大众提供教育素材——作为健全人更应该不断奋斗，作为健全人更应该乐观生活，作为健全人更应该珍惜生命。学校还通过网站建设、开放性活动以及宣传等，为社会大众了解特殊人群服务，改变社会大众对残疾人的偏见观念，使社会大众认识残疾人、了解残疾人、关爱残疾人，使他们坚信当代残疾人"残而不废"，从而接纳残疾人，推动社会融合及社会文化的多元化发展。

## 第3节 资源整合

### 一、理论依据

"资源整合"理念要求学校不仅需要整合内部资源来推动学校的发展，也要善于利用各种社会资源，营造有利于学校发展的外部环境，更好地体现"以人为本""服务至上"的理念。"资源整合"理念的提出，有着深厚的理论基础，包括系统论、信息论及信息技术理论。

#### （一）系统论

系统是由若干要素以一定结构形式联结构成的具有某种功能的有机整体，系统论是研究系统的一般模式、结构和规律的科学。目前学术界公认系统论是由美籍奥地利理论生物学家路德维希·冯·贝塔朗菲（Ludwig von Bertalanffy）首先明确提出。他在1932年发表"抗体系统论"，提出了系统论的思想，1937年提出了一般系统论原理，为系统论奠定理论基础。系统论的渊源是辩证法，强调总体、系统、动态地把握事物，既是唯物辩证法的具体运用，又能描述系统间的差异、作用和变化。系统论认为，开放性、自组织性、复杂性、整体性、关联性、等级结构性、动态平衡性、时序性等是所有系统共同的基本特征。系统论的基本理念包括四个方面：①整体的功能不等于部分功能的总和；②系统的结构决定系统功能；③任何系统都是一个运动的动态过程；④最优化是系统论的出发点和最终目的[①]。系统论的核心思想是系统的整体观念。贝塔朗菲强调，任何系统都是一个有机的整体，它不是各个部分的机械组合或简单相

---

① 路德维希·冯·贝塔朗菲,王兴成.普通系统论的历史和现状[J].国外社会科学,1978,(3):66-78.

加，系统的整体功能是各要素在孤立状态下所没有的性质，即"整体大于部分之和"。同时，系统中各要素不是孤立地存在着，每个要素在系统中都处于一定的位置上，起着特定的作用。要素之间相互关联，构成了一个不可分割的整体。要素是整体中的要素，如果将要素从系统整体中割离出来，它将失去要素的作用。系统中的诸多要素必须相互影响、相互作用、有机结合，才能使整个系统保持正常运转。系统论的任务，不仅在于认识系统的特点和规律，更重要的还在于利用这些特点和规律去控制、管理、改造或创造系统，使它的存在与发展合乎人的目的需要。也就是说，研究系统的目的在于调整系统结构，协调各要素关系，使系统达到优化目标。

（二）信息论

一般说来，信息可以界定为由信息源（如自然界、人类社会等）发出的被使用者接受和理解的各种信号，[①]它已经广泛地渗透到各个领域。信息论是关于信息的本质和传输规律的科学，是马克思唯物辩证法在具体学科的体现。人们通常将美国数学家克劳德·香农（Claude Elwood Shannon）于1948年发表的《通讯的数学理论》作为现代信息论研究的开端，他在文中指出信息在通讯过程中的作用，为信息论奠定了基础。信息论研究信息的计量、发送、传递、交换、接收和储存，信息传输和信息压缩是信息论研究中的两大领域。信息论认为，信息具有可识别性、可转换性、可传递性、可加工处理、可多次利用、可在流动中扩充、主客观二重性以及能动性等特点。信息论研究问题的基本方法，是把系统地运用过程看成是信息的输入、传递和转换过程。信息方法具有普适性，在运用信息论的方法处理问题时，要用联系、转换的观点来研究信息的输入、加工处理、转换、传递等整个系统运动的过程。[②]

人类的社会生活离不开信息，人类不仅时刻需要从自然界获得信息，而且人与人之间也需要传递、交流信息。人类文明可以看作是人类信息能力的发展史，也可以看作是信息资源积累与加工的过程。[③] 学校作为社会生活的重要场所，它的发展同样离不开信息。学校既是信息资源的传递场所，也是信息资源的创造、使用、转换、加工中心。学校应运用信息论的方法，借助现代信息技术手段，整合学校信息资源，来推动学校的不断进步。

---

① 卢侃.从香农信息论到认知信息论[J].哈尔滨工程大学学报，2011，32(8)：1063−1067.
② 雷江华，方俊明.特殊教育学[M].北京：北京大学出版社，2011：203.
③ 王炜.信息论对教育发展的启示[J].产业与科技论坛，2007，8(6)：146−147.

### (三) 信息技术理论

信息技术理论的要素包括系统理论、信息系统、信息资源、电子媒介等。其中,系统是由若干特定属性的要素经特定关系而构成具有特定功能的整体,系统科学包括控制论、运筹学、博弈论、协同论、耗散结构理论以及如前所述的信息论、系统论,整体最优化原则是使用系统方法的目的和要求。信息系统是系统按照信息流组织内部结构、完成外部功能的具体实现,是信息化、系统化的综合体现。使用计算机的信息系统称为人工信息系统,而以计算机为主要工具的信息系统统称为现代信息系统。信息资源是系统整合、管理的对象。随着信息技术手段的发展,电子媒介成为推动信息资源系统发展的主要工具。学校具有大量的信息资源,利用现代信息技术手段武装学校,推动学校信息资源的系统化,对学校的发展来说具有重要意义。

## 二、基本特征

所谓资源整合就是将可满足个体学习与学校发展需求的各种资源,加以汇集、建档、整体运用的一种技术与艺术。学校的资源整合包括对人力资源、物力资源、场地资源、经费资源、组织及机构资源、咨询资源等各方面的整合,具有如下特点。

### (一) 开放性

系统论认为系统具有开放性,这种开放包括系统内部要素之间的对内开放和系统与外界环境的对外开放。开放性是指交流、相互影响,是系统存在和发展的前提。正是因为系统的开放性,系统不断地与外界进行物质、能量、信息的交换,通过反馈进行自控和自调,从而使系统达到适应外界变化的目的。开放性要求我们关注系统内外的各种情况,准确把握自身的特点,促进系统的发展和完善。学校是整个社会系统的一个子系统,也是一个具有开放性的独立系统。一方面,学校要开放自身的教育资源,实现校内及校外的资源共享;另一方面,学校要发展,就需要引入校外的资源,与社会保持紧密结合,贴近学生生活,保持动态性、更新性、时代性。深圳元平特殊教育学校同样是一个开放的系统。对内,学校通过资源整合,实现信息、技术、资源对校内学生、教师的共享。对外,学校通过开放教育,建立网络信息资源库等形式共享教育教学资源;学校与普通学校建立联系,相互交流,相互学习,包括办学经验、教育教学经验、管理经验等;学校也与其他特殊教育学校保持联系,通过参观走访、举办讲座等形式相互借鉴,加强沟通;同时,学校还与高校、政府机构、社会企事业单位等保持联系,为自身的发展争取支持。

## (二) 稳定性

系统的存在就意味着系统具有一定的稳定性,系统的发展变化也是在稳定基础上的发展变化。系统越是趋向有序,稳定性也就越好。学校是有计划、有组织地进行系统教育的组织机构,其本身就是一个系统。为了实现可持续发展,学校往往会形成自身的运行调节机制,来保持系统的稳定发展,保证有序教育的开展。学校的资源往往是在长期的发展过程中逐渐形成的,内部资源是在教育教学管理过程中累积而成的,而校外的资源,通常是与学校建立了长期的合作与联系。学校也会对外开放自身的资源,来保持资源在动态中平衡发展。

## (三) 整合性

整合就是系统中各要素相互作用构成一个新的统一整体的过程。[①] 学校包括学生、课程、教师等要素,同时是一个资源集合中心,包括人力资源、技术资源、信息资源等。学校的正常运转发展,需要将各类资源进行整合,形成一个有机的整体。学校在长期的发展过程中,往往会积累丰富的资源,同时在运转的过程中,会有意或无意地将各种资源整合在一起,形成自身的办学特色。现在许多学校都加强了学校网络资源库的建设,这不仅仅在信息技术方面对学校提出了要求,也在教学资源整合方面提出了要求。而教学资源不仅仅来源于教材知识的传授,也来源于教学中师生互动创生出的有效的教学经验。对学校而言,如何有效整合人力资源是一个重要的课题,不仅关系到是否能满足学生的教育需求,也关系到学校的长远发展。

## 三、战略规划

学校资源有限,而社会资源无限。学校为求得自身的生存和发展,赢得政府和社会对特殊教育更多的重视和支持,必须引进培育"资源整合"的理念,挖掘更多的社会教育资源支持学校发展。充分利用学校已有资源,树立学校的社会形象;整合社会公共资源,取得精神上、物质上、政策上的支持;挖掘社会慈善资源,争取社会热心公益事业的企业和个人对学校发展的支持;整合社区环境资源,协调与学校周边单位的关系,建设和谐共赢的优良社区环境。经过多年的探索,深圳元平特殊教育学校基本形成比较完善的校内外资源体系。

---

[①] 张铁炳,李芒.用系统论的方法分析信息技术与课程整合的层次性和多样性[J].电化教育研究,2005(11):62-66.

(一)校内资源的整合

1. 教育教学资源的整合

深圳元平特殊教育学校经过二十多年的发展,积累了大量的教育教学经验,汇集了较为丰富的教育教学资源。学校秉持"资源整合"的理念,努力经营好学校的无形资源,在课程开发、职业教育、信息技术、康复训练、特奥运动等方面形成了在全国有一定影响力和辐射作用的具有深圳特色的亮点。

首先,学校致力于校本课程开发,努力构建"教育、康复、职业训练相结合的课程体系",并不断地进行整合,建立课程体系的横向及纵向衔接。例如,针对特殊学生大多在语言发展、沟通交流等方面存在问题,在语文课程的校本教材开发过程中,学校将语言治疗渗透在生活语文课程中,从课程目标中规定语文课培养特殊学生最基本的听、说、读、写能力。其中"说",要增强学生的说话能力,以表达自己的思想感情,培养日常口语交际的基本能力,以此实现语文课程与语言康复的相互渗透。

其次,学校努力构建"立交桥"式的职业教育模式,创新职业教育课程体系,加强职业专业和职业课程建设,成立职业教育专业建设指导委员会,完善各专业的课程标准,并积极开发建设优质共享型专业教学资源库,突出学生的职业道德、适应能力和职业技能的全面提升,为特殊学生职业教育、劳动实践以及就业安置提供保证。同时,学校建立西式面点教室、厨艺教室、客房服务教室、插花艺术教室、中国结艺教室等专门的功能教室,辅助教师教学,满足学生课堂实践的需要。

第三,学校强化信息技术特色,大力推进数字化校园的建设,并为各类学生开设信息技术教育课程。在校内资源整合的基础上,学校还利用信息技术手段建设面向校内外的资源库。学校建设供校内人员使用的内部资源库,包括学校资源网、教育教学资料云共享平台等,由教师上传各类培训资料、教学软件、教学课件、教学资源等,实现校内资源共享,加强教师之间的交流、合作以及互相借鉴。同时,受教育部委托,学校独立研制《全国特殊教育资源库(智障版)》,在全国一千多所特殊教育学校推广应用,填补了国内智障教育资源库建设的空白。资源库始终保持资源的动态性及多元化发展,已成为特殊教育领域重要资源信息来源之一。

第四,学校积极践行"医教结合"的康复模式,加快推进"医教结合"教育改革的进程。康复教育教学部为学生开展了物理治疗、运动治疗、作业治疗、经络导平治疗、言语治疗、听觉统合治疗、音乐治疗、多感官综合治疗、启智训练、注意力训练、手眼协调训练、蒙台梭利训练等多种康复训练项目,满足学生的康复及教育需求,基本形成了面向康复部学生,辐射全校学生的人人享有康复服务模式。同时,学校还大力开展智障学生个别化康复训练,加强听障学生听力语言康复工作,以推进学校教育与康复训练相结合特殊教育模式的改革。

第五,学校依托特殊奥林匹克运动资源,开展特奥运动训练,开发特奥运动课程,打造特奥教练员队伍,并积极建设特奥训练设施,努力提高特殊学生的康复水平。为此,学校充分利用资源优势,建立游泳、硬地滚球、羽毛球、足球、高尔夫、轮滑等优势特奥运动项目,加大特奥运动的普及力度,让每位特殊学生都能平等参与到与其相适应的体育训练中。学校不断完善特奥运动训练体系,提高特奥运动水平,促进特奥运动的发展,充分发挥特奥基地的辐射和带动作用。

2. 人力资源的整合

深圳元平特殊教育学校现有教职员工包括教师、学生生活管理员、行政教辅人员以及其他人员。学校的特殊学生种类较多,为了全面满足各类学生的教育、康复和就业需求,就要求学校重视教师队伍建设,整合现有的人力资源,打造一支师德高尚具有较高专业水平的特殊教育师资队伍。学校在教师的任用上,根据学校管理的需要及教师个人的特长和学科背景,合理地将教师分配在学校各处室及各教育教学部,使人力资源达到优化配置。

(二) 校外资源的整合

由于学校内部资源有限,依靠自身的人力、财力、物力资源尚无法满足教育教学的需要,因此,学校必须要通过多种渠道挖掘和利用学校外的社会资源,实现自身的发展。深圳元平特殊教育学校在整合校外资源方面做了多年的尝试,逐渐形成了比较完善的社会资源支持体系,其主要的校外资源来自政府、高校科研机构、企事业单位以及家庭、社工等。

1. 财力资源的整合

政府部门、社会企事业单位及其他社会团体给予学校极大的支持,丰富学校的资金来源。首先,政府财政拨款是学校办学经费的主要来源,为学校的发展提供充足的资金,有力地保障了学校的正常运转。办学二十多年来,政府不断加大投入,基础建设投入近亿元,标准塑胶运动场、多功能体育馆、康复训练大楼相继建成投入使用;设立"校本课程系列出版基金",资助教材的出版并奖励积极参与校本课程研制的教师;以出资购买服务等其他方式为学校的发展提供全面支持。

其次,社会企事业单位的支持很大程度上丰富了学校的办学资源。学校经过二十多年的发展,逐渐形成了自身的品牌和影响力,吸引了一批企事业单位的关注和支持,他们通过捐资赞助的方式为学校提供支持。一方面,社会企事业单位通过奖学金的形式奖励优秀师生、资助困难学生。另一方面,社会企事业单位还通过为学校提供特奥训练场地、职业训练基地等来支持学校的发展。此外,社会团体及个体也极大地支持学校的发展,以各种形式的捐款、赞助来进一步满足特殊学生的发展。

2. 人力资源的整合

人力资源的整合,一方面是充分利用外部资源提升学校内部师资的质量,另一方面是外部人员的支持。学校人力资源的支持主要是来自于政府及高等院校。

(1) 海外培训

深圳市政府不断加强中小学教师教育培训,实施中小学教师海外培训计划。深圳元平特殊教育学校自2003年以来,每年都选派优秀教师赴英国、美国、以色列等国家参加培训。通过参与培训,不仅提高了教师自身的专业知识,拓展了教师的视野,也为学校教学、科研工作的开展奠定了基础。

(2) 高校合作

学校还与全国多所高校和科研机构建立了合作关系,来提高教师的职业素质。如学校与北京师范大学联合举办了特殊教育专业硕士研究生课程班,通过这种方式,学校多名教师取得了硕士学位。学校定期邀请高校的知名专家学者到校为教师开展专题报告会或讲座,聘请高校与科研机构的专家指导学校的科研工作。例如在学校校本课程开发期间,聘请北京师范大学等高校的课程专家,对课程的编制、实施和评价等进行理论和技术指导,弥补了一线教师课程理论和技能方面的不足,避免校本课程开发的盲目性,提高课程开发的质量。这不仅提升了教师的专业素养,大大促进学校教师的专业化发展,而且优化了学校教师的结构,保证了教学工作顺利有效地开展。

(3) 外聘师资

仅利用学校内部的师资,无法满足特殊学生及家长的需求。因而学校与高等院校合作,聘请外部师资,补充校内师资的空缺。比如在职业教育高中开办初期,由于师资力量比较薄弱,学校在高等职业院校聘请兼职教师从事职业技能和实习就业方面的教学工作,有效地解决了开办初期职业教育教师缺口的问题。

(4) 专业人员支持

深圳市政府也极力为学校提供人员支持,如市残联以购买服务的方式,为学校提供康复治疗的专业人员,专职从事脑瘫、自闭症、智障学生的个训及评估工作,在学校康复档案的建立、个别化训练方案的制订和实施等工作中发挥重要辅助作用。他们所从事的个别化训练工作,已成为康复类课程中重要的组成部门。学校与深圳市残疾人康复中心合作,由深圳市残疾人康复中心专业技术人员对学校脑瘫学生、自闭症学生进行评估及访谈,评估结果作为学生个人资料存入学生康复档案。

(5) 社会工作服务

深圳市政府为学校购买社会工作服务,学校通过专业社工,为特殊学生及家长提供全面服务。学校社工始终以特殊学生及家长需求为导向,把服务学生及家长作为工作的出发点和落脚点,成立家长资源中心,为特殊学生家长提供心理支持,为家长拓展兴趣爱好,达到排忧解难、缓解心理压力的目的;为听障学生提供生涯规划服务,以帮助学生更好地认识自己,认识社会,了解社会职业,为以后的职业之路做好准备,并组织听障学生开展义工服务,帮助他人,服务元平,回报社会;为学生开展青春期教育服务,帮助学生更全面而系统的认识青春期身心变化,并习得自我保护与人际交往技巧;为智障学生提供晚间服务,为有能力的智障学生提供更多成长的空间,促进他们能力的提升;通过夏令营、假日融合活动、家庭探访日等活动以及特定的节日,如自闭症日、助残日等,推进特殊学生与社会大众的融合;等等。

3. 就业资源的整合

深圳元平特殊教育学校职业教育教学部积极践行"校企结合"的办学模式,与企事业单位紧密结合,建立合作关系,为特殊学生提供校外实习、就业安置基地,实现特殊学生就业零距离的"订单式"培养。近年来,学校不断创新校企合作模式,推进"三进三出"的校企合作新模式,依托行业、企业建设校企深度合作的校内生产性实训基地,开拓建立校外实习基地,构建校外实习基地运行的长效机制,满足职业教育的需求。为此,学校先后与深圳香格里拉大酒店、百胜餐饮集团、金茂深圳JW万豪酒店等大型企业签署了合作建立学生校外实习就业基地协议。学校定期组织学生前往企业实习,企业也定期派遣专业人员来校为学生授课,并优先接纳学校学生就业。同时,学校也与深圳市民爱残疾人综合服务中心、东海朗廷酒店、丽思卡尔顿酒店、沃尔玛、华润万家等多家企业建立了长期的联系,及时对学生发布就业信息,组织学生参加招聘面试。

## 第4节 科研兴校

### 一、理论依据

"科研促教、科研强师、科研兴校"已成为现代教育的本质特征。深圳元平特殊教育学校提出"科研兴校"的办学理念,目的在于在当今社会和科技文化日新月异的时代,鼓励教师不断学习与创新,保持学校持续不断发展动力。

(一)学习型组织

学习型组织是指"一个组织能够不断学习,以及运用系统思考模式尝试各种不同的问题解决方案,进而强化及扩充个人的知识和经验并改变整体组织行为,以增进组织的适应与革新能力"[1]。学习型组织是在系统动力学理论基础之上发展起来的一种新的管理模式和理念。系统动力学是一门以系统地反馈控制理论为基础,以计算机仿真技术为主要手段,定量研究系统安装动态行为的一门应用科学。其代表人物杰伊·福瑞斯特(Jay Forrester)认为,当代社会繁琐复杂,不仅各种社会组织所处的环境日益复杂,并且组织本身的要素和结构也日益复杂。科技进步加剧了社会系统的复杂性,造成技术、经济、文化、政治和社会等方面复杂的全面的"系统危机"。组织对于动态性的复杂问题的思考方式不对,造成组织的"智障"。为此,福瑞特斯运用系统动力学的原理构想出未来组织的理想状态,即层次扁平化、组织信息化、结构开放化等,这些特点是学习型组织的雏形。之后,他的学生彼得·圣吉对新的组织形式进一步发展和完善,提出学习型组织的概念,并对这一新的组织形式进行了系统地阐述。圣吉认为,要实现组织观念的转变就需要学习,学习是组织适应环境复杂连续变化的根本之道,也是组织在知识经济社会里生存和发展的基本准则。

学习型组织中的学习要求将工作和学习紧密地联系起来,工作的过程也是学习的过程,学习是在工作过程中掌握理解的,即工作学习化,学习工作化[2]。学习型组织学习的内容即圣吉所提出的五项修炼。

① 自我超越。组织中的个体学习不断认清个体的发展期望,并集中精力,耐心地去发展和实现自我的目标。组织应认识到组织的学习意愿建立在组织

---

[1] 吴清山,林天佑.教育名词——学习型组织[J].教育资料与研究,1997(18):61.
[2] 俞文钊,吕晓俊.学习型组织导论[M].大连:东北财经大学出版社,2008:19.

内各个成员的意愿之上,认识到个体在组织中的价值,创造环境,鼓励成员自我发展,实现目标。

② 改善心智模式。心智模式是人内心根深蒂固的、认识世界和改造世界的方式。人要持续不断地审视、反省和改进内在的心智模式,以应对环境变化。组织具有共同的心智模式,因此也应如此。

③ 建立共同愿景。在组织中建立普遍认同的价值、理念和目标。共同的意愿存在于组织的各项活动中,激发组织成员向着共同的方向努力。

④ 团队学习。团队学习是指团队互相配合,实现共同目标的学习过程。它是学习型组织进行学习的主要形式,旨在发挥群体超乎个体的知识和能力。

⑤ 系统思考。要求组织成员运用系统的观点看待组织的发展,将组织看成是一个整体的、动态的系统,将所有问题放在这一系统中考虑。

知识经济时代是一个以知识为基础,注重更新、创新的时代,尊重个性、崇尚多元。面对新的环境,教育需要改革管理模式和发展战略,以适应社会环境的变化。学习型组织理论为现代教育和学校的发展提供了新的方向,建立学校学习型组织成为新时代的需求。学校学习型组织是"在学校内部或者外部建立起来的规模不等、以人为本、以学习为中心、以体现人的生命价值、追求教师与学校共同成长、共同发展为宗旨的一种教育组织形态"[①]。学校学习型组织是一种管理理念,也是一种组织结构,还是一种学习机制。建设学校学习型组织,可以督促和调动教师学习和工作的积极性,帮助教师树立终身学习的理念,促进教师专业化发展,以教科研为先导,全面提高教师队伍整体素质。

(二)内涵发展

"内涵"在逻辑学中是指一个概念所反映的事物的特有属性,即对事物的质的规定。内涵发展是发展结构模式的一种类型,是以事物的内部因素作为动力和资源的发展模式。学校教育的内涵发展,是从实践层面对学校教育发展内容和发展路径的探讨,是发展观,也是质量观,即注重学校的办学理念、校园文化、教育科研、教师素质、人才培养工作质量和水平等。

以前,人们比较关注的是学校的"外延发展",即从数量上把资源增量(对人、财、物的投入)作为衡量学校教育发展的尺度,注重学校占地面积的扩大、教学楼数量的增加、师生比的变化等,更多的是学校教育发展的表层。现在,人们更多关注的是学校的"内涵发展",以师生身心发展为基础的教育质量、效益的

---

① 秦德林,蒋忠.学校学习型组织建设与中小学教师可持续发展[J].现代教育科学,2004(4):22.

全面进步。不仅关注物,更关注人,追求对教育本质的深刻认识,强调学校教育的内在禀赋、内部动力、内部潜力和内部创造力的不断优化重组,注重对教育资源的整合力、组织执行力、教学力、科研力等的整体提高,反映了学校发展的目的和学校教育发展的核心层面。[①]

内涵发展战略是学校实现科学发展的必由之路。内涵发展需要依靠先进的教育理念、良好的制度和文化环境、开放的办学模式、先进的人才培养方式等。"科研兴校"是学校实现内涵发展的重要途径,是提升学校软实力的重要指标,科研对教师专业化发展、提高教学质量和人才培养大有益处。因而,学校要实现内涵发展,就需要以师资建设为抓手,以课程建设为基础,以科研创新为突破口。

## 二、基本特征

深圳元平特殊教育学校"科研兴校"的理念对特殊教育教师提出了较大的要求,要求教师保持终身学习的态度,在实践中不断充实完善自己,善于反思、发现、总结自己在教育教学中遇到的问题,并能与其他教师合作,以科研为先导,促进学校的可持续发展。

### (一)学习与发展

在科技文化急剧变化的当代,学习成为对每个社会成员的基本要求。而教师作为社会文化的创造者和传递者更能切身地感受到学习与发展的必要性。社会环境日新月异,科技持续更新变换,新的知识文化层出不穷,学生素质不断提升等,这些时代的特点必然要求教师能够以开放的心态看待周围的环境,能够根据新的形势调整知识文化结构,学习新的技能。但是教师的学习与发展并不是一个被动的过程,不是"不得已而为之"的事情。教师与其他职业相比,对于精神层次的需求更高。他们具备强烈的求知欲望,在教学中感受到自身知识和能力的欠缺,从而主动地参加进修学习,实现自我发展、自我超越。学校学习型组织需根据教师的特点和需求,在教师群体中树立学习与发展的理念,创造条件鼓励教师不断学习和进取。但需要强调的是,教师的学习并不是脱离教学工作的业余活动,而是教学工作的一部分,即在工作中学习,在教学实践中积累经验,探索创新,最终目的是提高自身的修养,提升教学质量,提高科研能力。

### (二)协作与共享

团队合作,也是学习型组织的主要形式,是科研兴校的重要形式,即团队成

---

① 吕星宇.论"教育内涵式发展"[J].现代教育论丛,2010(5):2-4.

员之间为了达成共同的目标,相互配合,相互学习,相互借鉴,共同提高,为了科研课题而共同努力。依据学习型组织理论,学校可以构建各类小组实现教师间的合作,比如年级组、学科组、课题组、教研组等。在这类小组中,成员之间分工协作,发挥各自的长处,通过相互的交流、研习、实操、反馈等取得共同进步。科研的参与者主要是课题组负责人及课题组成员,包括校长与教师。双方要保持合作关系,根据学习型组织的扁平化组织结构,负责人与成员之间是平等的、相互支持的关系。负责人需要保持与成员平等的对话与沟通,了解他们在科研中的困难,给予物质上和心理上的支持。成员也需要支持负责人的工作,为推进课题项目提供意见。在科研的过程中,成员之间资源共享有助于提升团队的工作效率,其中成员的教学经验是资源共享的重要内容。

(三)反思与创新

学习型组织理论强调成员心智模式的改变,即要不断地审视、反省和改进看待社会和世界的方式。这就要求组织成员具备反思和创新的能力。具体到学校组织中,体现在对其核心成员教师的素质要求上。简而言之,就是新课程改革所提出的"教师即研究者"。教师需要研究的对象包括学生、教学、课程与教材。教师需要研究每位学生的生理与心理特点,研究学生的学习过程与学习结果,以期实现因材施教。教师研究教学主要表现为教学反思,即对自己的教学行为及其效果进行分析和思考,探索与解决在教学实践中遇到的问题,提高教学的科学性和合理性。具体而言,通过学生在教学活动中的表现分析、判断所确定的教学目标、教学形式、教学材料、教学方法等是否恰当,如何改进等。要做到因材施教,除了研究学习者之外,还需要研究教的内容,也就是课程与教材。在特殊教育中,学生的差异性和多样性要求教师能够根据学生的特点选择合适的教学内容。教师需在深入研究教材的基础上,对教材进行选择、重组,甚至改造,以适应特殊学生的特点和培养目标。这就需要教师具备一定的创新能力。因此"教什么""怎么教"一直是特殊教育学校教师亟待解决的难题,而只有教师具备了一定的反思和创新能力才能解决好这个问题。

## 三、战略规划

特殊教育学校的科研创新比普通教育更为迫切。一方面,我国特殊教育的发展相对滞后于普通教育,特殊教育有着更多待开发和研究的领域;另一方面,特殊教育对象的个体差异性需要我们以创新的精神,不断探索提高特殊教育质量的新方法、新途径。因此特殊教育需要特殊教育者的创新精神,在普通教育的基础上探索适合特殊教育的新的方法。正是在这样的背景之下,深圳元平特殊教育学校坚持科研兴校、创新出特色、科研为教学实践服务,不断深化学校内涵发展。在具体实践中,学校从组织建设、资源支持、硬件资源配置、角色重构等方面保障了这一理念的落实。

（一）组织建设

科研处是学校的科研工作的组织机构,具体负责科研工作的规划、管理与协调工作,其主要职责是:制订学校的科研计划、发展规划;具体负责市级以上科研课题的申报、开题、实施、结题等工作;受理课题申报、组织课题评审、检查课题研究进展、交流课题研究信息、组织对研究成果的鉴定、验收和推广、承担优秀论文和课题的评选和奖励;决定校级科研课题的立项,提出经费预算;科研经费的监督和管理;组织有关教研活动、学术研究,主持全校科研工作会议;编印有关科研信息资料和论文集等。在科研处领导之下建立了以教研组、学术委员会、校本课程研制组为依托的学校科研网络。除此之外,还成立了课程改革与发展委员会和学术委员会,专门负责学校的各项课题的申报和审核工作。为使得学校科研工作有效开展,制订了《科研课题管理办法》,对课题加以严格管理。同时为鼓励全校教职工积极投入教学科研工作,提高学校科研水平,制订了《科研成果奖励办法》。对科研成果获得者的奖励实行物质奖励和精神奖励相结合的方法,科研成果可以作为晋升工资、职称评定、考核评优的依据。对科研成果分成相应的级别、等次标准后对成果获得者进行相应的物质奖励。

（二）资源支持

除了制度组织保障之外,学校为教师的科研工作提供资源的支持。在资金方面,学校根据所申报课题的学术价值以及实践意义提供不同层次的资助,对于攻关课题与重点课题,经费由学校全部提供。攻关课题是对全校宏观教育中急需研究解决的,由学校直接下达的课题;重点课题分为两部分:一是学校改革与发展中的难点和重点问题、对提高学校整体教育质量和管理水平具有现实指导意义或具有重要学术价值的课题,二是各学科教育教学实践中需要研究解决的,具有普遍指导意义的课题。对在教育教学实践中具有一定代表性的、需要研究解决的规划课题,由学校提供部分经费。攻关课题、重点课题、规划课题的经费由各课题组提出意见和理由,经科研处审定,报校务委员会批准,获得相应的经费资助。在资源支持方面,学校长期致力于课程资源库建设,通过校内外资源库为教师科研提供了素材。同时,学校还设有图书馆,每年会根据教师的申请添置图书。图书馆还提供参考咨询服务,满足教师教学与科研需求。

## (三)项目推进

科研创新是学校发展的动力、活力和创造力。自 2002 年以来,深圳元平特殊教育学校立足于"科研兴校",坚持走内涵发展之路,以培育先进理念为先导,以满足特殊学生需要为立足点,以提升教师专业水平为抓手,充分调动全体教师参与教育科研的积极性,紧密围绕课改扎实有效地开展行动研究,用科研辅助教学,以科研求发展,向科研要质量。通过科研形成先进的教育思想,掌握教育规律,改善教学行为,全面提高了特殊学生的教育教学质量,形成了"组组有课题,人人都参与"的研究氛围。同时,学校与华中师范大学教育学院特殊教育系紧密合作,共同开发《特殊学校教育・康复・职业训练丛书》,总结学校先进的办学经验,为其他特殊教育学校办学提供范例,为特殊教育师资培养提供教材。学校还积极与北京师范大学等高等师范院校建立合作关系,邀请外部专家为教师科研提供指导,为学校教师带来新思想、新知识,提高教师的研究能力。经过多年的发展,学校科研取得了丰硕的成果。学校参与课题研究的教师数量众多,承担多个国家级、省级、市级、校级课题,研究成果在全国、省、市级的科研成果评选中均取得优异成绩。

## (四)角色重构

学校为了落实科研服务实践的思想,极力打造"双师"型师资队伍,鼓励教师从单一型、经验型教师向全面型、研究型教师转变。教师不再是单一的课程实施者,而是主动的课程创造者、参与者,同时也是课程的研究者。学校通过校本培训、外出培训(包括海外培训)、与高校联合举办培训班、邀请专家讲学等形式,提高教师的专业素养与研究能力;通过开展学术研讨、互访交流、教师互派、派遣访问学者等多种形式的交流活动,进一步拓宽视野;通过让教师参与课改、参与课题研究,让科研服务于教师教学,推进教师角色的重构。学校科研兴校的举措,不仅提高了教师的专业化水平,建设了一支双师型的教师队伍,同时也使得教育教学不断创新,学校特色日益彰显,最终使学生受益。

# 第3章 办学体制

办学体制是由学校的办学体系与办学制度所组成,其中办学体系是办学体制的载体,办学制度是办学体制的核心。办学体系主要由教育实施机构和教育管理机构组成。特殊教育学校的教育实施机构,以各教学部门和班级为主;而特殊教育学校的管理机构则主要指学校内部的各级各类管理机构。办学制度,是指为保证各级各类教学机构和相关工作人员的职责权限,从而规范整个学校体制运作的一系列规章制度的集合。[①]

## 第1节 办学体系

2008年4月24日修订通过的《中华人民共和国残疾人保障法》第二十二条规定了我国特殊教育的发展方针是"残疾人教育,实行普及与提高相结合、以普及为重点的方针,保障义务教育,着重发展职业教育,积极开展学前教育,逐步发展高级中等以上教育"。

### 一、管理体系

特殊教育学校的管理体系是对整个特殊教育学校的发展实行领导和管理的基本体系,其实质在于明确管理者的权限范围及其相互关系。

深圳元平特殊教育学校隶属于深圳市教育局,为全民所有制的非营利性事业组织,具有独立法人资格,依法独立履行办学职责。学校实行校长负责制,校长全面负责学校各项工作,教职工参与学校民主管理,党组织发挥政治核心作用。

---

① 雷江华,方俊明.特殊教育学[M].北京:北京大学出版社,2011:101.

深圳元平特殊教育学校管理体系在学校发展过程中是不断变化的,管理机构的设置根据需要逐步调整。学校管理机构主要包括决策机构、执行机构、咨询机构和监督反馈机构。校长办公会议是学校行政最高决策机构,就学校行政、教学、人事、财务、后勤及其他方面的重大问题进行决策;执行机构主要是指学校的各职能部门、教学教研组,执行学校的各项事务;咨询机构是指校务委员会,主要任务是对学校改革和发展的重大事项进行调研和讨论,提出咨询意见或建议,供学校决策参考。2002年到2010年间,深圳元平特殊教育学校基本的管理结构为:校长—分管校领导—中层处室—班、组—班主任(科任教师、职工)。其中,中层处室包括办公室、教导处、总务处、科研办、康复办、职业教育与产业管理办六个部门,是学校各项事务的执行机构,积极协调配合管理学校教育工作(图3-1)。

2010年6月,深圳元平特殊教育学校结合实际,对学校的内设机构和教育、教学管理模式进行调整和完善。调整后的管理机构(图3-2)将校本课程改革与发展委员会列入学校管理机构设置图中,专门负责学校校本课程的规划、核定以及执行,并适时监督校本课程实施的成效,以加强课程改革管理,顺应国家课程改革的潮流,应对学校教育教学的需要,充分体现以人为本,科研兴校的办学理念;学校内设机构调整为办公室、教务处、学生处、科研处、总务处、安全办6个处室,在校长的领导下负责协调、管理学校的各项工作;将原来的教学组整合为听障视障教育教学部、智障教育教学部、康复教育教学部、职业教育教学部4个部门,做好学校的教育教学科研工作;将信息中心在设置图中体现出来,突出强调智慧校园的建设。

2014年,学校成立"中国共产党深圳元平特殊教育学校委员会"(图3-3),并将学术委员会、家长委员会在学校管理机构设置图中体现出来,放在了突出的位置,体现学校对科研兴校及家长监督的重视。

管理机构的设置是不断发展的,管理机构体制的调整可以使学校的组织更为有序,职能更为明确,运转更为高效,特色更为突出,管理更为完善。通过落实分级管理责任,强化常规管理,建立起职责明确、管理高效的管理责任体系和教育、教学管理模式,有力地推进学校教育事业的发展,满足教师发展的需求以及学生成长的需要。

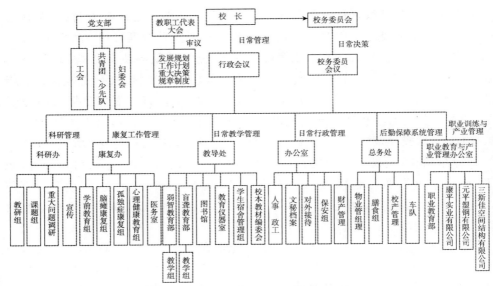

图 3-1 深圳元平特殊教育学校管理机构设置图（2002—2010 年）

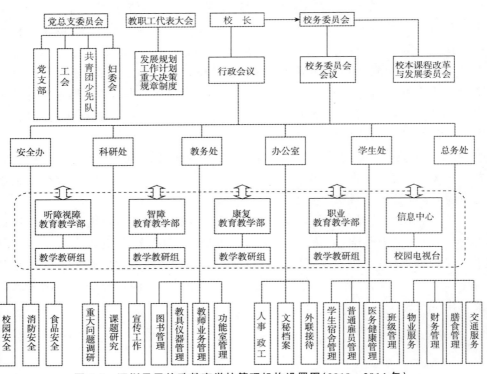

图 3-2 深圳元平特殊教育学校管理机构设置图（2010—2014 年）

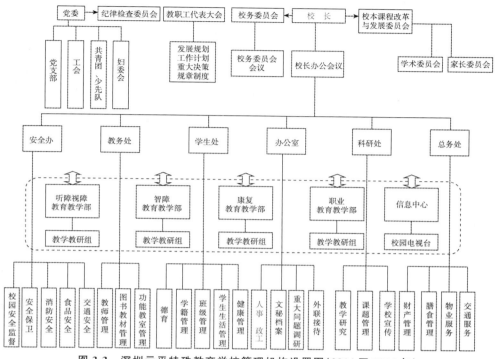

图3-3 深圳元平特殊教育学校管理机构设置图(2014至2016年)

## 二、实施体系

从教育水平与层次来看,特殊教育也和普通教育一样,划分为学前教育、初等教育、中等教育、高等教育四个层次,2008年7月《中华人民共和国残疾人保障法》中规定我国发展特殊教育的方针是:"实行普及与提高相结合,以普及为重点的方针,保障义务教育,着重发展职业教育,积极开展学前教育,逐步发展高等以上教育。"

我国特殊儿童的学前教育实施机构主要包括残疾幼儿教育机构,普通幼儿教育机构,残疾儿童福利机构,残疾儿童康复机构,普通小学学前班,残疾儿童、少年特殊教育学校学前班。目前我国特殊儿童义务教育的发展格局是以大量随班就读和特殊班为主体,以特殊学校为骨干的办学形式。我国的特殊学校主要有聋校、盲校、培智学校、综合性特殊教育学校,其中综合性特殊教育学校招收多种残疾类型学生,但不同障碍类型学生一般不会混在一起上课,而是分班分开教学。因此,综合性特殊教育学校的实施体系由学生的障碍类型决定。

我国特殊儿童的高中教育实施主要是在盲校高中、聋校高中或普通高中班里随班就读。我国残疾人职业教育主要有准备式、支持式两种模式。

深圳元平特殊教育学校作为一所为听障、视障、智障、自闭症、脑瘫学生提供从小学到高中教育的综合性特殊教育学校。学校的性质决定了它的实施体系,为此学校设置听障视障教育教学部、智障教育教学部、康复教育教学部、职业教育教学部四个部门,具体负责特殊学生的教育、康复与职业训练(见表3-1)。

表3-1 深圳元平特殊教育学校教育实施体系

| 教育阶段 | 部门 | | 学生类型 |
| --- | --- | --- | --- |
| 学前教育<br>(1998—2008) | 非义务教育组 | | 听障 |
| | | | 智障、脑瘫、自闭症 |
| 义务教育<br>(九年制) | 听障视障教育<br>教学部 | 听障组 | 听障 |
| | | 视障组 | 视障 |
| | 智障教育教学部 | | 智障 |
| | 康复教育教学部 | 自闭症组 | 自闭症 |
| | | 脑瘫组 | 脑瘫 |
| 高中教育<br>(三年制) | 普通高中 | 听障视障教育教学部 | 听障、视障 |
| | 职业高中 | 职业教育教学部 | 听障组 | 听障 |
| | | | 智障组 | 智障、脑瘫、自闭症 |

(一)学前教育

学前教育是基础教育的有机组成部分,是学校教育制度的基础阶段。[①] 特殊儿童的学前教育主要指为学龄前缺陷儿童提供治疗、补偿性教育和功能康复训练,使特殊儿童在学前期能与普通儿童一样,得到德、智、体、美、劳等全面发展和特殊教育需要的满足,它是特殊教育体系的基础。[②] 特殊儿童学前教育阶段是特殊儿童语言发展的关键时期,是特殊儿童养成良好生活习惯的重要时段,是特殊儿童各项功能康复的最佳时期。开展特殊儿童的学前教育,有助于最大限度地开发特殊儿童的各项潜能,并推动特殊儿童的社会融合。

目前,我国特殊儿童学前教育已取得了较大的成效,教育对象从主要面向听障儿童,逐渐扩大到智障、自闭症、脑瘫等其他类型的特殊儿童;办学主体日益多元化,存在公办、民办两种类型,包括教育部门、残疾人联合会、民政部门、社会力量或企业等开办的学前特殊儿童教育机构;教育教学形式也逐步丰富化,包括专门的特殊儿童幼儿园、幼儿园设置特殊班、特殊教育学校开设的特殊

---

[①] 李槐青.幼儿园管理中的领导艺术探析[J].幼教新视野,2010(1):15—17.
[②] 方俊明.特殊教育学[M].北京:人民教育出版社,2005:81.

幼儿班等。

深圳元平特殊教育学校在1998—2008年期间为学龄前的听障儿童、智障儿童及其他儿童开设学前班,学前班的教育教学当时是由非义务教育组承担(后因学校停办学前教育,于2008年撤销了非义务教育组)。通过为特殊儿童提供学前教育来满足其教育需求,帮助特殊儿童实现早期干预与补偿,为特殊儿童的发展奠定基础。

1. 听障儿童

深圳元平特殊教育学校接收学龄前的听障儿童入学,编入听障学前班进行教学。根据听障儿童的特点,为了最大限度地开发听障儿童的潜能,促进其德、智、体、美、劳等多方面的发展。学校为听障儿童开设科学、美工、律动、游戏、体康等一般性课程以及个别化训练、语言训练、综合实践活动等选择性课程,充分满足听障儿童的发展需求以及个别化需求。

语言康复对听障儿童来说尤为重要,学前期是听障儿童语言发展的关键时期。为了达到早期语言康复的目标,学校结合实际,秉持"以生为本"的理念,开发校本教材《聋幼儿听力语言选练教材》《聋幼儿听力语言训练教学指引》等。通过语言课、个训课等为学前听障儿童提供语言训练,充分调动他们的主动性、积极性,使听障儿童能听、会说、会进行语言交流,提高他们的语言理解和表达能力,为他们接受义务阶段的教育奠定基础。

听障学前班的教学采用集体教学、分组教学、分流教学及个别化辅导相结合的形式。由于儿童的听力程度差异大,使得教学难度增大,学校通过充分利用已有师资,适度增加个训教师来满足儿童的个别化需求。听障学前班的教师队伍由个别化训练教师、体康教师、美工教师、语言教师、听力检测人员、助听器维修耳模制作人员等组成。学校通过各种培训,提升在职教师的教育教学能力。同时,对外接收专业人员来逐步扩大师资队伍,以充分满足儿童的发展需求。

2. 智障儿童及其他特殊儿童

深圳元平特殊教育学校接收学龄前的智障、脑瘫、自闭症儿童入学,编入智障学前班进行教学。学校立足于智障儿童的发展需求及特点,根据课程设置的原则,以生活为核心,为智障儿童开设生活适应、生活语文、美工、唱游与律动、游戏、体育与健康等一般性课程以及感知训练、语言训练、综合实践活动等选择性课程。学校重视儿童生活技能的训练,致力于为学前智障儿童提供需要的学习及活动经验,满足儿童发展的基本需求,使儿童学会适应生活、适应社会,开发儿童潜能,实现缺陷补偿,促使其全面发展。

学前期是幼儿语言发展、良好生活习惯养成的关键时期。结合智障儿童由于智力因素导致的语言障碍、生活适应不良、生活自理能力不足等特点,从实际出发,从最基本的衣、食、住、行入手来实施教育教学。深圳元平特殊教育学校开发校本课程《感知训练课程标准(试行)》及校本教材《生活适应》《语言》《唱游》等,通过语言、感知训练、生活适应等课程培养智障学前班儿童的语言表达能力、基本的生活自理能力、生活适应能力以及养成良好的生活习惯,为其尽快适应学校生活、顺利升入小学打下基础。

智障学前班的教学采用集体教学、分组教学、分流教学及个别化辅导相结合的形式,每节课上课时间一般为30分钟。由于智障学前班儿童的年龄层次跨度大,障碍类型多,程度差异较大,使得集体教学难以满足儿童个体发展的需求。学校通过增加个别化训练时间,适当增加个别化训练教师来应对儿童个别化的需求。智障学前班的教师队伍由个别化训练教师、体康教师、美工教师、语言教师、唱游教师等专业人员组成,学校重视在职教师专业能力的提升,以充分满足儿童的发展需求。此外,学校允许部分程度较深的儿童家长进行辅读,重视辅读家长的作用,达到家校合作,共同致力于智障儿童的早期干预与早期补偿。

由于种种原因,深圳元平特殊教育学校的学前教育于2008年停办。目前深圳市特殊儿童主要的学前教育机构是深圳市特殊需要儿童早期干预中心。虽然已经停办,但是学校在特殊儿童学前教育课程设置、教学形式等方面的探索还是值得借鉴的。

(二)义务教育

我国1986年4月颁布的《中华人民共和国义务教育法》中首次把义务教育用法律的形式固定下来,规定适龄儿童都必须接受九年义务教育。《义务教育法》的制订标志着我国基础教育发展到一个新的阶段,其中,第九条规定:"地方各级人民政府应当合理设置小学、初级中等学校,使儿童、少年就近入学。地方各级人民政府为盲、聋哑和弱智的儿童、少年举办特殊教育学校(班)。"这样,特殊儿童的基础教育就纳入我国义务教育的范畴。2001年国务院办公室转发了教育部等部门《关于"十五"期间进一步推进特殊教育改革和发展的意见》,明确提出:"'十五'期间,大力普及残疾儿童少年义务教育,进一步完善特殊教育体系,努力满足残疾人的教育需求,是特殊教育发展的重中之重,是特殊教育事业发展的重要任务。"因此,特殊儿童的义务教育是特殊教育发展的中心任务。目前,我国特殊儿童义务教育的发展格局是,以大量随班就读和特教班为主体,以特殊教育学校为骨干,使我国特殊教育从过去特殊教育学校单一的办学形式转变为多种办学形式,为特殊儿童入学提供更多的机会,加快特殊儿童义务教育的发展步伐。[①]

深圳元平特殊教育学校是深圳市特殊儿童义务教育的重要实施机构,主要招收深圳市的听障、视障、智障、自闭症和脑瘫以及多重障碍儿童、青少年入学,学校秉持"零拒绝"的原则,不因学生障碍程度严重而拒绝接收,学校实行九年一贯制。

1. 听障及视障学生

深圳元平特殊教育学校听障及视障学生的义务教育由听障视障教育教学部具体负责。学校根据国家相关政策,结合当地及学校的具体情况为听障视障学生设置培养目标、课程内容、评价方式,并根据年龄为听障及视障学生分班,学校为每位听障及视障学生提供差异化训练。

(1) 培养目标

① 听障学生。深圳元平特殊教育学校听障学生义务教育阶段培养目标的设置同 2007 年 2 月国家教育部颁布的《聋校义务教育课程设置实验方案》保持一致。学校帮助听障学生通过各种手段补偿其生理和心理缺陷,从而达到教育和康复的目的,使其能够适应生活、适应社会。

② 视障学生。深圳元平特殊教育学校视障学生义务教育阶段培养目标的设置同 2007 年 2 月国家教育部颁布的《盲校义务教育课程设置实验方案》保持一致。学校帮助视障学生通过各种手段补偿其生理和心理缺陷,从而达到教育和康复的目的,使其能够适应生活、适应社会。

(2) 课程设置

学校听障及视障学生义务教育阶段课程的设置在课程设置的原则、课程设置的内容以及课程设置的有关说明等方面与国家相关政策保持一致。同时学校根据本校听障及视障学生教育教学实际,结合自身发展特色,充分利用已有资源,对部分课程进行了调整。

① 听障学生。学校为听障学生开设的课程包括学校教育类(语文、数学、外语、体育与健康、科学、历史与社会、艺术、品德等)、康复类(沟通与交往等)以及职业训练类(信息技术、劳动技能等)。小学阶段(一至六年级)以综合课程为

---

① 雷江华,方俊明.特殊教育学[M].北京:北京大学出版社,2011:109.

主,初中阶段(七至九年级)设置分科与综合相结合的课程。

② 视障学生。视障学生的课程内容涉及人文与社会、语言与文学、体育与健康、数学、科学、艺术、技术、康复、综合实践活动等九个领域。课程门类由低年级到高年级逐渐增加,低年级以综合课程为主,高年级以分科课程为主。

(3) 学生评价

① 听障学生。深圳元平特殊教育学校对听障学生的评价内容主要包括形成性评价和总结性评价,评价方式有学生自评、互评、家长评价等。其中,形成性评价是在教学过程中教师对学生教学内容掌握情况的评价,通过评价表来反映;总结性评价是每学期末对学生的综合素质进行一次全面的评估,由班主任教师根据学生日常行为表现和学习情况进行评定。每学期末学校对听障学生德、智、体和身心缺陷康复等方面进行一次考试或考察,学生毕业时进行终结性评价,学期评价和终结性评价均收入学生档案。

② 视障学生。对视障学生的评价,内容主要包括学科知识能力、社会适应能力、功能视力以及定向行走能力的评价。其中,学科知识能力的评价主要采用成绩测验和课程评估的方式,通过课后评价、月评价、期末总结评价的方法反映学生的发展过程。其中,课后评价是由教师在每次课结束后,依据学生的课堂表现、对教学内容的掌握情况及对教学目标的达成情况进行的评价;月评价是每个月底,教师会根据学期之初为学生制订的每月的教学分目标和教学内容,对学生学习态度、知识和技能的掌握情况进行评定,填写教学反馈表,以反映学生达成目标的情况;每个学期末学校会对视障学生进行期末考试及考察,并对学生的综合素质进行一次全面的评估,即期末总结评价,包括学生的在校表现、学期获奖情况、班主任的评价和意见、家长意见及建议四个部分,主要由班主任教师根据学生日常行为表现和学习情况进行评定。对社会适应能力的评价主要是利用评估工具进行,对定向行走能力的评价主要是通过描述性的评语,对功能视力的评价主要是填写量化的评价表。

学校对修满义务教育年限的听障及视障学生,发给义务教育合格(结业/肄业)证书。目前,对于初中毕业的听障学生,学校根据其意愿为其提供普通高中教育或职业高中教育;对于初中毕业的视障学生可在本校接受高中教育,也可以到山东青岛盲校、淄博盲校等学校接受高中教育,也有部分学生通过参加深圳市残联的职业培训来实现就业。

2. 智障学生

深圳元平特殊教育学校智障学生的义务教育由智障教育教学部具体负责。

学校根据国家相关政策,结合当地及学校的具体情况为智障学生设置培养目标、安排课程、设置评价方式,并按照年龄及程度对智障学生分级分班。智障教学班根据需要配置1~2名辅班教师,来维持班级秩序,保障教育的顺利进行。

(1) 培养目标

深圳元平特殊教育学校对智障学生义务教育阶段培养总目标的设置同2007年2月国家教育部颁布的《培智学校义务教育课程设置实验方案》保持一致,即"全面贯彻党的教育方针,体现社会文明进步要求,使智力残疾学生具有初步的爱国主义、集体主义精神;具有初步的社会公德意识和法制观念;具有乐观向上的生活态度;具有基本的文化科学知识和适应生活、社会以及自我服务的技能;养成健康的行为习惯和生活方式,成为适应社会发展的公民。"学校还为智障学生设置了分层目标,即基于"以人为本"的理念,推进宝塔式的分层目标。

(2) 课程设置

深圳元平特殊教育学校的智障学生义务教育课程的设置立足于本校智障学生的发展需求,根据《培智学校义务教育课程设置实验方案》课程设置的原则,注重以生活为核心,将生活适应与潜能开发相结合,针对轻度、中度和重度智障学生构建了由一般性课程、选择性课程、活动课程三部分组成的课程体系,并且形成了较为系统、全面的校本课程体系。学校的课程设置与国家的课程设置基本一致,但是在不同程度、不同年级的课程安排上有所不同。一般性课程可以分为生活适应、生活语文、生活数学、劳动技能、唱游与律动、绘画与手工、运动与保健七个领域,满足学生素质的最基本要求,满足学生适应生活、适应社会的基本需求。选择性课程是根据学生的潜能开发需要及学校校本课程的开发情况而设计的课程,分信息技术、康复训练、生活英语、校本课程、艺术休闲等五大领域,着眼于学生个别化发展需要,注重学生潜能开发、缺陷补偿。学校为所有智障班级开设活动课,活动课程的开展形式有班会、团队活动、课外活动等。它可以提高智障学生的学习兴趣,充分发展智障学生的各种能力,达到潜能开发和缺陷补偿的目的。

(3) 学生评价

智障学生的教育效果主要是通过考察来确定。在学期中,学校运用评估工具对课程教学及训练效果进行测评,包括主观评语和客观量表评价;在学期末,学校对整个教学过程进行评估,根据学生特点和学校实际制订期末评估表,由班主任和科任教师根据学生平时表现写出描述性评语,并确定等级。对修满义务教育年限的智障学生,发给义务教育合格(结业/肄业)证书。对完成义务教育阶段教育的智障学生,学校根据需要为其提供职业高中教育。

3. 自闭症及脑瘫学生

深圳元平特殊教育学校自闭症及脑瘫学生的义务教育由康复教育教学部负责。多年来,康复教育教学部以"医教结合"为办学特色,以提高学生的康复水平、生活自理能力、社会适应能力作为评价教育质量的标尺。目前学校康复部已基本形成了"面向康复部学生,辐射全校学生"的人人共享的康复服务模式。学校原则上按照年龄对自闭症、脑瘫学生进行分级,根据各年级自闭症、脑瘫学生的数量进行分班。

(1) 培养目标

① 自闭症学生。根据教育部相关文件的精神,学校将自闭症学生的培养目标设定为"全面贯彻党的教育方针,体现社会文明进步要求,使自闭症学生具有初步的爱国主义、集体主义精神;具有初步的社会公德意识和法制观念;具有乐观向上的生活态度;具有基本的文化科学知识和适应生活、社会以及自我服务的技能;养成健康的行为习惯和生活方式,成为适应社会发展的公民。"

② 脑瘫学生。根据教育部相关文件的精神,学校将脑瘫学生义务教育阶段的培养目标设置为"全面贯彻党的教育方针,体现社会文明进步要求,使脑瘫学生具有初步的爱国主义、集体主义精神;具有初步的社会公德意识和法制观念;具有乐观向上的生活态度;具有基本的文化科学知识和适应生活、社会以及自我服务的技能;具有基本的身心保健知识与能力;具有初步的健康审美情趣和相应的审美能力;形成正确的劳动态度,掌握简单的劳动技能,养成健康的行为习惯和生活方式,成为适应社会发展的公民。"

(2) 课程设置

① 自闭症学生。深圳元平特殊教育学校自闭症学生义务教育课程是根据教育部相关文件的精神,遵循自闭症学生的缺陷和学习特点而设置,旨在促进自闭症学生缺陷补偿和潜能开发,满足自闭症学生个性行为发展和适应社会的需要,让他们学会生存、学会生活,为他们将来回归社会,平等参与和享受社会生活奠定坚实的基础。学校坚持"以人为本与全面发展相结合,目标性与科学性相结合,一般性与选择性相结合,生活化与潜能开发相结合,教育与康复相结合,实践性和功能性相结合"等原则,以生活为核心,为自闭症学生设置一般性课程、选择性课程以及活动课程。自闭症学生的一般性课程包括生活适应、生活语文、生活数学、劳动技能、唱游与律动、绘画与手工等六类课程;选择性课程

包括感觉运动、艺术休闲、社会交往等三类课程;活动性课程包括团队活动、班会、课外活动等课程。由于自闭症学生的特殊性,每节课上课时间为35分钟,并保证学生每天有不少于1小时的课外活动时间。近年来,学校加大了自闭症学生潜能开发的力度,开设了刺绣、珠艺编织、礼品包装、泥塑、打击乐、韵律操等一系列的特色课程,丰富了自闭学生的校园文化生活,培养学生的特长。

② 脑瘫学生。深圳元平特殊教育学校脑瘫学生义务教育课程是根据教育部相关文件的精神,以及脑瘫学生的身心发展特点而设置。根据课程设置的原则,以生活为核心,学校为脑瘫学生构建了由一般性课程、选择性课程、活动课程组成的义务教育课程体系。脑瘫学生的一般性课程包括生活适应、生活语文、生活数学、劳动技能、唱游与律动、绘画与手工等六类课程;选择性课程包括信息技术、艺术休闲、康复训练、第二语言等四类课程;活动性课程包括团队活动、班会、课外活动等课程。由于脑瘫学生的特殊性,每节课上课时间为35分钟。

(3) 教学安排

① 自闭症学生。自闭症学生的教学形式采取集体教学、分组教学、个别训练相结合的模式。在平时的课堂教学中由教师以班级为单位,对学生开展集体教学;根据教学及学生需要,教师会对不同程度的学生进行分组,为不同障碍程度学生设置不同的目标、要求和安排,实施分组教学;此外,教师也会根据学生的实际情况进行个别的辅导和训练。深圳市残联为学校提供康复师,康复师根据自闭症学生在认知、情绪、语言等方面存在的缺陷在个训室对学生进行一对一地针对性训练,弥补班级教学的不足。

② 脑瘫学生。深圳元平特殊教育学校每个学期为脑瘫学生制订个别训练计划,并填写相应的个别记录表、个别训练安排表。学校将课堂教学与个别训练相结合,针对学生的个体需要安排一定时间的个别化训练,为有需要的学生提供补救教学。其中,个别训练主要是在个训室针对脑瘫学生的认知和言语进行相应的训练,并对每次个训内容和效果进行记录。

根据学校现有的康复设施、设备及师资,为有需要的学生提供言语治疗、心理治疗、物理治疗(如经络导平仪治疗)、听觉统合治疗、多感官训练等康复训练和治疗,以满足不同学生的发展需求,提高生活质量。为了更好地服务教育教学,学校增配了模拟运动训练室、家居室、休闲屋、植物园等相应的功能教室和教学实践场所。

（4）学生评价

① 自闭症学生。深圳元平特殊教育学校对自闭症学生的教育及训练效果的评价主要是通过评估来判定的。每个学期末学校对自闭症学生进行一次总结性评价，包括期末课程评价、社会交往课程总结性评价、感觉运动课程总结性评价、综合能力评价及家长评价等。

期末课程评价主要是每学期末各科教师对学生各方面训练结果的评定，多通过描述性的语言对学生的能力进行总结，并对学生在相应课程的表现情况评定等级。社会交往课程总结性评价是依据课程的内容和学生学期初的康复计划内容而定的，由学校教师和家长共同完成，评价方式包括课堂观察、日常生活观察、家庭观察以及与学生对话。感觉运动课程总结性评价包括感知觉、精细运动、粗大运动、感觉统合游戏四部分，主要在学期末进行，由上课教师借助一定的康复器材在感觉统合训练室对学生的能力进行评价。综合能力评定是对学生的认知、语言、运动、生活自理、社会适应等多方面的内容进行综合评价，以了解学生通过训练后社会适应能力的高低，家长参与此项评估，评定量表主要由心理组的评估人员执行。学校注重将家长纳入到训练评价的工作中，制作了《学校家庭教育联系册》，为学生建立动态的成长档案。学校为完成义务教育阶段的、程度较轻的自闭症学生提供职业高中教育。

② 脑瘫学生。深圳元平特殊教育学校每学期对脑瘫学生德、智、体、身心缺陷康复等方面进行一次评价，学生毕业时进行终结性评价，学期评价和终结性评价均收入学生档案。脑瘫学生评价的内容主要包括学业成绩和康复效果两部分。学业成绩主要是通过期末考试来确定，康复效果主要是通过专门的评价表、检查表来确定，如粗大运动功能测试、简易上肢机能检查表、日常生活活动能力（ADL）评价表等。每学期末学校对每个脑瘫学生进行综合素质评估，由教师和家长填写评估表，并为下学期脑瘫学生的训练计划做好准备。学校为完成义务教育阶段的、程度较轻的脑瘫学生提供职业高中教育。

（三）高中教育

目前，我国特殊学生的高中教育包括普通高中教育和职业高中教育。特殊学生高中教育主要附设在特殊教育学校，部分初中毕业的学生可选择就读。深圳元平特殊教育学校为听障及视障学生提供普通高中教育，为听障、智障、自闭症、脑瘫学生提供职业高中教育。听障学生对于普通高中和职业高中的选择，取决于学校的实际情况、学生个人的成绩及意愿、家长及教师的意见等。

1. 普通高中

深圳元平特殊教育学校为听障及视障学生提供普通高中教育。普通高中教育设置在听障视障教育教学部,学制为三年,学生主要来源于本校初中毕业的听障及视障学生。

(1)培养目标

听障及视障学生高中教育是继九年义务教育后更高层次的基础教育,它是根据听障及视障学生发展需要,结合普通高中教育和中等职业技术教育的特殊的高中教育。听障及视障学生高中教育的培养目标为"初步形成正确的世界观、人生观、价值观;热爱社会主义祖国,热爱中国共产党,自觉维护国家尊严和利益,继承中华民族的优秀传统,弘扬民族精神,有为民族振兴和社会进步作贡献的志向与愿望;具有民主与法制意识,遵守国家法律和社会公德,自觉行使公民的权利,履行公民的义务,对自己的行为负责,具有社会责任感;具有终身学习的愿望和能力,掌握适应时代发展需要的基础知识和基本技能,学会收集、判断和处理信息,具有初步的科学与人文素养、环境意识、创新精神与实践能力;具有强健的体魄、顽强的意志,树立自尊、自信、自强、自立的精神,形成积极健康的生活方式和审美情趣;具有基本的科学文化素养和专业技能;具备较强的团队意识和沟通与交往能力;形成正确的劳动态度和初步的职业意识。"

(2)课程设置

深圳元平特殊教育学校根据国家相关文件精神,结合广东省听障教育实际以及学校自身的情况,坚持以人为本的理念,为听障学生设置高中阶段的课程。学校坚持全面性和特殊性相结合,基础性和实用性相结合,统一性和选择性相结合的原则,为高中听障学生设置了语言与文学、数学、人文与社会、科学、技术、艺术、体育与健康和综合实践活动八个领域的内容,进而划分为语文、数学、英语、思想政治、历史、地理、物理、化学、美术、体育与健康、信息技术、职业技术等12个科目。其中历史与地理综合设置为历史与社会课程,综合实践活动包括沟通与交往、社区服务与社会实践、研究性学习。语言与文学和人文与社会领域的知识有较多的共同点,根据每学年的教学任务灵活安排所属科目的教学课时。技术和艺术领域的科目教学采用分流教学形式。

学校于2014年秋季开始为视障学生提供高中阶段的教育,为高中视障学生设置语文、数学、英语、化学、生物、地理、思想品德、历史、体育健康、信息技术、音乐等课程。

(3)学生评价

深圳元平特殊教育学校每学期对高中听障及视障学生德、智、体、身心缺陷康复等方面进行一次考察,期末考试科目根据文理科高考科目来确定,其他科目通过考察确定成绩。考试由学校统一命题,难易程度和数量适宜,注意减轻学生负担。学生毕业时进行终结性评价,学期评价和终结性评价均收入学生档案。对修完高中教育的听障及视障学生,发给高中毕业(结业)证书。听障及视障学生毕业以后可通过参加聋人高考、盲人高考,到高等教育学校继续深造,如北京联合大学特殊教育学院、天津理工大学特殊教育学院、南京特殊教育师范学院、长春大学特殊教育学院等。

2. 职业高中

深圳元平特殊教育学校于2002年成立职业高中,为学生提供职业高中教育,学制为三年,并于2003年开始正式招生。2010年学校根据需要调整机构设置,职业教育部更名为职业教育教学部。职业教育教学部设有智障职高班和听障职高班。多年来,职业教育教学部坚持国家"以服务为宗旨、以就业为导向"的办学方针,努力构建"职业教育、就业培训、就业安置一体化"的立交桥式的职业教育模式。

(1) 培养目标

深圳元平特殊教育学校职业教育的培养目标为"以特殊学生发展为本,以道德、文化、科学教育为中心,以身体、心理康复为基础,强化就业训练,培养学生自尊自强、顽强拼搏、超越自我、立志成才的品质,努力为各类特殊学生将来平等、充分参与社会生活,适应社会需要打好基础。学校职业教育实行宝塔式分类推进培养目标,帮助学生培养基本的生存能力,获得一定的生活质量,掌握多种劳动技能,使他们或接近或达到或超过健全人心智发展的平均水平,为高中后教育打好科学文化基础和道德心理基础,获得较高的生存质量。"

(2) 课程设置

① 听障学生。听障学生职业教育阶段的课程包括文化基础课、专业基础课、专业技能课、活动课等。其中,文化基础课包括语文、数学、英语、政治与法律基础、体育健康、心理健康等;专业基础课程包括职业道德、美术及手工课;专业技能课是根据听障学生视觉优势和形象思维为主导特征而开设的,包括办公文员、计算机应用技术、电脑美术设计、动漫制作、插花艺术和版画课;活动课程包括班会、团队活动、课外活动等。

② 智障、自闭症、脑瘫学生。智障、自闭症、脑瘫学生的职业高中课程分为文化课、专业课及活动课。文化基础课程主要包括实用语文、生活适应、家政、信息技术、运动与保健、职业道德、心理健康7门课程,主要目的在于培养学生扎实的文化知识基础和基本劳动技能,发展学生身体和心理等方面的基本素

质,为完成高中学历教育和进一步学习职业技术打好基础,而不单单仅是培养学生某一职业所需的知识和技能。专业课程是根据深圳市当地的残疾人就业需求、学生技能水平、学校现有设施而开设的课程,主要包括办公文员、客房服务、西式面点、中式厨艺、中国结艺、洗衣服务六类,旨在培养学生从事某一类或多类职业的能力和素质。学生可根据自身的能力和兴趣选择其中一项作为自己的专业,深入学习,熟练掌握这一专业所需的基本知识和技能,具备相应职业岗位所要求的职业道德和品质。活动类课程包括班会、团队活动和课外活动等。班会课主要是提高学生自我管理与自我教育的意识和能力。团队活动是对学生进行思想道德教育,丰富学生学校生活的主要方式。课外活动主要包括实习和见习,是配合专业课学习的实践活动课程,旨在帮助学生了解职业环境,提供实际操练的机会,提升学生的职业技能。

(3) 教学实训基地建设

实训基地建设主要是为学生的课程教学提供实践平台。学校针对职业教育课程的需要,在校内外设置专门的实训基地帮助学生劳动实践。学校根据各专业特点,在校内设有专门的功能教室辅助教师教学,满足学生课堂实践的需要,包括西式面点实训室、厨艺实训室、客房服务实训室、中国结艺实训室、洗衣房实训室、办公室文员实训室、家政实训室、计算机实训室、动漫制作实训室等;校外基地主要是学校与校外社会企业建立联系,为学生提供劳动实践和就业基地,包括深圳香格里拉大酒店、百胜餐饮集团、金茂深圳JW万豪酒店、"喜憨儿"洗车中心等企业。

(4) 学生评价

学生评价包括学生基本素质和职业素质两部分的评价。其中,对学生基本素质的评价是对学生基础文化知识、动作技能发展、社会适应能力以及思想道德素质等方面进行评价,具体包括三部分:一是入学前能力评价,包括学生义务教育阶段的平时表现,基本知识、技能的考试以及心理评估;二是阶段性评价,主要采用的是《家校教育联系手册》,由班主任和家长填写学生每周的表现情况;三是每学期末学校会对学生的综合素质进行一次全面评价,包括学生的在校表现,学期获奖情况、班主任的评价和意见、家长意见及建议。

对学生职业素质评价主要是对学生专业知识、职业道德和职业技能等多个方面的评价,具体包括四部分:

① 课程评价。包括课后教师对学生课堂表现及课程内容掌握情况的评价、反馈,任课教师每个月对学生专业课上表现进行评价,以及学期末班主任及

任课教师根据本学期所学的主要教学内容和教学目标对学生在本学期的学习情况所作的评估。

② 实习评价。包括学生在实习过程中的表现及实习结束后的效果的评价。

③ 见习评价。主要是学生在见习期间各方面的表现。

④ 职业资格考试。具有权威性和客观性，由政府授权或认可的考核鉴定机构认证，由国家颁发职业证书，在鉴定重点上，主要是职业技能和实践能力，学校要求学生到毕业时要考取一项或多项职业资格证书。

## 第2节 办学制度

办学制度是保障学校正常运转的一系列规章制度。深圳元平特殊教育学校的办学制度是在国家、省、市的政策法规的指导下而制订的。

**一、政策法规**

特殊教育法规政策是特殊教育发展的重要保障，是特殊学校发展的重要指导。自新中国成立以来，中央与地方政府出台了一系列法规政策，来推动特殊教育的发展。

（一）国家的相关政策法规

我国特殊教育相关的立法工作大致分为两个阶段：初建与缓慢发展阶段（1949—1978年）和快速发展阶段（1978年至今）。1978年之前，我国特殊教育相关的法规较少，主要体现在一些规范性的文件中。如1951年的《关于改革学制的决定》规定："各级人民政府设立聋哑、盲目等特种学校，对生理上有缺陷的儿童、青年和成人施以教育。"从此，特殊教育被纳入到我国国民教育体系中。[①] 1956年的《关于盲童学校、聋哑学校经费问题的通知》指出："盲校和聋哑学校是一种特殊学校，应规定适合于特殊学校的经费标准；各项经费开支标准应高于同类的普通学校。"这一措施保证了办特殊学校的需要，极大地推进了特殊教育的发展。[②] 其他的相关政策包括《教育部关于办好盲童学校、聋哑学校的几点指示》(1957年)《聋哑学校口语教学班级教学计划表（草案）》(1957年)等，内

---

① 方俊明.特殊教育学[M].北京：人民教育出版社，2005：51.
② 杨立雄，兰花.中国残疾人社会保障制度[M].北京：人民出版社，2011：175.

容涉及特殊教育的学制、管理、培养目标等。截至1978年,我国共有特殊学校292所,在校学生3.1万人[①]。

1978年以后,特殊教育立法进程加快。1982年《中华人民共和国宪法》第四十五条规定:"国家和社会帮助安排盲、聋、哑和其他有残疾的公民的劳动、生活和教育。"国家加大对特殊教育的重视。1990年颁布的《中华人民共和国残疾人保障法》《关于发展特殊教育的若干意见》、1994年颁布的《残疾人教育条例》、1995年颁布的《中华人民共和国教育法》、1998年颁布的《中华人民共和国高等教育法》等都对特殊教育做了相应的规定。进入21世纪以后,国家对特殊教育的保障加强。2008年重新修订《中华人民共和国残疾人保障法》,并出台《中国残疾人事业"十一五"发展纲要》《中国残疾人事业"十二五"发展纲要》《国家中长期教育改革和发展规划纲要(2010—2020年)》《国家人权行动计划(2012—2015年)》《特殊教育提升计划(2014—2016年)》《"十三五"加快残疾人小康进程规划纲要》等文件提升了对特殊教育的要求。

其中,2014年1月出台的《特殊教育提升计划(2014—2016年)》对于特殊教育的发展具有里程碑式的作用,它明确提出落实"全面推进全纳教育,使每一个残疾孩子都能接受合适的教育。经过三年努力,初步建立布局合理、学段衔接、普职融通、医教结合的特殊教育体系,办学条件和教育质量进一步提升。建立财政为主、社会支持、全面覆盖、通畅便利的特殊教育服务保障机制,基本形成政府主导、部门协同、各方参与的特殊教育工作格局。到2016年,全国基本普及残疾儿童少年义务教育,视力、听力、智力残疾儿童少年义务教育入学率达到90%以上,其他残疾人受教育机会明显增加"的总目标,"提高普及水平,加强条件保障,提升教育教学质量"的重点任务,以及"扩大残疾儿童少年义务教育规模,积极发展非义务教育阶段特殊教育,加大特殊教育经费投入力度,加强特殊教育基础能力建设,加强特殊教育教师队伍建设,深化特殊教育课程教学改革"的主要措施,这对于提升特殊教育水平,切实保障残疾人受教育权利,推进教育公平,帮助残疾人全面发展、融入社会具有重要的推动作用。

(二)地方的相关政策法规

广东省出台了一系列政策来保障地方的特殊教育发展,如《广东省实施<中华人民共和国残疾人保障法>办法》《中共广东省委、广东省人民政府关于加快残疾人事业发展的决定》《广东省残疾人事业"十二五"发展规划纲要》《广东

---

① 杨立雄,兰花.中国残疾人社会保障制度[M].北京:人民出版社,2011:175.

省特殊教育提升计划(2014—2016年)》等,对广东省的特殊教育做了统一的部署。其中,2014年7月出台的《广东省特殊教育提升计划(2014—2016年)》是广东省根据《国务院办公厅关于转发教育部等部门特殊教育提升计划(2014—2016年)的通知》,结合该省的实际,对全省特殊教育做出的具体规划,指导全省特殊教育的发展。从总体目标上来看,该《计划》进一步指出,"到2016年,全省基本普及残疾儿童少年义务教育,视力、听力、智力残疾儿童少年义务教育入学率达到90%以上,其中珠三角地区各县(市、区)入学率力争达到当地普通适龄儿童少年水平,其他地区各县(市、区)达90%以上;重度肢体、孤独症、脑瘫残疾人受教育机会明显增加。全省残疾儿童学前教育毛入园率达80%以上,其中珠三角地区各县(市、区)达85%以上,其他地区各县(市、区)达75%以上。"并根据该省实际对特殊教育发展的重点任务及主要措施作了具体的规划,提出将在全省推行特殊学生15年免费教育,提高非义务教育阶段特殊教育发展水平。

深圳市出台《深圳市劳动和社会保障局、深圳市残疾人联合会关于开展四项就业助残工作实施方案》《中共深圳市委、深圳市人民政府关于促进残疾人事业发展的意见》《中共深圳市委、深圳市人民政府关于推进教育改革发展率先实现教育现代化的决定》《深圳市特殊教育提升计划》等保障深圳市特殊教育事业的发展。其中,2015年4月出台的《深圳市特殊教育提升计划》提出"到2016年,全市视力、听力、智力残疾儿童少年义务教育入学率达90%以上,力争达到普通适龄儿童少年水平,全市残疾儿童学前教育毛入园率达85%以上,重度肢体、孤独症、脑瘫残疾人受教育机会明显增加"的总体发展目标,并根据本市实际对特殊教育发展的重点任务及主要措施作了具体的规划,以指导和提升本市的特殊教育水平。

(三)深圳元平特殊教育学校的发展规划

深圳元平特殊教育学校先后出台《深圳元平特殊教育学校"十一五"发展规划》《深圳元平特殊教育学校"十二五"发展规划》等来指导学校的发展。通过规划总结上一个五年所取得的成绩、存在的不足,并对下一个五年的发展目标、任务、具体措施进行规划,进一步推动学校办学水平提升,提高学校的教育质量,突现学校的办学特色,全面满足特殊学生的教育需求,推进"教育、康复、职业训练一体化"办学模式的探索与实践,发挥学校的窗口作用。

## 二、规章制度

无规矩不成方圆,建立明确统一的规章制度,是学校各项工作有序开展的重要保证。

深圳元平特殊教育学校自建校以来,就加强了制度建设,并于 2008 年编印《深圳元平特殊教育学校规章制度汇编》(以下简称《制度汇编》)。规章制度的制定和完善与特殊教育的发展、国家、省、市法规政策的实施密切相关。

(一)发展历程

规章制度不是一成不变的,而是根据外界的发展要求、学校的实际情况,而不断扩充、修正、发展、完善的。深圳元平特殊教育学校自建校以来,为了保障教育教学工作的有效开展,对教学工作、学生日常、后勤管理等方面制订了成文或者不成文的规定,全面保障特殊学生的教育质量。2008 年之前学校的规章制度大多比较零散。如 1999 年《关于教工宿舍安全使用管道煤气的有关规定》,2000 年《档案保密制度》,2001 年《体育器材室管理制度》,2002 年《校务公开制度》《教具室管理制度》,2003 年《安全管理细则 100 条》,2004 年《学生阅览室管理制度》,2006 年《信息技术相关设备配置标准》,2007 年《学校网站信息管理规定》等。2008 年是学校规章制度取得重大突破的一年,学校为了全面贯彻党和国家的教育方针,实施素质教育,全面提高学校教育教学质量、办学水平和管理水平,率先基本实现教育现代化,依据国家相关法律法规,对校内的规章制度进行汇编、整理,并装订成册,为学校规章制度的完善奠定基础。此后,学校根据需要对规章制度不断进行完善,2014 年对《制度汇编》进行了一次大规模的修订,进一步补充完善学校的规章制度,以落实国家、省、市的新政策,适应社会变化的需要,适应时代发展的需求,适应学校发展的需要以及特殊学生成长的需要。

(二)具体内容

深圳元平特殊教育学校的规章制度是依据"以生为本,育残成才"的办学宗旨而制定的,充分保障特殊学生的教育需求,使特殊学生接受到更优质的教育。学校坚持依法治校,加强制度建设,完善责任体系,努力探索并建立以"博爱、宽容、尊重、理解、平等、公正"为内核的、与校园文化相适应的学校管理体系,并依据《制度汇编》对学校的各方面工作进行管理。

《制度汇编》包括六个部分的内容,即综合、行政管理、安全管理、教育教学管理、学生管理、后勤管理等。学校具体的规章制度都是围绕学校的总章程而制定的,总章程是整个规章制度的基础,对学校的性质、管理、教育教学、课程等做了总体上的说明,统领整个规章制度,体现学校的定位以及办学体制。总章程包括八个部分,即总则,入学和学籍管理,教育教学和科研管理,人事行政组织管理、校园、校舍、校产、经费管理、卫生保健及安全、学校、家庭和社会以及附则。

## 深圳元平特殊教育学校章程（节选）
（2015年11月4日经教职工代表大会审议通过，
2016年12月12日经深圳市教育局核准）

### 第一章 总 则

第一条 为全面贯彻党和国家教育方针、政策，全面实施素质教育，大力提高学校办学效益和水平，保障学校依法自主管理，切实保障学生与教职工合法权益，办人民满意的特殊教育，根据《中华人民共和国教育法》、《中华人民共和国义务教育法》、《中华人民共和国残疾人保障法》、《中华人民共和国残疾人教育条例》、《特殊教育学校暂行规程》等相关法律、法规，制定本章程。

第二条 学校名称：深圳元平特殊教育学校。
英文名称：Shenzhen Yuanping Special Education School 学校校址：广东省深圳市龙岗区布吉街道西环路138号。学校网址：http://www.szyptx.net/

第三条 学校是对深圳市听力障碍、视力障碍、智力障碍、自闭症、脑瘫及多重残疾等适龄儿童、青少年进行教育、康复和职业训练的全日制特殊教育学校。

学校隶属深圳市教育局，为全民所有制的非营利性事业组织，具有独立法人资格，依法独立履行办学职责。

第四条 学校根据有关法律法规和深圳教育发展的实际，实行免费九年义务教育和免费高中阶段教育，学校办学规模为八十四个教学班。

第五条 学校的办学宗旨是"以生为本、育残成才"。

第六条 学校全面贯彻党和国家的教育方针，培养学生具有社会主义核心价值观，能够适应社会。根据各类残疾学生的身心特点和需要，确立分层培养目标，实施教育、康复和职业训练。

培养学生具有初步融入家庭、社区、社会的能力；

培养学生掌握基本的劳动技能和学习能力，参与一定程度的社会生产或创造，具有进一步融入家庭、社区、社会的能力；

培养学生掌握多种劳动技能和可持续发展的学习能力，深入参与社会生产或创造，具有较强的融入家庭、社区、社会的能力。

第七条 学校坚持"教育、康复、职业训练一体化"办学模式，以课程建设、康复训练、职业教育、信息技术、特奥运动等品牌建设为抓手，形成办学特色。

第八条 学校围绕建设全国特殊教育强校的目标，努力建设展示中国特殊教育发展水平和中国人权保障水平两个窗口，打造教师队伍建设、特殊教育改革、人权保障水平三个高地，在教师职业道德、教师专业发展、校本课程建设、医教结合改革、残疾人职业教育、特奥运动、智慧校园、特殊教育先进理念等方面推进深圳特殊教育现代化。

第九条 学校基本的教育教学语言文字为中国现代汉语言文字，使用全国通用的普通话和规范简体汉字,并根据残疾学生类别,使用中国手语和中国盲文。

第十条　校训:博爱、奋进、有序。

校歌:《我也要飞翔》(蒋开儒词,孟庆云曲)。

校徽:学校校徽采用五瓣镶嵌金边花朵图案,正中心由学校校名"元平"拼音首字母大写"YP"组合成儿童张开双臂、展翅飞翔的造型,彰显学校"以生为本,育残成才"的办学宗旨。

### 第二章　组织架构和运行机制

第十一条　学校组织架构为:校长、副校长、中层处室、教学教研组、班级。

第十二条　校长、副校长由市教育局任命(聘任)。校长是学校的法定代表人,对外代表学校,按照本章程自主管理学校。学校实行校长负责制,副校长协助校长工作。内设机构负责人选拔应符合岗位设置管理及中层干部选拔规定,并按学校有关规定权限和程序聘任。中层干部实行任期制,任期四年。

第十三条　校长办公会议是学校行政最高决策机构,就学校行政、教学、人事、财务、后勤及其他方面的重大问题进行决策。校长按照议事规则主持校长办公会议,一般每月召开一次,根据学校工作实际,校长可临时召开会议。校长办公会议由学校领导班子成员组成,并可根据具体议题,由校长决定临时参会人员列席会议。校长办公会议须有三分之二以上(含三分之二)成员参加方为有效,并且会议决议经全体成员二分之一以上(不含二分之一)通过。

第十四条　校党委发挥政治核心作用,严格落实党风廉政建设责任制,建立党委统一领导的党、政、工、团队、妇委会齐抓共管的思想政治工作体制;对干部进行培养、考察、教育、管理和监督;对学校发展规划、重大改革方案和工作安排以及涉及方向性、政策性、全局性的重大问题进行讨论,参与决策。

第十五条　校务委员会是学校重大决策咨询机构,由十一至十五名委员组成,设主任一名、副主任若干名。主任由现任校长担任,委员由校领导、中层干部代表、教师代表、家长代表、社区代表组成。主要任务是对学校改革和发展的重大事项进行调研和讨论,提出咨询意见或建议,供学校决策参考。

校务委员会委员任期一般为四年。校务委员会原则上每学期召开一次全体会议,需有三分之二以上(含三分之二)的委员参加,表决时须经校务委员会全体委员二分之一以上(不含二分之一)同意,方为通过。

第十六条　学校建立和完善教职工代表大会制度,教职工代表大会是教职工依法参与学校民主管理和民主监督的基本形式。

教职工代表大会代表由教职工直接选举产生,以教师为主体,教师代表不得低于代表总数的60%,并根据学校实际,保证不低于20%的青年教师和不低于50%的女教师代表。教职工代表大会的选举和表决,须经教职工代表大会代表总数半数以上通过方为有效。

教职工代表大会每学年至少召开一次,每三年或五年为一届,期满进行换届选举,教职工代表可连选连任。

第十七条　教职工代表大会职权

（一）审议通过学校章程；

（二）听取校长工作报告；

（三）审议学校发展规划；

（四）审议学校重大改革方案、工资福利分配方案等；

（五）根据上级工会有关教职工代表大会规定，相应行使审议建议权、审议通过权、审议决定权、评议监督权。

第十八条　学校成立工会委员会，由5—7名委员组成。

学校工会为教职工代表大会的工作机构。学校支持工会在维护教职工合法权益、团结带领全校教职工育残成才和开展丰富多彩的文体活动方面发挥积极作用，并提供必要的工作条件和经费保障。

第十九条　学校成立家长委员会，家长委员会由1名主任，若干名副主任组成。家长委员会对学校工作计划和重要决策，特别是事关学生和家长切身利益的事项提出意见和建议。对学校教育教学和管理工作予以支持，积极配合。对学校开展的教育教学活动进行监督，帮助学校改进工作。参与教育工作。发挥家长的专业优势，为学校教育教学活动提供支持。发挥家长的资源优势，为学生开展校外活动提供教育资源和志愿服务。发挥家长自我教育的优势，交流宣传正确的教育理念和科学的教育方法。沟通学校与家庭。向家长通报学校近期的重要工作和准备采取的重要举措，听取并转达家长对学校工作的意见和建议。向学校及时反映家长的意愿，听取并转达学校对家长的希望和要求，促进学校和家庭的相互理解。

第二十条　学校根据深圳市机构编制委员会核定的中层机构职数，结合学校工作实际，设置校内中层机构。中层机构负责人实行年度考核，教职工满意度低于百分之七十的，由校长诫勉谈话，满意度低于百分之六十的，应主动辞职。连续两年满意度低于百分之七十的，不再续聘中层机构负责人岗位。

第二十一条　学校根据学生实际和教育教学需求设立教育教学部，负责组织对不同类别残疾学生进行教育教学及管理。

第二十二条　学校接受深圳市人民政府教育督导办公室责任督学的监督和指导。

如上所述，总则部分对学校的性质、宗旨、培养目标、学制、管理体系等做了总体上的规定，组织架构和运行机制部分，保障学校的有序运转。总章程部分从整体上体现了学校的工作重心及办学特色。

其中，科研兴校是学校的一大办学理念，学校重视科研工作的开展，通过开展教育科学研究来推进学校的特色发展。多年来一直致力于走内涵式的发展道路，通过科研促进教育教学课程改革，通过科研建设一支现代化的师资队伍，满足学生成长的需求，从而实现学校的可持续发展。为此，学校出台了具体的规章制度以保障教科研的顺利开展。

# 科研课题管理办法
## （2003 年）

为加强对我校科研课题的管理，加快科研兴校的步伐，不断提高我校的师资水平和教学科研水平，特制订本办法。

### 第一章 总 则

科研课题管理工作的指导思想是：坚持邓小平理论和"三个代表"重要思想，坚持实事求是和理论联系实际，坚持科研工作为教育教学服务的宗旨，鼓励探索与创新；重视特殊教育应用研究和理论研究，努力推进科研兴校战略。

### 第二章 组 织

一、科研处是我校科研工作的组织机构，具体负责科研工作的规划、管理与协调工作。主要职责是：

（一）制订我校科研计划、发展规划、中长期科研课题指南；

（二）具体负责市级以上科研课题的申报、开题、实施、结题等工作；

（三）受理课题申报、组织课题评审、检查课题研究进展、交流课题研究信息、组织对（三）研究成果的鉴定、验收和推广、承担优秀论文和课题的评选和奖励；

（四）决定校级科研课题的立项，提出经费预算；

（五）科研经费的监督和管理；

（六）组织有关教研活动、学术研究，主持全校科研工作会议；

（七）编印有关科研信息资料和论文集等。

二、学术组

全校成立一个由有关部门负责人、各学科组骨干共 10～15 人组成的学术组，由科研办牵头成立。学术组成员由校长聘任。

主要职责：

（一）协助校级课题的评审、评估、鉴定工作。

（二）协助制定学校重大科研规划和课题申报工作。

学术组成员必须具有中级以上专业技术职称或从事相关学科工作 8 年以上，具有一定的研究能力和较扎实的理论功底。

### 第三章 课题分类和资助原则

1. 攻关课题  指全校宏观教育决策中急需研究解决的、由学校直接下达的课题，此类课题经费由学校提供。

2. 重点课题  指（1）学校改革与发展中的难点和重点问题、对提高学校整体教育质量和管理水平具有现实指导意义或具有重要学术价值的课题。（2）各学科教育教学实践中需要研究解决的、具有普遍指导意义的课题，此类课题经费由学校提供。

3. 规划课题  指教育教学实践中具有一定代表性的、需要研究解决的课题。此类课题经费，由学校根据课题需要提供部分经费。

4. 各类校级课题完成期限一般不超过2年。

5. 各类校级课题的经费由各课题组提出意见和理由,经科研办审定,报校务委员会批准。

6. 课题组根据经费预算,本着勤俭节约的原则,提高资金使用效率。

7. 攻关课题、重点课题、规划课题的科研成果均可参加两年一次的深圳元平特殊教育学校科研成果评比。

## 第四章 课题申报

一、申报人资格

(1) 申报人必须是该项目的实际主持者,并在其中承担实质性研究工作。申报课题一经立项,申报人即为该课题的主持人。

(2) 申报人必须具有中级专业技术职称或从事相关学科工作5年以上。课题申报者必须具备一定的研究能力和完成课题研究的基本条件。每个主持人至多申报2项课题,行政领导人员(中层以上)只能申报1项课题,并承担课题实质性研究工作。

(3) 如果申报人不具备上述条件,须有两名相关中级专业技术职称人员推荐。

(4) 未完成立项课题研究任务者,不得申报新的课题。

(5) 课题组成员至多可以同时参加两个课题的研究。

二、申报

(1) 科研办每两年公布一次课题指南。申报人应在课题指南范围内确定选题。对课题指南未涵盖但确有价值的选题,由科研办提交学科组评审后,提出建议,报校长批准后,方可立项。

(2) 攻关课题可以由科研办直接下达或申报立项;其他课题原则上每年申报一次。

(3) 申报人必须按规定填写《深圳元平特殊教育学校课题申报书》。

(4) 课题申报人必须对该课题的研究目的、国内外研究现状、研究的主要内容和重点难点、研究的理论意义和实践意义、课题申报人的研究能力和组织能力、课题组成员的研究能力、课题研究的条件等作出明确的论证。经主管处室签署意见,报校科研办。

## 第五章 课题评审和立项

1. 科研办按本办法规定对申报人资格进行审查后,组织学术组进行评审。

2. 学术组进行评审的依据是:(1)课题论证充分,研究方案切实可行,经费预算合理;(2)申报人具备完成课题的研究能力和基本条件。同等条件下,已有前期研究成果者,优先立项。

3. 学术组成员在充分讨论的基础上以无记名方式投票表决,赞成票超过出席会议半数者为通过。出席会议人数超过学术组成员2/3以上的,才能进行表决。

4. 科研办将学术组评审通过的研究课题和资助金额报校长请校务委员会批准,并在全校范围内予以公示。

## 第六章 课题管理和成果鉴定

1. 接到课题立项通知书后,课题负责人必须在一个月内向科研办提交按计划完成任务的承诺书,逾期视为自动放弃。

2. 攻关课题由科研办直接管理;重点课题和规划课题由科研办和课题负责人所在部门共同管理,日常管理工作以课题负责人所在班组为主。科研办每学期进行一次中期检查。对研究工作不能按计划正常进行或经费使用不当者,科研办有权报校长提请校务委员会批准,停止资助,并取消课题主持人资格,停止该课题的研究或委托他人研究。

3. 课题一经立项,课题负责人、研究内容、完成时间和最终成果形式,原则上不得改变。确需改变者须提出书面申请,经科研办同意后方可改变。未获同意者仍按原方案执行。拒不执行者作撤项处理并收回全部或所余资助经费。

4. 课题完成以后,课题组负责人必须向科研办提出结题申请报告,并填写《深圳元平特殊教育学校课题成果鉴定书》。

5. 由科研办组织学术组成员组成成果鉴定组,对课题进行鉴定,鉴定结果均须报科研办备案。

6. 成果鉴定组由3～7人组成,设组长1人,负责归纳起草鉴定意见,并填入《深圳元平特殊教育学校××课题成果鉴定书》,成果鉴定组成员应具有较高的学术水平、政策水平和职业道德,能够作出全面、公正、科学的评价。

7. 课题成果鉴定一般采用鉴定会形式进行,也可采用通信书面鉴定形式,邀请有关专家进行鉴定。

8. 如课题负责人和课题成员为成果鉴定组成员时,遇其负责或参与的课题,须予回避。

(1) 课题负责人和课题组成员在专家组形成鉴定意见时须予回避。
(2) 成果鉴定组鉴定内容:
(3) 研究是否反映了当前特殊教育改革的热点;
(4) 成果的理论意义和应用价值;
(5) 成果是否达到预期目的;
(6) 成果使用数据是否准确,研究方法是否科学;
(7) 成果是否具有科学性、创造性;
(8) 存在的问题和不足,下一步研究应如何深化。

九、研究成果鉴定合格后,课题负责人须填报结题审批书,经所在部门签署意见后,连同成果鉴定材料和最终成果一式三份,报科研办申请验收。验收合格者由学校颁发《深圳元平特殊教育学校课题完成证书》,并正式归档。

## 第七章 成果推广与奖励

1. 经鉴定通过和验收合格的课题研究成果,可由科研办结集出版。发表时须注明"深圳深圳元平特殊教育学校××课题组"。

2. 具有重大应用价值的研究成果,由科研办向有关方面推荐。

3. 课题研究成果的奖励,每两年举行一次。具体事宜按《深圳元平特殊教育学校科研成果奖励办法》执行。获奖情况记入获奖者档案,作为评定职称、考核评优的重要依据。

## 第八章 经费管理

1. 经评审立项的课题负责人在接到资助通知后,应在一个月内按照批准资助的金额调整经费开支计划,并将预算表上报科研办,逾期视为自动放弃。

2. 资助经费预算经核定后,按照经费开支计划和学校财务管理规定使用。

3. 资助经费的开支范围仅限于该项目研究所必需的调研差旅费、资料费、小型会议费、成果鉴定费和课题组成员科研岗位补贴(累计不得超过资助金额的 30%,个人承担的课题补贴不得超过 10%),不得用于购买固定资产、研究设备和旅游等。

### 第九章 附 则

1. 本办法自四届三次教代会通过之日起实行。
2. 本办法的修改权和解释权属校务委员会。

此外,安全管理是深圳元平特殊教育学校的一大特色,学校历来都十分重视安全管理和安全教育,经常开展安全演习和安全教育活动,并且制订了一系列相关的安全条例。例如《安全管理细则 100 条》《教育教学事故责任追究办法》《后勤服务事故责任追究处理办法》《总值班及校领导巡岗制度》等,通过安全管理来保障学校教育教学秩序的有效开展。

## 安全管理细则 100 条
## (2003 年)

为进一步加强学校安全管理,维护正常的教育教学秩序,防止学生伤害事故的发生,根据我校实际,制订本安全管理细则。

一、值班巡岗制度

1. 校领导巡岗制度:校领导每日巡岗一次以上,监管各岗位运作及处理问题,及时调整管理措施,确保学校良性运作。

2. 总值班巡岗制度:值班当天 24 小时不离开学校,负责常规 8 小时以外学校各岗位的监管,处理突发事件。

3. 教师晚间值班制度:按照《教职工值班暂行规定》执行。

4. 医生巡岗制度:每天第一节课时,值班医生负责各楼层的晨检工作,发现问题及时处理并做好登记。对生病学生诊断后,通知班主任,并负责联系生活组、膳食组对学生进行妥善安置。

二、家长联系制度

5. 与家长交接:每周一,从家长(或委托监护人)手中接过学生,了解学生在家情况,发给接送卡;每周五,将学生送到家长(或委托监护人)手中,并向家长反映学生在校情况,收回接送卡。若家长不接送,其自行回家的学生,则家长必须与学校签订保证书。班主任、生活老师必须认真填写学生接送情况登记表。

6. 班主任至少每两周给每位学生填写一次家长联系册,与家长(或监护人)互通学生情况,有特殊问题的学生应保持经常性联系。

7. 班主任应以家访、约见、电话、电邮等方式与家长保持经常性联系。

8. 每学期至少举行一次家长会。

三、学生人数清点细则

9. 各教学组于每周一(或开学日)上午 11:00 之前将《到校学生情况表》报教导处。

10. 交接时、排队时、活动前后,要清点学生人数。

11. 管理学生过程中定时清点人数。(室内活动每 20 分钟清点 1 次,户外活动每 10 分钟清点 1 次。)

12. 在范围较大和环境复杂的地方活动,要随时清点学生人数;临时带班老师要随时清点人数。

13. 生活组于每晚 6:30 之前清点全校住校学生人数,并报当日总值班。

四、交接工作细则

14. 班主任、代班教师与生活老师的交接

班主任将学生送回宿舍时,生活老师要清点学生人数并签名;班主任将学生从宿舍接出来时,也要清点学生人数并签名。

15. 班主任、代班教师与科任教师、代课教师的交接

上课教师必须提前进课堂。上课教师到教室核对人数后班主任方可离开;下课时,班主任到教室核对人数后,上课教师方可离开。(靠高组安排值日教师及学生。)

16. 带训练、带课外活动教师与班主任的交接

带训练、带课外活动的教师必须按时按点与班主任当面交接,并清点人数。

17. 交班老师必须整理好学生队伍,清点人数,填写《跟辅表》,主动向接班老师告知学生情况。

18. 接班老师清点学生人数,注意检查学生身体状况,主动向交班老师询问学生情况。

五、课堂安全细则

(一)常规课堂

19. 每节课的任课教师必须提前到教室与班主任进行交接,清点人数,了解学生情况,认真填写教学日志。学生发病、生病以及其他异常情况应记录在教学日志上。

20. 按各类课教学要求进行有组织地传授知识,开展教学活动。上课期间,教师不得以任何理由离开教室。

21. 课堂上随时注意观察学生的情绪、行为、身体等变化情况,预防突发事件的发生。

22. 学生在上课时如有身体不适,应及时找校医诊治,同时告知班主任,并由校医决定是否送医院救治,如需送医院,由班主任在第一时间内报告教导处,并通知家长,做好记录。

23. 课堂上如学生要离开课室大小便时,对行动不便、有行为问题的学生由教师看管(可请无课教师协助),原则上女同学需两位同时往返,互相照顾,5 分钟后如还不返回教室,教师要去查看,预防发生意外。

24. 教师要严禁学生玩耍小刀、剪刀等利器;要严禁学生玩耍教室的所有电器、开关及危险器件。

25. 教师在教学过程中发现教学安全设施有问题,要及时上报总务处维修,电工、校产管理员负责日常定时检查、维修。

（二）特殊课堂

26．特殊课堂包括体育课、文艺课、体能训练课、家政课、美工课、治疗课等。

27．有行为问题、精神状态不佳、肢体残疾、特殊疾病的学生不能参加危险的(如烹调等)、操作复杂的、体力耗损大的项目。

28．教师对学生进行正确使用康复器材的教育，在训练中教师需采取合理的安全保护措施。

29．在投掷类的体育课教学中，要划分好区域，组织好学生，谨防器械伤人。

（三）特殊病例学生的课堂处理

30．任课教师对特殊病例的学生，要掌握其生理特点，根据不同类型的课给予特殊照顾，科学安排内容。

31．癫痫、心脏病的学生禁止做激烈、过于疲劳的活动。其他特殊病例的学生根据医生意见做出相应安排。

32．教师随时注意察言观色，及时处理异常情况。

33．班主任要协同校医做好学生病历档案，对特殊学生要做好病情记录。

34．教师平时应注意观察学生的日常行为，有不良情绪、不良行为苗头的学生要做好教育疏导工作，并做好记录。较严重的情况及时报教导处或到心理康复组做心理辅导。

35．及时与家长沟通，征得家长同意后可采用一些矫治办法。及时向家长告知矫治的结果，听取家长意见。

六、课间安全细则

36．课间时，班主任、辅管教师、生活老师必须到岗，确保每一位学生都在教师监管范围之内。聋高组可由值日同学负责各班课间秩序，并安排两名值周教师负责巡岗，确保学生安全。

37．学生上厕所原则上必须由2名同性学生结伴而行(聋班高年级学生除外)。

38．转移地点进行活动时，必须排好队伍，清点人数方能行走。

39．行走时，严禁追跑、打闹，上下楼梯靠右行。

七、劳动安全细则

40．劳动前对学生进行操作安全教育，规范使用劳动工具，制止学生爬高、跳低、打闹，预防意外事故的发生。

41．对参加劳动的学生要进行评估，有能力者才可安排劳动。

42．对严重行动不便的学生，不安排拖地、抹窗等劳动。

43．在有老师监护的情况下，靠走廊内的窗可由能力强的学生清洁，靠外墙的窗、防盗网之类，不得安排学生清洁。

八、活动安全细则

44．活动包括校内活动和校外活动。校内活动包括早锻炼、文艺、体育活动、课外活动和训练活动。

45．活动负责教师必须到位，组织好学生，清点好人数，有序地安全地进行各项活动，且学生必须在负责教师的视线范围内。如出现受伤等意外情况，立即送校医室并报班主任及教导处。

46．组织校内大型活动或校外活动，要指定专人进行安全检查和巡视。活动计划中须有安全巡视员。

47. 活动的组织者先要对活动进行安全系数的评估,对参与各项活动(尤其是大型活动或激烈体育活动)的学生要重点评估审核,不能参加者要另作安排。

48. 组织学生外出活动前,必须先向学校提交方案,经审批同意,重大活动必须征得家长签名同意后可进行,必要时为学生统一购买保险。

49. 对旅游公司的营业执照及信誉一定要审核,租用的车辆必须是经交通管理部门审验合格,且具有营运资格。

九、宿舍安全细则

50. 生活老师要确保宿舍用电用水安全。

51. 生活老师检查学生的晚睡情况,对于夜间发病的学生要及时请值班医生诊治。把患有癫痫、心脏病等特殊疾病的学生尽量与生活老师安排在同一宿舍。

52. 晨起和午睡后起床时,生活教师要仔细检查学生情况,并做好记录。

53. 学生冲凉、洗衣要在生活老师、值班教师的监管下进行。生活老师要随时检查水温,预防事故发生。对行动不便的学生,生活老师要帮助指导其冲凉、洗衣。洗涤用品在使用后由生活老师统一放置好,防止学生吞食。

54. 学生衣物清洗后要在生活老师的监管下进行脱水和晾晒。由生活老师或值班教师亲自操作脱水机,禁止学生操作(聋班高年级学生除外)。晾晒时要求学生用衣叉挂取衣物,禁止学生攀爬防盗网挂取衣物。

55. 学生生活用品要定时整理和检查,发现不健康书籍、光碟、刀具、电器等危险物品以及贵重物品(如手机等),要及时没收并处理。

56. 生活老师要把消毒水、洁瓷净等化学物品放置在抽屉或柜子里,并及时上锁,严禁放置在学生可以拿到的地方。

57. 严禁在学生宿舍内吸烟、点蚊香(明火)、用电炉。

58. 视频管理员要认真履行工作职责,发现问题及时处理,并做好记录。

十、就餐安全细则

59. 班主任、辅管教师、生活老师必须组织好学生每日就餐。

60. 由班主任负责将学生用汤和粥端到学生用餐区。(聋高班可安排有能力的学生负责)

61. 由教师和学生负责组织好学生就餐时的排队秩序。

十一、突发事件处理细则

62. 学生出现暴力行为或狂躁情绪时,在场教师首先要疏散周围的学生,保护第三者不受伤害,如出现伤害第三者的行为,要在尽可能减少伤害的原则下果断制止,并安抚学生的情绪,在学生的情绪没有稳定前,要有教师监护,防止事态恶化。

63. 学生突发疾病或身体受到伤害(如滑到、跌伤、擦破、碰伤)时,在第一时间通知校医,立即验伤,做好伤病处理。

64. 学生出现青春期异常行为时,了解详细情况,有必要时由校医及时检查学生身体,做好各项护理工作。

65. 学生出现偷窃等违纪行为时,班主任要先了解事件起因、过程,及时联合家长对不良行为进行品德教育,并写出一份书面报告上交教导处存档。在尊重学生人格,保证学生人身安全的前提下,保护好现场,及时上报学校,由学校通知家长。

十二、易发疾病处理细则

66. 校医定期对教师、生活老师开展易发病及突发病的处理及急救方法的培训和指导,每位老师必须掌握过关,并检查监督。

67. 每日24小时安排校医在校值班,确保学生有突发疾病时可以在第一时间找到校医。

68. 在处理学生病情时,校医要做详细的检查并向班主任或生活老师了解情况,根据学生病情及学校医疗设施作出合适的处理或送医院治疗,并在病历详细记录,定时跟踪,饭堂根据实际提供病号餐。

69. 对学生需服用的、自带的药品必须由校医统一检查,决定是否服用。

70. 对患有流行病、传染病、心脏病的学生,经医生诊治,不适宜过集体生活者,应先在家(或医院)治疗。经医生评估,符合入学要求的,再办理入学手续。

十三、财产安全细则

71. 财产安全包括办公室、班级、功能教室、学生宿舍、食堂以及体育设施等安全。

72. 无关人员不得擅自进入办公室、教室、学生宿舍、食堂;离开时,必须将所有电源关闭,并锁好门窗。

73. 严禁学生和非食堂工作人员擅自进入食堂操作间。

74. 对功能教室以及各类设备设施的使用,需提前与有关责任人申请,经同意后方可使用,并严格遵守相关规定,确保学生的安全。

75. 使用各项设备设施时,须先检查其状况,无安全隐患时方可使用,并注意加强对学生进行安全教育。

76. 对各项设施定期进行安全检查和维护,发现问题及时与有关部门联系解决。

十四、特殊天气的处理细则

77. 遇到天气突然变化,要随时给学生增、减衣服。如学生没有衣物,立即通知家长送衣物,在家长没送到前,先借同学的衣服更换。

78. 遇到风雨天气,必须关好门窗;老师、清洁人员随时将湿滑地面拖干;通道铺设防滑胶垫。

79. 遇到台风、雷暴天气,必须关好门窗,停止一切户外教育教学活动。

十五、车辆安全管理规定

80. 司机每天对所负责驾驶车辆进行常规安全检查,发现问题,及时维修,并定期按要求到指定厂家进行安全检测和维护保养,严禁故障车或问题车上路。

81. 司机应严格遵守交通安全法规,严禁酒后驾车,严禁开疲劳车,由此造成的一切后果,由司机本人承担。

82. 车辆按要求停放在车库指定位置,不得随意乱停;私家车、摩托车、自行车等需停放在学校指定位置。

83. 申请使用车辆,按有关程序办理;未经许可,司机不得随便出车。

十六、校园交通安全细则

84. 为确保学生安全,外来车辆原则上不得进入校园。

85. 所有机动车在校园内限速 15 公里/小时,不得与行人抢道。

86. 学生在校园马路上要排队靠右行走,并由班主任或教师陪同。严禁学生在马路上追跑、打闹、做游戏等。

十七、学生乘车安全细则

87. 学生乘车必须有班主任、其他辅管人员或家长照顾,并事先在指定区域排队站好。

88. 学生乘车必须服从有关人员的安排,按顺序上下,不得拥挤,班主任或辅管人员负责维持好秩序,严禁超载。

89. 学生乘车时应抓好扶稳,不得将头手伸出窗外,不得在车上打闹;车未停稳,禁止学生上下车。

90. 禁止学生骑机动车或自行车上下学。

十八、门卫安全管理职责

91. 严格履行门卫值班职责,确保 24 小时有人在岗;

92. 严格执行外来人员入校登记制度,对可疑人员进行询问、盘查;严禁推销、摊贩、捡垃圾等人员私自进入学校。

93. 严禁学生自行走出校门。平时学生出校门,必须由教师(或监管人)陪同或凭学生出入通行证;周五放学,自行回家的学生,经验明证件、核对照片后方可放行。

94. 遇特殊情况不能处理,需及时请示办公室或总值班。

十九、教师辅导学生细则

95. 学校鼓励教师在业余时间对学生进行辅导,提高学生的综合素质。

96. 禁止男教工进入女生宿舍;严禁教职工在任何时间、以任何理由将学生单独带出校外。

97. 教师利用课余时间对学生进行一对一的辅导训练,需提交训练计划,报主管处室批准。

二十、学生晚自习安全细则

98. 值班教师负责带学生到教学楼上晚自习,来回要整队清点人数,谨防学生中途离队。

99. 值班教师负责维持晚自习秩序,注意学生健康状况,发现学生生病,应及时找校医诊治;遇紧急情况不能处理,应在第一时间向当天总值班汇报。

100. 学生不得穿拖鞋上晚自习,防止跌伤。晚自习期间,学生不得无故离开教室,其他教职工也不得随便将学生带走,值班老师应做好值班记录,以备查验。

总之,《规章制度》对学校各项事务加以规定,体现了学校的办学宗旨、办学理念以及办学特色。不仅考虑到学校的内部发展需要,也考虑到了应对社会变化发展的需求;不仅为特殊学生的健康成长服务,为教育教学工作的有效开展服务,同时也为学校的长远发展奠定基础,充分体现学校依法治校、民主关爱的管理方式。

### 三、行为规范

行为规范是在现实生活中根据人们的需求、好恶、价值判断而逐步形成和确立的,是成员在活动中所应遵循的标准或原则。由于行为规范是建立在维护秩序的基础上的,因此对全体成员都具有引导、规范和约束的作用。深圳元平特殊教育学校为了提升特殊教育教学质量,帮助特殊学生养成良好的行为习惯,不但从总体上规定了教职工的行为规范,而且制定了家长及学生的行为规范。

（一）教职工行为规范

教职工的行为在一定程度上会影响学生的行为。深圳元平特殊教育学校为了发挥教职工在学校中的隐性教育作用,体现"服务育人"的价值理念,将学校的教育教学工作渗透到每一个细节,非常重视教师的外在形象以及内在精神状态对特殊学生的影响,因而,对教师、学校行政人员等的行为作了相关的规定,为学生的行为提供榜样,为教学工作的有序开展提供保障。

对教职工的行为规范的规定包括对教师、行政人员、后勤人员的仪表仪态、工作职责、考勤请假、职业道德等方面的规定。为体现教师"教书育人"的价值及行政人员"管理育人"的作用,根据教职工工作的实际对教职工的职责作了要求,以规范教师的教学行为,不断提高学校的教学水平、管理服务水平。相关的规定包括《行政管理人员工作规范》《图书管理员职责》《生活管理员职责》《档案工作者职业道德准则》《教师职责》《教职工道德要求"十不准"》《班主任工作常规"九个一"》等。

## 教职工职业道德要求"十不准"
## （2003 年）

1. 不准参加邪教组织和不健康的娱乐活动,不准宣传封建迷信或伪科学,不准组织和参与非法游行或罢课。

2. 不准做有损集体荣誉和不利于同志团结的事。

3. 不准歧视、挖苦、侮辱、体罚或变相体罚学生。

4. 不准敷衍塞责学生,不准上无准备的课。

5. 不准以任何理由、任何形式接受、索要、借用家长的金钱或贵重物品,不准指责、训斥学生家长。

6. 不准在工作时间利用网络聊天、玩游戏、看音像制品等做与学校工作无关的事,不准利用工作之便谋取私利。

7. 不准迟到、早退、"开天窗"、中途离开教室。
8. 不准携带手机、BP机等通信工具进教室上课。
9. 不准穿超短裙、背心、短裤、拖鞋上班或值班。
10. 不准在校内公共场所吸烟,不准酗酒。

以上"十不准"向学生、家长、社会作出公开承诺,并接受家长、学生、社会的监督。教职工遵守职业道德情况纳入年度考核评估,凡违反以上规定,不得参加评优评先,年度考核不得评为优秀;情节较为严重者,年度考核为基本称职或不称职;情节特别严重或拒不改正、造成恶劣影响者,予以辞退;构成犯罪的,依法追究刑事责任。

(二) 家长行为规范

家长对孩子行为的养成具有较大的影响。由于学生的特殊性,深圳元平特殊教育学校允许部分程度较重、无法自理的孩子的家长进入学校。而这部分家庭辅教人员的行为不仅仅会影响自己的孩子,也会对其他孩子的行为造成影响,因而,学校对家庭辅教人员实行统一管理,出台《家庭辅教人员入校行为规范》,用来规范他们的行为,确保学校教学工作的顺利开展,为特殊儿童健康规律的生活、文明行为的养成创造良好的环境。

深圳元平特殊教育学校为了使教育要求保持一致性,要求家长遵守教育部及全国妇女联合会颁布的《家长教育行为规范》,以健康、科学的思想,正确的家庭教育观念,合乎道德规范的言行举止,以德育人的思想来教育、养护特殊儿童,配合学校教育工作,为孩子的成长营造积极乐观的家庭环境,帮助孩子养成良好的行为习惯。

## 家庭辅教人员入校行为规范
### (2006年)

为进一步加强家庭辅教人员入校后的行为规范,保证教育教学工作的有序开展,特制订本规范。

一、家庭辅教人员入校的条件和程序

(一) 入校条件

1. 符合国家用工规定。
2. 身体健康,无传染性疾病。
3. 对待残疾儿童有爱心和耐心。

(二) 入校程序

1. 需家辅人员入校的学生家长应及时到教务处填写《家庭辅教人员登记表》，并提供家辅人员的身份证复印件等相关证明材料。

2. 医务室统一安排新到校的家庭辅教人员，到相关医院进行胸透、肝功能和乙肝两对半等相关检查，体检费用自理。原住校家庭辅教人员每两年定期体检一次。

3. 学校根据实际情况和《家庭辅教人员登记表》，以及家辅人员的体检结果，决定是否同意其作为家庭辅教人员进入学校。

二、家庭辅教人员的行为规范（细则）

1. 遵守学校的规章制度，服从学校统一管理。关爱学生、细心照顾学生的学习和生活。保持与班主任的交流和沟通，如发现问题，应及时向班主任老师和学校主管部门反映。

2. 协助学生遵守学校的作息时间，不得迟到、早退和旷课。学校对家辅人员的考勤情况进行监督，对严重违反考勤制度的家辅人员，学校有权告知学生家长，并作出相关处理。

3. 需在教室陪同学生上课的家辅人员，在课堂上不能做与教学无关的事情，如织毛衣、看报纸杂志等；禁止家辅人员之间在上课期间闲谈聊天；要协助学生积极配合任课教师的教学活动，不能随意插话或打断教师授课，如有疑问或不同意见，课后再与教师进行沟通；当学生违反课堂常规时，应及时纠正，不能放任不管。

4. 无须在教室陪同学生上课的家辅人员，上课后要及时离开教室，不能在教室门口逗留，到指定地点活动或休息。不能在学校公共场所聚众聊天，违反学校的教学秩序。下课后，应回到学生身边，照顾学生。

5. 课外活动时间，家辅人员应带学生跟随班上的老师同学一起活动，不能擅自带学生离开。如有特殊情况，应向班主任老师说明后，方可离开。

6. 遵守宿舍作息时间及相关的规章制度。上课时间不能擅自带学生返回宿舍，如有特殊原因，需与班主任和生活组事先说明方可回宿舍；不能私自带学生离校，如有特殊情况时，须得到班主任、生活老师以及家长的同意后，方可离校。带学生居住在外的家辅人员，应同学校主管部门、班主任以及家长签订一式三份的安全协议书，负责学生在外的一切安全。

7. 不得私自带学生到教室上晚自习。如有需要，应在学期开始向班主任教师说明原因，并提出请求。经学校研究批准后，方可在晚自习期间进入教室。要保持教室的干净整洁，严格遵守作息时间。晚自习结束后整理好教学用具，关闭教室门窗和电源，按时回宿舍作息。

8. 举止文明，着装简洁大方，不得穿吊带背心、超短裙以及拖鞋等衣物。家辅人员之间要和谐共处。

9. 遵守食堂就餐秩序，不得占用学生的食物。爱护学校的环境及公共设施，损坏公物需照价赔偿。

10. 严禁体罚学生。如有体罚或变相体罚学生、侮辱学生、干扰学校教育教学秩序等行为，情节轻微的，学校和家长对其进行批评教育；情节较为严重的，学校请家长更换家辅人员；情节严重构成犯罪的，学校将协同相关部门依法追究其刑事责任。

请家长配合此规范的具体实施,做好相关监督工作,发现问题应及时向学校和班主任教师反映。本规范自即日起执行,解释权归校务委员会所有。

### (三)学生行为规范

学校教育的目的是帮助特殊学生健康成长、增长知识、提高能力,为其能够获得职业、融入社会生活奠定基础。因而,在对教职工、家长的行为作出规定的同时,也对学生自身的行为作出规定,以帮助学生适应集体生活,养成健康科学的学习习惯、生活习惯,塑造文明的言行举止。这些规定主要包括《听障教育部、视障教育部学生日常行为规范细则》《智障教育部学生日常行为规范细则》《学生日常行为规范细则实施办法》《学生兴趣小组纪律》《学生课间纪律》《学生作业要求》《学生考试规则》《学生课堂常规要求》等。

## 学生日常行为规范总则
## (2003年)

1. 热爱祖国、热爱学校、关心集体、关爱同学。
2. 遵守国家法规,遵守社会公德,全面发展,努力为学校争光。
3. 自尊、自爱、自强,勤奋学习,奋发向上。
4. 注重仪表,尊敬师长,使用礼貌语言。
5. 树立"安全第一"的观念,严格遵守学校的各项规章制度。
6. 坚持锻炼身体,积极参加有益的文体活动。
7. 诚实守信,认真履行职责。
8. 爱护校园环境,珍爱公共财产,节约水电资源。
9. 热爱生活,热爱劳动,生活俭朴,乐观向上。

总之,学校制订行为规范的目的不在于约束人,而是通过各种规定来促进育人目的的实现。深圳元平特殊教育学校的行为规范的设置处处体现"人文关怀"的精神,有利于帮助特殊学生养成良好的行为习惯、健康的生活方式、积极乐观的生活态度,使特殊学生可以适应集体生活,建立正确的人生观、价值观,为其达到教育康复目标提供条件,为其回归、融入社会奠定基础。

# 第 4 章  办学人员

　　特殊教育学校的建设离不开人力、物力、财力的支持,尤其是人的因素。深圳元平特殊教育学校作为国内一所规模较大的综合性特殊教育学校,已经拥有了较为完善的办学人员队伍,这体现在办学人员的基本构成、素质要求、角色定位及专业发展等方面。在基本构成方面,深圳元平特殊教育学校教职员工结构分布逐渐均衡;在素质要求方面,学校的管理人员、教学人员和后勤人员都具有较高的素质;在角色定位方面,学校的办学人员逐渐形成了身份多元、功能多元和发展多元的格局;在专业发展方面,学校提供政策支持、成长平台,并鼓励自我反思,以人员成长推进学校的长足发展。

## 第 1 节  基本构成

　　特殊教育学校办学人员的基本构成可以反映出学校的人员支持策略,如数量的多少可以体现已有的人员规模。深圳元平特殊教育学校办学人员数量充足,队伍结构分布渐趋合理,为学校的发展提供了充足的人力资源。

### 一、数量状况

　　深圳元平特殊教育学校内设 6 个处室(办公室、教务处、学生处、科研处、总务处、安全办),4 个教育教学部(听障视障教育教学部、智障教育教学部、康复教育教学部、职业教育教学部)。截至 2016 年,学校有教职员工 427 名,其中专任教师有 245 名。教职员工按照不同的职业功能来分,有教师、行政教辅人员、班级辅助管理员、学生生活管理员、其他人员等。

### 二、结构分布

　　深圳元平特殊教育学校人员队伍整体结构分布较为合理,较好地满足了特殊学生培养的需求,并呈现出良好的发展趋势,这主要体现在年龄结构、学历结构、教师职称、专业结构、专业技术等方面。从年龄结构上看,学校以中青年教师为主,他们具有丰富的教学经验,且对工作充满热忱;从学历结构上看,专任教师中本科学历占较大比例,整体学历水平达到了较高层次,为学校的发展提供了专业化的师资队伍;从教师职称方面看,2016年学校高级职称占30%,中级职称占60%;从专业结构上看,教师专业背景多元,既有特殊教育专业的教师,也有普通师范类其他学科专业以及音体美等专业背景的教师,多样化的学科背景满足不同类型学生的需要,使教师充分发挥自身的优势;从专业技术方面看,学校要求教师必须具备任教学科教师资格证才能上岗执教,且有部分教师还具有多项学科教师资格证,能胜任多门课程的教育教学工作,教师技能的多样化为充分满足不同学生需求提供有利条件,也为学校打造高品质的教育教学队伍打下了扎实的基础。

## 第2节 素质要求

素质要求是对从事某一工作职位人员的基本要求。具体来说,素质要求包括基本素质和岗位要求两方面的内容。其中基本素质主要是指职业道德素质、科学文化素质、专业素质和身心素质。岗位要求主要是指具体职责要求。学校办学人员主要包括管理人员、教学人员和后勤人员,因此,素质要求也是从这三类人员着手。深圳元平特殊教育学校经过二十多年的发展,其办学人员队伍逐步完备,且以规章制度的形式将每类人员的素质要求规范化。

### 一、基本素质

素质是事物本来的性质。人的素质有广义和狭义之分。狭义的素质是生理学上的概念,是指个体先天的解剖生理特点,主要指神经系统、脑以及感觉器官和运动器官的特点。广义的素质则包括人的性格、毅力、兴趣、气质、气宇、风度等心理品质,包括后天的文化修养水平等。综合来说,人的素质是指先天素质通过后天的环境和教育获得的基本品质。[①] 特殊教育学校办学人员的素质是指特殊教育学校办学人员(包括管理人员、教学人员和后勤人员)应该具备的从事相应工作所必需的身体和心理等各方面的素质,具体而言,主要包括职业道德素质、科学文化素质、专业素质和身心素质。

---

① 萧宗六.学校管理学[M].北京:人民教育出版社,2001:298.

## （一）职业道德素质

职业道德,就是同人们的职业活动紧密联系的符合职业特点的道德准则、道德情操与道德品质的总和。职业道德不仅是从业人员在职业活动中的行为标准和要求,而且是本行业对社会所承担的道德责任和义务,它是社会道德在职业活动中的具体化。[①] 总的来说,职业道德包括爱岗敬业、诚实守信、办事公道、服务群众、奉献社会,是道德在职业实践活动中的具体体现。特殊教育学校办学人员的职业道德素质主要指的是学校管理人员、教学人员和后勤人员在履行其职责时必须遵循的行为规范和行为准则的总和。

### 1. 教学人员

一支优秀的特殊教育教师队伍是特殊教育学校发展的中坚力量,是特殊学生发展的重要保证。[②] 为促进特殊教育教师专业发展,建设高素质特殊教育教师队伍,教育部特印发《特殊教育教师专业标准(试行)》[③],该标准是国家对合格特殊教育教师的基本专业要求,是特殊教育教师实施教育教学行为的基本规范,是引领特殊教育教师专业发展的基本准则,也是特殊教育教师培养、准入、培训、考核等工作的重要依据。《特殊教育教师专业标准(试行)》中要求特殊教育教师要树立师德为先、学生为本、能力为重、终身学习的基本理念,并从专业理念与师德、专业知识、专业能力三方面明确规定特殊教育教师应具备的专业素养。因此,作为一名特殊教育学校的教学人员应认真学习并严格遵守《特殊教育教师专业标准》,并且遵循《教师职业道德规范》,做一名爱国守法、爱岗敬业、教书育人、关爱学生、为人师表、终身学习的新时代特殊教育教师。

### 2. 后勤人员

学校的后勤人员包括食堂工作人员、司机、图书管理员、生活管理员、门卫、校医等,他们在学校的建设过程中具有重要作用。学生在学校的衣、食、住、行等与后勤人员的工作密切相关,后勤工作与学校里所有人的生活和学习密不可分。后勤人员的工作目的在于构建和谐校园,而后勤服务的最终目的是为学校的发展服务,为教学科研服务,为师生学习、生活服务。[④] 因此,后勤人员的职业道德素质与特殊教育学校的办学有着莫大的关系,尤其是当他们服务的对象

---

① 黄建行,雷江华.智障学生职业教育模式[M].北京:北京大学出版社,2011:119.
② 兰继军.论西部特殊教育教师的素质及其提高策略[J].中国特殊教育,2004(7):65.
③ 中华人民共和国教育部.教育部关于印发《特殊教育教师专业标准(试行)》的通知.http://www.moe.edu.cn/srcsite/A10/s6991/201509/t20150901_204894.html[EB/OL].2015-8-26.
④ 杜必文.刍议学校后勤管理人员素质的提高[J].赤峰学院学报(自然科学版),2011,27(6):213.

是一群特殊学生,对他们的责任心、事业心、工作热情和奉献精神等要求更高,也就是对他们的职业道德要求更高。

3. 管理人员

任何机构或者单位的运作离不开管理机制,而管理机制的运行离不开核心因素,即人的作用。管理人员是学校工作的管理者、组织者和实施者,是学校一切事务的重要调配力量,在学校的建设和发展过程中起到了至关重要的作用。管理人员素质的高低将直接影响管理水平和工作效率,也将进一步影响整个学校的管理和运作水平。学校管理人员的职业道德素质是学校管理人员应具有的整体素质中极为重要的方面。高尚的职业道德是特殊教育学校管理人员的根本标志之一,是学校管理人员完成各项管理任务的有效保障,对坚持学校各项管理工作的正确方向,保证工作质量,促进学校事业的发展和管理人员的自我完善具有重要的作用。[1]

(二) 科学文化素质

科学文化素质是指人们在科学文化方面所应具备的较为稳定的、内在的基本品质,是社会对每个人的基本要求。科学文化素质直接影响着特殊教育学校各项工作的展开,是学校办学人员的基本品质。

1. 教学人员

作为教学人员,教师需要具备广博的知识,以满足学生多样化的发展需求。首先,教师应掌握学科教育学、教材教法等教育学知识,把握教育学理论和教育规律,能根据学生的具体情况进行教育教学活动。其次,教师要掌握一定的心理学知识,尤其是作为一名特殊教育学校的教师,教学对象的特殊性也要求教师掌握特殊儿童心理学相关的知识,了解各类特殊学生的心理需求及其发展特点,这样才能因材施教。

2. 后勤人员

后勤人员种类较多,因此,他们除了掌握基础的科学文化知识外,还应该具备与本职工作内容相关的一些知识。如学校的医务人员必须掌握全面的医疗知识,生活管理员需要了解学生的基本特点,图书管理员需掌握学校图书馆计算机的管理操作系统等。

3. 管理人员

首先,管理人员应具备胜任本岗位工作的业务知识和工作技能,这是进行

---

[1] 唐燕玉.学校管理人员的职业道德特点和建设[J].安徽教育学院学报,1994(4):96.

相关工作的必要前提。其次,管理人员还需掌握与管理相关的知识,这是作为一名管理人员必须具备的内容。最后,管理人员还需掌握教育学、心理学及相关学科的理论知识。特殊教育学校是为有特殊教育需要的学生服务的,管理人员应该掌握与特殊教育相关的一些知识,以更好地胜任自己的本职工作。

（三）专业素质

专业素质是指一个人为了顺利从事某种具体的实践性活动所必须具备的特殊品质,既包括基本的专业知识,也涵盖了各种专业技能。专业素质是一个人从事相关职位必备的素质,也是其职业发展必不可少的条件。

1. 教学人员

《中华人民共和国教师法》规定"教师是履行教育教学职责的专业人员",专业人员地位的确定意味着专业化的发展成为教师职业生涯的核心因素。我国2011年修订的《残疾人教育条例》第37条明确规定"国家实行残疾人教育师资资格证书制度",这实际上为特殊教育教师向专业化发展提供法律保障。[①] 特殊教育教师专业化发展是特殊教育发展的趋势,是对特殊教育教师迫切的要求。

毕书慧指出,提高教师队伍的整体素质,打造一支具有专业化水平的特殊教育教师队伍是提高基层特殊教育学校教师素质的重要途径。基层特殊教育学校教师专业化发展的基本内容包括:多样化、复合性的专业化知识;心理调适能力和解决实际问题的能力;较高的科研意识和科研能力。[②] 概括来说,专业化的知识结构、能力结构是特殊教育教师专业化发展的基础。首先,特殊教育作为一门交叉学科,要求教师具备教育学、心理学、医学、社会学、语言学等众多学科的知识,并需要从各相关学科中汲取营养,只有这样,才能在实际教学中达到提高特殊教育教学效果的目的。[③] 例如,针对视障学生的教育,教师需掌握盲文和定向行走的技能,听障学生的教育则需要教师具备手语技能,等等。其次,特殊教育的"特殊"体现在其对象的特殊性上,特殊学生具有较大的个体差异,存在着许多不可预测的因素。因此,特殊教育教师必须具备解决实际问题的能力,这也是其专业化发展的主要影响因素。此外,特殊教育教师还需要具备较高的教育教学能力和科研能力,这些都是教师专业化发展的重要内容。

---

① 陈小饮,申仁洪.试论我国特殊教育教师专业化发展[J].重庆师范大学学报(哲学社会科学版),2008(3):119.

② 毕书慧.基层特殊教育学校教师的专业化发展[J].教育理论与实践,2011(4):32.

③ 毕书慧.基层特殊教育学校教师的专业化发展[J].教育理论与实践,2011(4):32.

2. 后勤人员

学校后勤工作中,因服务人群比较特殊,其责任感、事业心、工作热情、奉献精神是十分重要的。后勤人员不仅与教师交往频繁,与学生也有着密切的联系,因此,后勤人员必须具备较高的专业素质,以胜任自己的工作岗位。具体来说,后勤人员的专业素质主要是指他们要具备良好的能力素质,即他们知识、智慧和技能的总和。能力素质是后勤人员在履行其职责时的必备素质。学校的后勤人员种类多,他们的专业素质各不相同。如医生需要具备作为一名医生的能力要求,餐厅工作人员必须了解餐厅的一切事务,保安需对安全问题具有敏感性等。因此,后勤人员的专业素质因职业性质的不同而存在一定的差异。

3. 管理人员

管理人员是特殊教育学校的重要参与者,对学校的长期发展起到了导向性的作用。一所学校的组织水平和工作效率会直接影响到学校的整体质量,而学校管理队伍和管理人员素质的好坏在很大程度上又决定了这个学校的管理水平和工作效率。因此,充分发挥管理队伍的作用,提高管理人员的素质,是提高学校管理水平和工作效率的关键。①

佩德勒(Pedler)和博伊德尔(Boydell)②等人依据相关调查及研究,将成功的管理人员应具备的素质总结归纳为 11 种,分别为:基本的组织知识;对相关事件的敏感程度及持续关注能力;与职业相关的知识;社会性技能;判断、分析和决断能力;以长期眼光处理短期内突发事件的能力;情绪弹性;头脑聪敏;创造能力;自我知识;学习能力。这些都是管理人员必备的专业素质。

巴彻(Butcher)和哈维(Harvey)基于他们长期从事管理人员开发实践的经验,指出存在一种左右、支持管理人员知识及其他技能得以有效发挥的能力——元能力(Meta-ability),元能力包含着认知能力、情绪弹力、自我认识能力及个体发展动力四方面。认知能力包括认知的灵活性、复杂性和对复杂人际关系的认知能力,这会影响到管理人员是否能深入系统地分析问题、审时度势以及认清所处形势;情绪弹力指能否有效控制自己的情绪和情绪冲动的能力,将决定管理人员能否调节情绪、面对困境和压力及保持心态的平衡。自我认识能力指的是能否以第三方的眼光客观地看待、认识自己,明确自身的价值观、动机以及自身与他人在各方面能力和素质上的差异。个体发展动力主要指自我

---

① 张振霞. 加强建设行政管理队伍,提高行政管理人员素质[J]. 华章,2012(2):61.
② Mike Pedler, John Burgoyne, Tom Boydell Maidenhead. A Manager's Guide to Leadership[M]. UK: McGraw-Hill, 2004.

激励的能力以及面对成功的正确态度,包含承担风险、责任等。个体发展动力促使管理人员精力更为集中,并且可以有效激励他人,共同实现目标。[①] 这四项元能力既是对管理人员的要求,也是管理人员长期发展所需要具备的。

### (四)身心素质

身心素质,即身体素质和心理素质。身体素质是所有其他素质结构的基础,是指健康的身体状态,即健全的生理结构、健壮的体魄、良好的身体机能。心理素质则是指具有良好的心理品质,能够以积极乐观的心态面对工作中纷繁复杂的状况,能够调节情绪、拥有积极健康的人生态度等。特殊教育学校是面向特殊学生的,教育对象的特殊性和差异性使得办学人员在日常的工作过程中将会面临各类突发状况。因此,特殊教育学校的办学人员需要具备良好的身心素质来面对日常工作,尤其是良好的心理素质。

此外,特殊教育一直深受社会多方面因素的影响,尤其是社会对特殊教育存在的偏见和不理解,更容易对特殊教育学校办学人员的心理健康造成损害,这对学校办学人员的心理素质提出了更高的要求。首先,他们需要接纳特殊学生,能够以一颗积极平和的心态包容特殊学生,能够理解特殊学生的"特殊"之处。其次,他们需要有乐观的心态,对特殊学生怀有信心,相信他们通过长期的教育能够得到改善和提高。尤其是教师要对自己的教学怀有信心,对学生充满期待,以赏识的目光看待特殊学生。

## 二、岗位要求

岗位要求,即从事某一岗位所必须具备的一些基本条件,包括年龄、专业背景、相关工作经验等。首先,在从事某一岗位的工作前,必须具备一定的条件。其次,在从事某一岗位的过程中必须符合岗位职责的要求。这里重点探讨的是职责要求。

### (一)教学人员

学校对教学人员的岗位要求有具体的规定,且针对教师的不同角色有不同的岗位要求。如作为一名任课教师,需要遵守教学常规的"十个一",且有相应的教学工作要求;作为一名班主任,有相应的工作常规"九个一"的要求;而作为一名研究者,有相应的教研工作要求。

---

① 吕娜.企业中层管理人员素质测评研究——基于ZHD公司中管理人员招聘的素质测评研究[D].大连:大连海事大学硕士论文,2012:8.

1. 教师角色

教师是教学人员最基本的角色,作为教书育人的教师,学校有相应的教学常规和工作要求。听障视障教育教学部、智障教育教学部、康复教育教学部和职业教育教学部所有的教师都一样,都需要遵守学校相关的规章制度,如《教师教学常规"十个一"》《教学工作要求》等。

## 教学工作要求
### (2003年)

教师的主要任务是教学,教学常规是对教师教学活动的基本要求,是教学活动得以提高的重要保证,也是检查教师教学工作的重要依据,每个教师都必须认真执行。

1. 制订教学计划

每学期第一周内教师在分析上学期教学情况和本学期学生状况与教材特点的基础上制订本学期教学活动进度和计划,教学计划包括:学生状况,本学期教学目标、教材重点、难点、教学主要方法措施,评估安排、课外活动、教改教研等,一式两份,自留一份,送教导处备查一份。

2. 备课

个人备课要做到六备:备大纲、备教材、备学生、备教法和学法,备教学手段和教具,备作业练习。要以课时为单位,写出教案。

教案要求:

(1) 课时

(2) 授课时数

(3) 教学目的要求

(4) 教学过程、步骤、方法

(5) 板书设计

(6) 教学手段与教具

(7) 实验操作

(8) 作业布置及课后小结

教案应详略得当,要求完整、系统、简明实用,有特色。一般要求教师写详案,经学校认可教案过关的教师,可写简案。

3. 讲课

(1) 有明确的教学目的,善于抓住教学重点,突破难点。

(2) 巧妙导入新课,激发学生学习兴趣,活跃课堂气氛。

(3) 充分运用教师为主导,学生为主体,训练为主线的启发式教学方法,培养和发展学生能力,形成一套有效的教学方法。

(4) 教学组织严密,条理清楚,循序渐进。不能出现知识性错误。

(5) 贯彻育人原则:管教管导,重视课内德育、美育渗透及学生行为规范的养成训练,贯彻直观性原则,注重演示与示范,贯彻实践性原则,重视学生动手能力培养,立足提高教学质量。

(6) 用普通话教学(英语教师尽可能多用英语教学),语言生动,感染力强。板书工整清晰规范,各种教具、仪器使用正确、熟练。

(7) 不迟到,不早退,不拖堂,不提前下课。

4. 作业

(1) 学生作业有课内和课外两种,学生作业是教学工作的重要组成部分,要认真对待。教师布置作业时,要把作业的目的、要求和完成时间交代清楚,对作业格式要有明确统一规定;并严格检查纠正。

(2) 作业分量、难易要适当,有典型性和代表性习题,使学生可以举一反三,触类旁通,对不同学生可以布置不同的作业。

(3) 各科作业应有一定的数量。

(4) 教师必须按时收作业,及时批改作业,及时发还作业。一般情况下,作文必须在下次作文前批好、发放。其他科作业应在下次新课前批好发回。作文、作业可全收全改,也可作重点批改或面改,但一定要认真负责,真正有利于提高教学质量。

(5) 要重视作业收缴和讲评。对无故缺交或抄袭作业或作业马虎的学生要登记,及时教育,必要时可责令其补做或重做,达三次者向班主任反映扣操行分,并通知家长共同教育。对作业共同性错误要认真讲评,并要学生对错误予以更正。

5. 辅导

(1) 教师有责任利用课内外时间对学生进行辅导,指导学生复习,做作业,解答疑难。

(2) 加强分层和个别辅导,对成绩不同层次的学生,教师应有计划、有组织地开展辅导,平时学生提出问题,教师应耐心细致地解答,对成绩差的学生更要热情指导,重点帮助。

(3) 学科的培优补差必须以年级或科组为单位去组织,先做出计划再与学校商量,按确定方案实施。

6. 测验考试及评估分析

(1) 测验考试是检查学生学习成绩的重要方式,各科应认真命题。命题水平直接反映老师的业务水平和教学能力,命好题对提高教学质量有重要作用,同时教师要严格执行测考有关规定,才能收到好的效果。

(2) 各科单元测验由各科命题,原则上在本课内或调课进行。

(3) 期末考由教导处组织安排。

(4) 每次测考后教师要及时评卷、登分,认真分析,深入了解学生学习情况,及时查漏补缺。期末考试,要严格按教导处安排操作,考后及时进行试卷质量分析,认真讲评,以鼓励为主,帮助学生总结学习经验,提高学习质量。同时,教师做教学分析、小结。

2. 班主任角色

有些教师除了任课外,还担任班主任的工作,这是教师的一种复合型的角色。学校针对班主任有相应的工作要求,如《班主任工作常规"九个一"》。

## 班主任工作常规"九个一"
## （2004 年）

为进一步规范班主任工作，根据《广东省义务教育学校教学规范（试行）》、广东省中小学教师资格评审要求、深圳市教师年度考核要求以及学校教育教学相关管理制度，特制订学校班主任教师工作常规要求：

1. 每学期初完成一篇班主任工作计划。
2. 每周填写一次家长联系册。
3. 每周组织一次主题班会。
4. 每月至少与每位家长联系一次。
5. 每月更新一次班级黑板报。
6. 每学期至少组织一次班级集体活动。
7. 每学期末为每位学生写一份学期评语。
8. 每学期末完成一篇班主任工作总结。
9. 每学年至少家访一次。

3. 研究者角色

教学人员面对的是一群异质性显著的特殊学生，这对他们的工作要求更高。为了更好地了解学生，为他们提供优质服务，教师必须担负起一名研究者的角色，在教学之余需要在科研方面投入一定的时间和精力。学校针对教师研究者的角色也有一定的工作要求，如《教研工作要求》《教师教研常规"十个一"》等。

## 教研工作要求
## （2003 年）

1. 科研办下设教研组，负责教研、师资培训工作。学校教研要确定专题，制订计划，落实教研人员，定期研究和检查总结教研情况。
2. 教研组活动包括教研内容，由组长主持，每个组要有教研特色，每个学年教师在公开教学、教学实验、经验介绍等教学活动中，至少承担一项任务。
3. 每学期、每个教师至少向学校交一篇教学改革论文或经验总结文章。
4. 负责教研专题实验的老师要向科研处提交可行性实验方案。

## 教师教研常规"十个一"
### (2003 年)

为进一步规范教师教研常规,根据《广东省义务教育学校教学规范(试行)》《广东省中小学教师资格评审要求以及深圳市教师年度考核要求,特制订学校教师教研常规要求:

1. 每学年承担一次科组或校级公开课。
2. 每学年至少完成一篇说课稿。
3. 每学年至少完成一篇质量较高的教学设计。
4. 每学年至少完成一篇评课稿。
5. 每学年至少完成一篇教学反思。
6. 每学年至少完成一篇教学论文或总结。
7. 每学年至少制作一份质量较高的教、玩具。
8. 每学年至少制作一件质量较高的学科教学计划。
9. 每周至少要读一篇《中国教育报》《中国特殊教育》或《现代特殊教育》的文章;每学年至少读一本教育类理论书籍。
10. 每周至少要听一节相关学科教师的课,并作好听课记录。

(二) 后勤人员

后勤人员是学校的重要支撑力量,对学校的办学成效有极大地影响。学校的后勤人员包括校医、保安员、司机、保管员、清洁工等,他们各司其职,敬业是学校对他们的整体要求,而其具体岗位要求有一定的差异,以生活管理员的职责和班级辅助管理员的职责为例,具体情况如下:

## 生活管理员职责
### (2008 年)

生活管理员是特殊教育学校必不可少的工作人员。在贯彻党的教育方针,提高学生整体素质的过程中,起着管理育人、服务育人的重要作用。

生活管理员在生活管理组组长的指导下工作。具体工作职责如下:

1. 悉心了解和掌握学生的身心特点、生活自理能力的提高情况,并认真做好记录。
2. 认真细心地指导学生逐步提高生活自理能力,帮助学生做好暂不能自理的事务。
3. 认真实行学生进出宿舍交接手续。
4. 保证学生安全,杜绝学生从宿舍走失及其他任何伤害事故发生。
5. 讲究卫生,预防疾病。保持室内整洁干净,学生的毛巾、茶杯及其生活用品做到天天清洗消毒,发现病情及时向生活组长反映。
6. 每日向班主任、每周向家长介绍学生在宿舍情况,充分发挥整体教育的作用。

7. 按时按要求做好各自的分工工作,如遇突发重大事故(火情、灾情、疾病突发等),无论是否当班要进行快速简单处理,立即报告值班人员,并协同妥善排除险情。

8. 加强学习、努力提高自身素质,更好地适应特校工作的需要。

<h3 style="text-align:center">班级辅助管理员工作职责</h3>
(2011 年)

1. 严格遵守国家法律法规,严格执行学校有关规章制度;服从学校有关职能部门的领导、管理。

2. 热爱本职工作,遵守职业道德,牢固树立"以生为本,安全第一"的思想,确保学生在校安全。

3. 按时到岗,不迟到、早退、旷工,不得做与工作无关的事情。

4. 跟辅相应班级,积极参与班级管理,认真辅助班主任管理班级学生,辅助任课教师完成课堂教育教学和各项事务,协助完成教室、功能室的卫生工作,做好与班主任、家长的交接工作。

5. 协助留宿舍生活老师管理学生在餐区的用餐安全,并将学生送回宿舍。

6. 热爱残疾学生,自觉遵守学校各项规章制度。

7. 主动学习特殊教育理论知识,并结合实际工作进行运用。

### (三) 管理人员

管理人员是一所学校的基本组成人员,且在学校的办学过程中扮演着举足轻重的作用。因此,管理人员的职责要求是规范其工作内容的重要指标。其中,校长作为学校最高的管理人员,对校长岗位的职责要求将在一定程度上对学校的发展产生重要影响。

#### 1. 校长

校长是学校之魂,是学校的带头人,学校的管理和运作离不开校长的运筹帷幄。随着教育体制改革的深入,现在我国中小学已经全面实行校长负责制。校长负责制包括上级领导、校长负责、党委政治核心、教职工参与民主管理等四个相互区别又相互联系的部分[1]。这四个部分相辅相成,缺一不可。其中校长是校长负责制的核心,校长负责在上级领导、党委政治指导和教职工参与三个方面的监督辅佐下进行教育教学管理。[2] 要想成功地办好特殊学校,校长必须在政治理论修养、文化素质及品德作风诸方面具备以下几个条件。[3]

---

[1] 曾天山,诸宏启. 现代教育管理学[M]. 北京:教育科学出版社,2014:127.
[2] 刘雄,熊辉. 论校长素质与校长负责制[J]. 中华文化论坛,2008(S1):44.
[3] 朴永馨. 特殊教育学[M]. 福州:福建教育出版社,1995:343—344.

① 能全面理解党和国家对教育、对特殊教育的方针、政策,并能指导实际工作,有较高的马列主义理论修养。

② 对特殊教育事业有较强的事业心和责任感,热爱残疾学生,关心体贴教师和职工。

③ 有坚强的意志,为发展当地特殊教育事业、为残疾儿童义务教育的实施不畏困难,不怕挫折。

④ 有较广的知识面,有普通教育科学知识和管理科学知识的基础,同时有比较深厚的特殊教育科学知识基础,具有特殊教育学校各门课程的一般知识,并精通其中一二门课程,能在业务上进行具体指导。

⑤ 对学校发展有长期规划设想,有短期计划实施,善于组织队伍和指挥协调各方面工作,善于识人和用人。

⑥ 有较强的社会活动和交际能力、较强的决策能力、口头及书面表达能力。

⑦ 一心为公,一心为特教事业发展,不谋私利;办事不分亲疏,坚决抵制一切不正之风;深入实际,全面掌握各方面情况;密切联系群众,平易近人,作风朴实。

⑧ 性格开朗热情,理智性强,思维敏捷,头脑清晰。

2. 其他管理人员

深圳元平特殊教育学校已经形成了完善的管理团队,从上至下都有相应的岗位职责要求。学校将各类管理人员的岗位要求文字化,以规章制度的形式确定下来。下文以行政管理人员工作规范为例进行阐述。

## 行政管理人员工作规范
### (2003年)

为了进一步改进管理服务工作,不断提高服务质量、管理水平和工作效率,规范行政管理人员的岗位职责要求,现制定如下工作规范。

1. 行政管理人员是指学校中层以上干部、各中层机构工作人员及其他非教学岗位的行政管理人员。

2. 要自觉维护学校形象,对待家长和来电、来访人员,要热情、有礼。对不能解决的问题或不合理的要求,要耐心地做好解释工作。

3. 必须始终坚持为教育教学服务、为学生和教职工服务的宗旨,不断提高服务水平和服务质量。切实做到权为民所用,情为民所系,利为民所谋。

4. 要模范遵守学校的各项规章制度,实行坐班制,按照学校规定的时间到岗履行职责。因

公离开工作岗位1天以内的(1天以上的按照《教职工考勤、请假暂行规定》办理),按下列规定实行报告制度:

组长和一般行政管理人员,半天以内,报告组长或部门负责人,超过半天应报告主管处室领导;

处室负责人离开学校应报告分管校领导;

校领导外出离开学校应告知办公室。

5. 要按照学校统一要求,不断提高办文效率和质量。

来文的处理:办公室提出具体意见,报有关校领导批示后,转相关处室办理,办理完毕后应将办理结果连同来文原件退回办公室存档,其他传阅文件,原则上要求传阅者当天阅读完毕;

校内发文处理:发文内容事关全校性工作的,由办公室或指定人员负责起草,报校长审定后下发,属于具体业务性工作的发文,由有关业务处室负责起草,办公室审核,报校领导审定后下发。

校外报文处理:凡上报上级机关或发送校外有关机构的文件、报告、信函等,均应由办公室审核,报校长签署意见后,方可上报或发送。

6. 要切实提高工作效率,对本职工作和学校统一安排的其他临时性工作不推诿、不拖延。因特殊情况,不能按时完成工作任务的,应在规定期限前向主管领导说明原因。

7. 要密切联系群众,深入调查研究,反映群众心声,及时发现并妥善处理本职管理工作中遇到的问题。重大情况要及时向上级部门报告。实行部门负责人和岗位责任人责任追究制度,对因管理疏忽,致使本部门发生安全责任事故或其他重大问题的,要追究部门负责人和岗位责任人的责任。

8. 要严格遵守组织纪律,树立大局意识。会上要充分发表个人意见,积极参与讨论,当个人意见与最终形成的会议决议不相一致时,可以保留个人意见,但要坚决服从大局,并全面地执行会议决议。

9. 要加强学习,与时俱进、开拓创新,围绕学校总的工作思路创造性地做好本职工作,要积极为学校工作提出合理化建议。

10. 要廉洁自律,公道正派,平等待人,团结协作,在工作中互相支持,不以权谋私,不贪图名利,不搞小圈子,不互相拆台。

## 第3节　角色定位

人类学家拉尔夫·林顿(Ralph Linton)最先明确使用角色(role)这个概念。他认为,地位是权利和义务的一种直接的集合,而角色则体现着地位的动态方面,即角色是围绕地位而产生的权利义务和行为规范、行为模式,是人们对处在一定地位上的人的行为期待。① 具体来说,角色是个体在特定社会关系中的身份以及由此而规定的社会行为规范和行为模式的总和。② 社会为个人能力提供了一个"剧本",它全面地规定了各种成员要扮演的角色,学习一个角色就要了解对一个特殊身份所期待和要求的行为是什么。③ 而作为个体的人在接受某一角色以后,就会根据社会所期望的角色应该达到的行为规范表现出实际行为,即具体的角色行为,这个过程称之为角色定位。④ 角色定位与角色具有十分密切的关系,主体的角色根据不同的划分标准可以从另角度进行探讨,而角色定位则是把主体的角色限定在"应然"的层面,即根据实际的工作性质和工作特征来限定主体的各种行为或培养主体的某种行为。⑤ 人们身处在社会中,人际交往的多样性决定了每个人都不是单一的角色,而是处于"角色丛"中。如何认清自己的角色,并根据环境调整自己的角色,这是我们在日常生活中亟须具备的能力。深圳元平特殊教育学校的办学人员具有交叉、复合型的角色,而要进行角色定位则需要理解他们所具有的身份多元、功能多元和发展多元三种不同的状态,在此基础上明确自身的角色,并按照角色要求履行相应的职责。

## 一、身份多元

### (一) 身份的界定

美国著名的社会学家查尔斯·蒂利(Charles Tilly)在其关于身份的著作《身份、边界与社会联系》一书中,从社会学的角度对身份的概念下了定义:"可将身份看作是个人意识的特点:你如何认识你自己。身份处在与其他人的关系中:你—我和我们—他们。每个个人、团体或社会场所都有像它与其他个人、团体或社会场所的关系一样多的身份。相同的个人、团体和社会场所,当他们从一种关系向另一种关系转变的时候,他们也会从一种身份向另一种身份转变。但是,具有深远意义的社会过程影响到哪种身份更加突出、哪种身份维持从属地位以及不同的身份如何频繁地发挥作用。"⑥ 可见身份是人与人之间形成一种错综复杂的关系,社会人并不单一具有哪一种身份,都是复杂身份的交错。

---

① R. Linton. The Study of Man[M]. New York:Appleton-Century,1936:581—582.
② 汪婧莉.高校辅导员角色问题研究[D].上海:华东师范大学硕士论文,2007:7.
③ 胡芳.知识观转型与教师角色变迁[D].金华:浙江师范大学硕士论文,2004:18.
④ 王静.多重角色定位视角下的监狱警察队伍绩效考评与激励机制建设研究——以浙江省女子监狱为例[D].北京:中国社会科学院硕士论文,2012:19.
⑤ 何文静.高校辅导员的角色定位研究[D].武汉:华中师范大学硕士论文,2012:13—14.
⑥ [美]查尔斯·蒂利.身份、边界与社会联系[M].上海:上海人民出版社,2008:9.

只有在特定的时刻,因特定的原因和情境,某一身份才会凸显出比其他身份重要的地位,从而出现因身份而表现出不同的态度和行为差异。①

美国芝加哥大学政治学教授、建构主义国际政治理论的重要学者亚历山大·温特(Alexander Wendt)从哲学上指出了身份的本质属性:"是使事物成为该事物的因素"。他从社会角度尤其是人类社会组织视角,从五个方面阐述了行为体的身份内涵:"①身份是一种属性。不同行为体属性、身份不同。②身份根植于自我领悟。主体只有明确自我特性,才知需求、行动趋向、与他者差异。③身份伴有对照物。身份光自己领悟不够,还要有他者的认可。④身份具有多样性。⑤身份具有内在的冲突性。"②这五个方面从身份不同层次的特点揭示了其内涵。其中,身份的多样性决定了身份主体的多元和层次差异,内在冲突性特点是造成不同身份之间矛盾以及对处在不同身份的取向存在偏差的根源。身份是内在结构的自我持有观念和外在结构的他者持有观念的结合建构。③

简单来说,身份是指社会成员在社会中的位置,而学校办学人员的身份则是个体在学校中生存的象征和地位。学校也是一个小型的社会,办学人员在学校中也兼具多种身份,即多元的身份,如部分教学人员也担任管理者的角色,部分管理人员也担任教师的角色,后勤人员也需兼任管理者的角色。

(二)身份多元的表现

这里所说的身份多元主要体现为办学人员的多重角色。学校的办学人员主要分为教学人员、管理人员和后勤人员三类,每一类人员都集多重角色于一身。深圳元平特殊教育学校采用"教育、康复、职业训练一体化"的办学模式,要求教学人员、管理人员和后勤人员扮演多重角色,兼具多重身份。例如学校6个中层处室、4个教育教学部及信息中心的主任共11名,他们除了肩负管理工作之外,还要承担一定的教学任务,集教育教学、行政管理于一身,是"双肩挑"的典型代表;由于学生的特殊性,学校的部分教师既要从事教育教学活动,还需要承担了一定的康复职责;专业的康复人员,除了承担康复工作外,还承担培养学生职业知识与技能的责任;职业教育教师在学生职业训练过程中也潜移默化的承担了对学生的教育和康复职责;学校坚持"科研兴校",鼓励全员参与科研,

---

① 谢剑波.多身份视角下的行政态度研究——新型平等交往协作模式行政关系的构建[D].湖南师范大学硕士论文,2012:16.
② [美]亚历山大·温特.国际政治的社会理论[M].北京:北京大学出版社,2005:281—292.
③ 谢剑波.多身份视角下的行政态度研究——新型平等交往协作模式行政关系的构建[D].湖南师范大学硕士论文,2012:17.

因而,教师除了扮演教书育人的角色之外,还扮演着研究者的角色。学校有越来越多的人员扮演着多重角色,每一角色都反映了不同的身份,且每一种身份的确立都是由相应的时间和情境决定的,与他们当时所扮演的角色有着密切关系。学校追求复合型的人才,故而大多数办学人员都具有多重身份,往往体现为管理人员和教学人员的多元、教学人员和科研人员的多元、后勤人员和管理人员的多元。他们在学校的办学过程中具有重要作用,为学校将来的发展提供了重要的支撑力量。

## 二、功能多元

功能是指事物或方法所发挥的有利作用。办学人员的身份具有多元性,且每种身份所发挥的功能不同,因此办学人员身份的多元必然带来功能的多元。首先,每一种身份都有相应的功能,如教学人员以教授学生知识、技能为主,科研人员则主要是以研究为目的。其次,每一种身份又兼具多种功能。例如,深圳元平特殊教育学校着力打造"双师"型教师队伍,促进行政管理、教育职责多元,科研、教学职责多元和教学、康复职责多元。再如,学校"名师工作室"的名师不但肩负教学责任,还要承担科研和康复责任。以教师作为教学者的角色来说,同一部门的教师担负着为同一类型特教对象教学的任务,但他们的教学任务往往包括不同的科目。如智障部的某一名教师除了要教授生活语文的课程外,也可能要教授生活适应的课程;体育组的教师要同时教授1~2门不同类型的体育课程,如既教授轮滑课也要教授羽毛球课等。以言语治疗师为例,他们在做语言训练的过程中,需要运用多方面的知识,包括语言学、心理学、听觉学、病理学、生理学等,且他们在治疗的过程中,需要根据治疗对象的类别和病情程度选择不同的方法。办学人员的功能多元可以部分缓解学校可能存在的人员不足的问题,可以充分发挥办学人员的多重功能,他们的责任更加重大,所需付出的也更多。

## 三、发展多元

发展是一个动态的、积极向上的过程,学校办学人员一直处于不断发展的过程中,且发展的过程也体现了多元的特点。以教师为例,有的教师侧重自己的教学技能发展,有的教师侧重科研能力的培养,这是不同的职业发展方向,但要坚持自己的发展方向离不开学校的各种支持。因此,学校的支持为办学人员的多元发展提供了强大的后备力量。

首先,学校为教师的发展提供了完善的制度和经费保障。学校通过相应的政策来保障教师教学工作的开展,激励教师开展科研工作,提高他们对科研的兴趣和积极性。而在经费保障方面,学校投入大量经费来加强课题管理,并及时兑现奖励。其次,学校为教师的发展提供了许多培训计划。为促进教师的专业发展提供了坚实的平台,以促进教师的多元化发展。

## 第4节 专业发展

深圳元平特殊教育学校创办以来,学校始终坚持以提高教师师德修养、业务能力为抓手,坚定不移地走内涵式发展道路。以实现教师专业化发展为目标,开拓思路,创新方法,实施形式多样的教师专业发展工程,打造了一支德才兼备、素质优良,具有创新能力和可持续发展能力,适应现代特殊教育要求的高素质教师队伍。

### 一、政策支持

深圳元平特殊教育学校的发展得到了深圳市政府及其他机构的大力支持,尤其是政策上的支持,为学校办学人员的专业化发展提供保障。这主要表现在以下几方面:

(一)高级职称职数政策倾斜

职称评定是促进教师工作的重要举措,可以激发教师更好地投入到工作中。深圳市政府按照深圳市高中教师高级职称职数的标准来为深圳元平特殊教育学校配置高级职称职数。

(二)政府海培政策的支持

深圳市政府高度重视优才培训工作,组织各行各业的优才到国外培训。深圳海外培训政策向特殊教育学校倾斜,学校每年可选派1~2名教师到英美进行为期3个月的海外培训。自2003年开始,学校实行优才优先的原则,陆续将有能力、能发挥作用的优秀骨干教师外派到英美等发达国家进行海外培训。目前,学校已经有多名教师参加了海外培训。这些教师通过与国外特教同行进行交流沟通,对国外前沿教育理念、教学方法、先进管理方式学习研究,结合自身的教育实践,拓宽了国际化视野,对教学管理和教学方式重新审视,取长补短,并在具体教学工作中实践应用,不仅提高了学校教师队伍的国际化水平,而且为推动深圳特殊教育国际化作出了贡献。

### （三）中央教科院的政策支持

深圳元平特殊教育学校是全国第一个向中央教科院派出访问学者的基层特殊教育学校。2004年学校向中央教科院派出了访问学者，利用中央教科院的资源，为学校培养学术和业务骨干力量，通过教育科研领域的学术交流，加强学术建设和队伍建设。

### （四）评优评先进方面对特殊教育教师支持

深圳市政府实行人才奖励计划，学校多名老师被选为全国优秀班主任、优秀教师、深圳市领军人才，并获得了政府的奖励。学校教师团队的良好形象，赢得了党和政府特别的关爱和社会的特别尊重。近年来，学校有多名教师受到市级以上表彰。平安银行专门为学校教师设立奖教基金，多名教师受到奖励。另外，学校现有国家"万人计划"领军人才、广东省特级教师、广东省名师与名班主任培养对象、深圳市学科带头人、中青年骨干教师、深圳市名班主任若干名。

## 二、成长平台

深圳元平特殊教育学校充分利用内外部资源，为办学人员的成长提供广阔的平台，以办学人员的专业化成长推动学校的长足发展。具体表现在以下几个方面。

### （一）三年培训计划

从2003年开始，学校启动"教师三年培训计划"，即以三年时间为一个循环周期，三年内为所有承担一线教学任务的教师提供一次出省学习的机会。学校已经派出360多人次，赴北京、上海、港澳台等地进行学习交流。教师回校后对培训的内容进行专题汇报交流，学校编印《教师培训简讯》，供其他教师分享学习的经验和成果。这一活动不仅提高了参训教师自身的素养，还带动了教师队伍的整体发展。

### （二）专家指导

学校每个学期都会邀请知名的教育专家、权威学者、校外名师来校开展讲座，让每一位教师感受到教育前沿的思想。近年来，先后有国内外多位专家、教授来校进行专题讲座，通过开设讲座的形式，开阔了教师们的视野，使教师在听讲座的过程中学习新知识、接受新理念。

### （三）高校合作

学校与高校合作，搭建教师专业成长平台。为了提升学校教师的教学研究能力和业务水平，学校积极与高校联系，通过合作办学的形式，使学校教师的专业理论知识能够及时获得提升。此外,深圳元平特殊教育学校和北京师范大学、华东师范大学以及华中师范大学不定期联合开展教师培训,为教师提供系统化的理论指导和实践学习机会。

（四）科研促成长

课题研究是提升教师专业素养、提高课堂教学效率、提升学校办学层次的有效途径。一直以来,学校坚持走内涵式发展道路,鼓励广大教师积极投身教育科研实践,以课题研究为抓手,实施科研兴校战略。学校设立了科研处,配备了专职科研管理人员,制订了《科研课题管理办法》《科研成果奖励办法》。近年来,学校承担多项国家级、省级、市级科研课题,以课题促进教学质量的提升和教师教育科研水平的提高。通过教科研活动,培养骨干教师和学科带头人。近年来,学校有数百篇论文在国家级、省级、市级报刊杂志上发表或获奖,教师的教科研水平有了显著提高。

（五）业务竞赛

学校鼓励教师参加各种业务竞赛。学校组织教师参加国家、省、市举办的各类教学论文和课件制作等教学能力的评比活动。鼓励青年教师走出校门,积极参加各种形式的专业技能比赛活动,充分给予青年教师锻炼自我、增长见识的机会。

## 三、自我反思

学校要求教师要加强教学反思,提升科研素养。[①] 要求教师不断研究新情况、新环境、新问题,并不断反思自己的教育教学行为,进行必要的理性思辨与改进。通过这样的反思,教学就不再是简单的备课、上课,也是研究问题、解决问题的过程。如学校有计划地为每位教师订阅一份特殊教育专业杂志;要求每周阅读一篇关于教育教学的文章,并完成带有心得体会的读书笔记;每次的教案须附有教学反思;各教研组不定期地开展各学科、各层次的学术沙龙和经验交流会。在这个过程中,教师由"传道、授业、解惑"的教育者转变为具有科研素养的"研究型"教师。教师通过在期刊上发表论文、参加论文大赛、信息技术综合应用能力大赛、教学基本功大赛等途径多方面提升自身素质,反思教育教学效果。教师立足校本研究,提升了自我反思能力、科研素养,也推动了专业化发展。

---

① 陆瑾,黄建行.以教育科研为依托,促进教师专业成长[J].现代特殊教育,2009(6):12−14.

# 第 5 章　办学环境

在诸多影响个人成长的因素中，环境的作用至关重要。办学环境的好坏优劣，直接影响办学的质量和培养出的人才的素质。办学环境是指影响办学和学生教育及教学的效果的各种外在因素的总和，是各种因素相互制约、相互促进的有机体，是一项系统的工程。[①]

办学环境的分类有多种，按照部件的特性可分为"硬环境"和"软环境"，按环境范围的大小可分为"大环境"和"小环境"，按照文化形态可以分为物质环境、制度环境和精神环境等。物质环境主要指校园校舍的建设、校园文化建设、教育教学设施的建设（主要包括教学楼、办公室、图书馆、阅览室、实验室、语音室、艺体设施、运动场及教学手段现代化等）。制度环境包括各种规章制度、行为规范和习俗，还包含教育教学、管理、科研、人际关系等群体行为，以及文体活动、社团活动、闲暇文化等行为方式。精神环境则是包含学校历史传统和师生认同的价值观等群体意识，例如学校校风校纪、班风班纪的建设，教风和学风的建设，学生家庭和当地的文明程度及对学校教育、子女教育关心支持的力度等。

物质环境、制度环境和精神环境三者间是互相递进、相辅相成、相互制约、相互促进的。学校物质环境的改善和优化给制度环境和精神环境的改善和优化打下了坚实的基础，创造了有利的物质条件，同时也给学生以感染、熏陶、潜移默化和鼓舞；制度环境和精神环境的改善和优化则能更好地发挥物质环境的作用。制度和精神环境的改善和优化能够开阔财源，促进物质环境的改善和优化；建立合理有序的制度环境对整个办学环境起主导作用；在制度环境有力的保障之下，精神环境更是起着决定性的作用。

基于对学校办学环境的理解，本章将详细介绍深圳元平特殊教育学校在物质、制度、精神三方面办学环境的状况。

---

[①] 王汝余，樊道安.谈办学环境问题[J].徐州师范学院学报，1995(1):131.

## 第1节 物质环境

学校环境是学校内部环境对学生政治思想和品德产生作用和影响的各种因素的集合,作为学校环境的重要组成部分,学校物质环境有广义和狭义之分,广义的物质环境是指对学校教育产生影响的一切天然环境与人工环境中物的要素的总和,包括自然风光、城市建筑、社区绿化、家庭物质条件、居室空间安排、室内装潢设计等。狭义的物质环境是指学校内对学生发展有影响作用的各种物质要素的总和,包括校区建筑、校内装饰、场所布置、设备条件、物理空间的设计与利用及各种材料的选择与搭配等。[①] 物质环境是学校的一种特殊的教育资源,它直接影响着师生心理状态和学校秩序,良好的物质环境标志着学校精神文明建设的水平,对培养学生成为未来社会的合格人才起着重要作用。[②]

深圳元平特殊教育学校自创办以来努力为特殊学生提供从义务教育到高中教育的"一条龙"服务,并在课程开发、职业教育、信息技术、康复训练、特奥运动等方面形成了在全国产生广泛影响的特殊教育品牌,获得了一系列的经验成果。其物质环境的建设主要包括学校的教育环境、康复环境、职业训练环境和管理环境等,重在为特殊学生创设"花园式"的校园环境。

**一、教育环境**

物质环境是学校办学环境的外在标志,是在教育实践过程中由学校成员创造的以物质形式表达的学校表层文化的映射,主要包括学校物理环境和文化设施等物质载体。为了创设有利于特殊学生教育教学环境,特殊教育学校必须做好学校的硬件环境建设,建立标准的学校场地、各类功能教室和无障碍设施,以便为学生提供良好的学习环境,为特殊教育教师参与课程开发提供硬件基础。经过二十多年的发展和积累,深圳元平特殊教育学校的校园、校舍按照略高于国家颁布的《特殊教育学校建设标准》进行规划和建设。学校校园建设是总务处在校长的领导下而管理学校的整个总务后勤工作。总务处根据学校的总体工作计划制订教育和生活设施、装备等添置、维修计划及实施方案;建立健全校产的保管、使用、修缮、赔偿等制度,充分发挥校产作用;努力做好校园环境基础

---

① 柳阳辉.幼儿教育学[M].郑州:郑州大学出版社,2008:69.
② 王诗文.学校环境建设与人才培养[J].中国职业技术教育.2003(8):20.

建设,逐步使校园净化、绿化、美化。①

（一）学校建筑

深圳元平特殊教育学校在建设过程中充分考虑了学校的内外部环境,根据学校的办学规模确定合理的学校建设标准,使内部环境能够满足教育教学的需要。在学校用地的外部环境方面,学校选择的是交通较为便利、城市公用设施较为完备的区域——龙岗布吉。学校总用地面积7.2万平方米,总建筑面积是52885.90平方米,包括职教楼、开蒙楼、立人楼、琢玉楼、康复楼、高中部综合楼、学生宿舍楼、教工宿舍楼以及食堂等建筑。各楼以风雨连廊相接,错落有致,远观气势恢弘,连绵秀丽;近览巧妙舒适,饶有情趣。

深圳元平特殊教育学校坚持"最少受限制环境"的理念,建立标准的学校场地、各类功能教室和无障碍设施,学校的学习、生活、运动、职业教育的功能是相对独立分区的,为特殊学生提供了良好的学习和康复环境。根据学生的特点和需求以及本地社会经济发展实际,学校先后完成了语言治疗室、物理治疗室、特奥场馆、种植园等的建设,全面营造了以"博爱、宽容、尊重、理解、平等、公正"为核心价值的校园环境,实现了"让每一面墙壁都会说话、每一个角落都能育人"的目标。②

（二）学校景观

中国残联主席邓朴方曾经说过:"元平学校是我所看到的最漂亮的特殊学校,拿到世界上也毫不逊色。"③深圳元平特殊教育学校的校园依山而建,教学区、生活区、运动区既相对独立又相互关联,方便特殊学生的无障碍通道遍及各处,并且建有绿化用地。

教学楼前的地理园、生物园,连接食堂和学生宿舍的新三字经画廊等景观(图5-1)的建设既能美化校园环境,又是学校环境课程中生动的教材。综合连廊的设置是深圳元平特殊教育学校最有特色和富于人性化的一项举措,它连接了学校的立人楼、康复楼、琢玉楼、开蒙楼、学生宿舍和教工宿舍等主要建筑,也串联起学校的教学、学习、后勤等一系列日常事务。深圳元平特殊教育学校在每栋建筑楼的楼梯台阶上都标记了上下楼梯的脚丫标识和黄色分界线,还有立人楼前经常播放天气提示信息、学校活动以及行政新闻的指示牌,这些布置都极具功能性和设计感,不仅能起到安全标识和信息传递的作用,而且美观大方又不失温情。

---

① 黄建行,雷江华.特殊教育学校校本课程开发[M].北京:北京大学出版社,2012:276.
② 黄建行,陆瑾.培智学校现代校本课程支持体系的构建[J].现代特殊教育,2014(1):38.
③ 李黎红,郭俊峰.魅力元平——来自深圳元平特殊教育学校的报告[J].现代特殊教育,2006(12):5.

图 5-1 学校景观一角

### (三) 体育场地

体育活动场地是学校体育课及课外活动的主要场地,对学生增强体质乃至健康成长至关重要。作为全国特奥培训基地,深圳元平特殊教育学校将体育运动列为学校的重要工作,不断加大特奥训练设施设备投入,先后建设标准运动场、健身房、体育馆等场地。这些场地设施既是体育活动和特奥运动的活动用地,也是全校会议、康复训练活动、校际交流的场所,为学校特殊学生进行体育运动提供了很好的平台和空间。

#### 1. 运动场

深圳元平特殊教育学校现有 400 米八跑道标准塑胶田径运动场,运动场中央铺设了天然草坪,是标准的足球场。运动场周围设有康复健身区等,并且设置了相应的保护设备。

#### 2. 爱心体育馆

多功能体育馆是由深圳市建筑设计总院设计的,建筑面积是 4000 平方米,采用钢筋混凝土预应力结构、框架结构、网架结构进行设计。一层设有八赛道标准恒温游泳馆,标准化的游泳池为特殊学生发挥体育优势提供了良好的环境,使学生在各项比赛中取得良好的成绩;二层有可供正式比赛使用的篮球、排球、羽毛球等多功能运动馆。[①] 这些设施为师生的体育锻炼和学生优势潜能发挥提供了优良的条件。

#### 3. 其他场地

深圳元平特殊教育学校还建有两个室外标准篮球场、一个网球场,并在网球场的周围设置了超过 3 米的保护栏。这些设施既可用于特奥运动训练,也可

---

① 黄建行,雷江华.特殊教育学校特奥运动项目建设[M].北京:北京大学出版社,2014:48.

用于学生康复训练。

(四) 教室环境

美丽整洁的教室环境对学生来说是非常重要的,特别是特殊学生情绪很容易受到身边环境的暗示和影响。深圳元平特殊教育学校的教室是由普通教室和专用教室组成,其中普通教室是为了满足各类学生各年级教学和生活活动所需的辅助用房及辅助空间。每间普通教室都安装了多媒体教学平台,配置计算机、投影仪、实物演示仪以及交互式电子白板、照相机等。专用教室则是为了满足特殊学生的特殊教育需求而开设的功能教室,如听力检测室、导平治疗室、认知语言训练室、国画室、陶艺室等。

学校教室建设经历了不断完善更新的过程,目前为止各教育教学部已经建立了众多基于学生需求的教室。以智障教育教学部为例,智障教育教学部是深圳元平特殊教育学校学生最多的一个部,该部门一直都很重视教室的环境布置。走进智障教育教学部所在的开蒙楼,就感到特别的温馨、活泼。每个班级都有自己的环境布置特色,有以风景、动物、乐器、人物活动为主题的,也有同学们自己的绘画作品和日常生活照片。丰富多彩的环境布置不仅体现了环境的装饰功能,还成了智障学生展示精神面貌和才艺的平台。进行教室环境的建设也是将生活融入教育与康复的重要方式,有利于真正实现特殊学生的素质教育(图 5-2)。

图 5-2　班级教室一角

(五) 图书馆

深圳元平特殊教育学校图书馆设在行政楼二楼,目前藏书 4 万多册。学校每年安排专用款项用于购置图书,充实藏书量。学校各部门各组成员自行申请相应需要添置的图书,由学校统一购买,供教师使用。学校的图书馆自建设以来,不断按规定做好书库管理、学生阅览室及教工阅览室管理工作。根据教务处要求,按时完成各种教材、教参、学生用练习本的订购、管理和发放工作。同时根据学校工作要求,为学校网站上传特教资源和特教信息,充实网站内容。开展参考咨询服务。通过各种形式,满足教师教育教学需求,为教师学习和充电奠定了坚实的基础,为教师获得专业知识提供了方便,为学校的教育教学工作提供了丰富的资源。[①]

(六) 教学设备

深圳元平特殊教育学校的教学设备在全国同类学校中是较为先进和现代化的,按照学校的教学要求,学校配备了相应的信息技术设备。在教学设备的添置过程中,学校按照规范化、标准化和符合规定要求的标准配齐教学仪器设备、专用检测设备、康复设备、文体器材、图书资料等,并创造条件配置现代化教育教学设备,逐步实现教学手段现代化。尤其是实物展示台、交互式电子白板、交互智能平板一体机和智慧云课堂教学系统的使用证明了现代化教学设备对提高教学质量起了积极的作用。从 2006 年开始,深圳元平特殊教育学校在教室中分批引入交互式电子白板和交互智能平板一体机,目前实现了每个教室全覆盖,且针对教师进行了一系列的培训。学校教学设备的添置以及管理使学校的设备运营良好,为特殊学生的康复与教学奠定了深厚的物质基础,营造了良好的外部条件,从而使教师积极学习先进的教育方法,探索教育规律,尝试新的教育方法和措施。

## 二、康复环境

康复是指综合地、协调地应用医学的、社会的、教育的和职业的措施,对患者进行训练和再训练,使其活动能力达到尽可能高的水平。[②] 特殊教育学校的康复是指借助一系列科学、专业的干预手段,通过有针对性的教育、康复训练,修复特殊儿童的生理和心理功能,传授适合其身心特点的文化知识和职业技能、帮助其生活独立并最大限度融入社会,实现其生存价值。[③] 随着社会经济、科技、文化的不断发展,特殊教育学校的康复模式逐渐从单一的医学康复发展到促进特殊学生整体发展的全面康复阶段。特殊教育工作者越来越多地与医疗、心理、工程技术和社会工作者合作,综合地运用教育、医学等多种技术与手

---

① 黄建行,雷江华.特殊教育学校校本课程开发[M].北京:北京大学出版社,2012:277.
② 陈云英.中国特殊教育学基础[M].北京:教育科学出版社,2004:366.
③ 王军永,刘霞,陈和利等.江西省残疾人康复医疗服务和救助需求调查[J].中国康复医学杂志,2011(1):61—64.

段,对特殊学生进行康复训练,有效地促进了特殊学生身心更好的发展。① 康复必须借助科学合理的康复治疗与训练方法,在无障碍环境的保障下,依托先进的康复设备设施及专用的辅助器具,在学校的功能教室中对特殊学生进行专门的康复与训练,使其残疾状况达到明显的改善。

《特殊教育提升计划(2014—2016年)》第三条第四项中提出:支持特殊教育学校配备必要的教育教学、康复训练等仪器设备,开展"医教结合"实验,探索教育与康复相结合的特殊教育模式。深圳元平特殊教育学校单独设有康复教育教学部,对脑瘫、自闭症等特殊儿童进行康复与训练,不断改造与完善无障碍设施,建设配备齐全且利用率高、效果明显的功能教室,不断更新学校仪器设备,使学生的辅助用具能够充分发挥其作用。这些硬件条件的提供,为特殊学生的康复提供了广阔的发展空间。

(一)无障碍设施

无障碍设施是指"保障残障人士、老年人、孕妇、儿童等社会成员通过安全和使用便利,在建设工程中配套建设的服务设施。"②。无障碍设施包括无障碍通道(路)、电(楼)梯、平台、房间、洗手间(厕所)、席位、盲文标识和音响提示以及通信、信息交流等其他相关生活的设施。无障碍设施的建设,是指在新建设城市道路、公共建筑、居住建筑、交通设施、通信网络设施及广播电视设施的同时从事无障碍设施建设,或者在已建的上述设施中新增无障碍设施进行改造,目的在于使这些设施不断完善,满足残疾人的要求。③

近年来,深圳元平特殊教育学校在国家、广东省、深圳市的无障碍设施建设标准的指导下,在特殊学生对康复的需求及改进生活环境的要求下,在学校领导的带领下,积极改建和完善学校的无障碍设施,不仅包括建筑物内的无障碍设施改造,也包括校园环境的无障碍设施建设,为特殊学生提供安全、舒适的学习及生活环境,力求最大限度地满足特殊学生的要求。为了改善各类特殊学生的教学、生活环境,让更多有需要的特殊学生享受到人性化的关爱和尊重,同时也为了保障校园内学生出行的安全,深圳元平特殊教育学校积极改善校园无障碍环境,目前已经完成了无障碍卫生间、扶手、无障碍坡道及无障碍电梯等基础设施建设。2014年,学校又实施了"无障碍通道雨棚加装"工程项目。在建筑物内,特殊学生的教室、功能教室、走廊、楼梯、卫生间等也都进行了无障碍设施

---

① 李黎红. 聚焦"医教结合"[J]. 现代特殊教育,2011(2):4.
② 刘蕾. 沈阳市城市残疾人无障碍环境建设研究[D]. 东北大学硕士学位论文,2011:8.
③ 黄建行,雷江华. 特殊教育学校学生康复与训练[M]. 北京:北京大学出版社,2014:115.

的改造,确保学生安全的同时也方便特殊学生的生活与学习。①

依山而建的护坡,台阶、楼梯、过道等处配备的扶手与标识,走廊之间的无障碍坡道,无障碍的卫生间与电梯,食堂内残疾人士专用的餐台,门卫室及康复楼一楼的公用轮椅提供点(图 5-3)……在无障碍的校园中,各类特殊儿童的学习和生活将更加安全、舒适和方便。这些都充分地展示了深圳元平特殊教育学校"花园式"的校园环境,进一步提升了深圳市的文明程度和良好的城市形象,提高了深圳创建全国无障碍建设城市的竞争力。

图 5-3　校园内的无障碍设施

(二) 功能教室

功能教室是对特殊学生进行康复与训练的专用教室,在形态上是集多种服务资源于一起的综合体。它包括:①教育资源。特殊教育课程、教材、教具及图书等。②诊断资源。测查评估中所用各种检查工具、测评量表等。③康复资源。促进各类特殊儿童全面康复的康复咨询、康复指导、康复书籍及康复器材等。④技术资源。能提供各种相关技术指导和服务,如特殊教育技术、特殊学生鉴定诊断技术、残障儿童康复技术等。⑤人力资源。各类专家及专业技术人员,如特殊教育专家或教师、心理咨询师、康复治疗师(物理治疗室、语言治疗师、作业治疗师、艺术治疗师等)、医生、营养师、科研人员及管理人员等。②

2006 年,深圳元平特殊教育学校的康复楼建成并投入使用,为学校的康复工作提供了一个很好的发展机遇。康复教育教学部的功能教室包括:上肢功能训练室、作业治疗室、个别训练室、物理治疗室、听力检测室、模拟运动训练室、听觉统合治疗室/家长咨询室、启智训练室、家居技能训练室、蒙台梭利训练室、手眼协调训练室、注意力训练室、音乐治疗室、评估室、感觉统合训练室、大运动

---

① 黄建行,雷江华.特殊教育学校学生康复与训练[M].北京:北京大学出版社,2014:122.
② 黄建行,雷江华.特殊教育学校学生康复与训练[M].北京:北京大学出版社,2014:124.

训练室等。经历不断地更新完善,目前已建立了众多适合学生特点的功能教室,为特殊学生的康复与训练奠定了坚实的硬件基础。

具体而言,针对脑瘫学生的康复训练室主要利用电动跑台、按摩床、站立架、模拟楼梯、髋膝训练器等设备,开展康复训练;评估室则利用语言障碍诊治仪对有语言交流障碍的脑瘫儿童进行语言障碍类型的评估和康复治疗;主要针对自闭症学生的音乐治疗室则利用索玛托音响震波来减缓紧张、促进松弛的反应、增强生理机能、提高交流沟通能力、干预不良行为、提供身体和听觉刺激、提高感官意识、培养自闭症学生的音乐鉴赏力;注意力训练室采用注意力训练技术,目的在于提高特殊儿童注意力的品质和注意力的持久性……这些功能教室都采用了先进完善的仪器设备和技术,其环境布置让来访者感觉温暖、松弛并有安全感,旨在促进特殊学生的康复与训练效果,使学校内所有的特殊学生都能找到合适的功能教室进行康复与练习,锻炼其所需的各种能力。

(三)仪器设备

特殊教育学校的仪器设备主要包括各类教师演示及学生操作实验仪器设备,各种用于观察的标本、模型、挂图,各种康复训练仪器设备,以计算机为核心的数字化呈现图像、播放语音、收集信息、编辑文字的设备。[①] 深圳元平特殊教育学校在深圳市政府、残联的关心与支持以及学校自身努力下,对各类特殊学生进行康复时所采用的仪器设备能够满足对特殊学生进行康复与训练的要求。其仪器设备在满足国家规定的义务教育阶段三类特殊教育学校教学与医疗康复仪器设备配备标准的基本要求下,同时积极引进我国港台地区以及国外特殊教育学校仪器设备。学校在引进仪器设备后会对相关教师进行设备使用的集中培训,使教师能够充分利用先进的仪器设备对学生进行康复与训练。深圳元平特殊教育学校为各类特殊学生配备一批多用途、高标准、性能更优的仪器设备,并且抓住康复训练关键期,实施了正确的康复训练、感觉系统训练,以促进特殊学生的缺陷补偿和潜能开发,为特殊儿童创设了良好的康复训练环境。

(四)辅助器具

残疾人辅助器具是指用于预防、代偿、监测、缓解或抵消损伤、活动受限和参与限制的产品(包括器具、设备、仪器、技术和软件)。我国辅助用具的基本分类是按照以下两个维度进行分类:① 按 ISO 功能分类。个人医疗、技能训练、矫形器和假肢、个人生活自理和防护、个人移动、家务管理、家具及其适配件、通

---

① 黄建行,雷江华.特殊教育学校学生康复与训练[M].北京:北京大学出版社,2014:131.

信信息和讯号、产品和物品管理、改善环境的器具和设备、休闲娱乐。② 按身体状况分类。如截瘫、偏瘫、脑瘫、小儿麻痹症、截肢、全盲、低视力、听障、言语障碍、智障、精神障碍。① 在残疾人医疗康复、教育康复、职业康复和社会康复中都需要使用到辅助器具。如医疗康复中的物理疗法用的电刺激、超声、热疗、冷疗、磁疗、水疗、蜡疗、牵引及中医的超声治疗、直流电药物离子导入等;对听障儿童的教育康复,需先经听力检查后配备相应的助听器,并可通过各种语训装置来进行语言训练,有无线调频或有线装置及可视语训装置等。

深圳元平特殊教育学校的特殊学生中,需要使用辅助器具来补偿生理缺陷的特殊学生不在少数,尤其是脑瘫儿童、自闭症儿童、听障儿童、视障儿童等。为了帮助特殊学生更好地接受康复训练,深圳元平特殊教育学校按照中国残疾人联合会下发的《残疾人辅助器具基本配置目录》,首先由家长为特殊学生申请所需的辅助器具,然后深圳市残疾人联合会和深圳市残疾人辅助器具资源中心相关专业人员会根据学生的需求及医院处方对其进行相关的辅助器具的配备。特殊学生在配备辅助器具后,需要学生家长、教师及学生个人对辅助器具进行保护,以便最大限度地使用辅助器具,使其发挥最大作用。因此,学校也针对辅助器具的使用及维护开展了相关的培训指导工作。

**三、职业训练环境**

职业教育是我国教育事业的重要组成部分,是国民经济和社会发展的重要基础。特殊学生相对普通学生来说属于弱势群体,针对特殊学生进行职业训练,直接关系到他们未来的社会生活,对帮助他们融入主流社会意义重大。

深圳元平特殊教育学校一直将职业教育的发展摆在了学校教育发展的核心地位。2010年学校专门成立了职业教育教学部,学校坚持学历教育与职业培训并重,实行灵活的办学模式和学习制度,为深圳地区听障、智障等各类残疾青少年提供以"双证"(高中毕业证和劳动技能等级证)为主要内容的中等职业技术教育。学校还专门建设了职教楼,占地4024.66平方米,并配备有插花房、厨艺室、家政室、文员训练室、面点房、洗衣房、职业评估室等多个功能教室,设备较为齐全多样,为特殊学生的职业训练提供了有力的保障。

(一)功能教室

功能教室的良好运作需满足三个方面的条件:一是硬件设备为基础,即为

---

① 中国残疾人辅助器具网[EB/OL]. http://www.cjfj.org/templates/product/productlist.aspx?selftypeid=72.

成功建设功能教室提供场地、设备等,这是保证功能教室工作开展并良好运作的前提和基础;二是软件技术的保证,也就是需要有高素质(即有经验、知识、技术及品德等)的专家、教师或者专业技术人员来提供知识和技术等无形资源,这是功能教室良好运作并获得成功效益的关键;三是科学管理的保障,功能教室一切工作流程的良好运作及协调还离不开科学规范的管理做保障。职教部功能教室的建设经历了从无到有、从设备较少到设备不断更新与完善、从无规章制度到每个功能教室都有成文的规章制度以及教师的专业水平不断提升的过程。[①]

根据各专业特点,深圳元平特殊教育学校职业教育教学部先后开设了中式厨艺、西式面点、客房服务、中国结艺、办公文员、洗衣服务、插花艺术、手工制作、电脑美术设计、动漫制作等多门专业技能课程,教授特殊学生插花、手工、版画、美术设计、日常清洁及维护等课程,对特殊学生进行相关的职业训练,并且为这些专业和课程配备专门的功能教室,如插花房、家政室、文员训练室、面点房、洗衣房、职业评估室等,力求让学生在职业高中毕业后一专多能,顺利就业。职业教育教学部的很多学生通过在功能教室里进行相关的职业训练,纷纷顺利地走上了工作岗位,实现了自我的职业价值。

(二)仪器设备

在实施素质教育的背景下,仪器设备对促进特殊学生实现全面发展,特别是培养他们初步的创新精神、实践能力、科学和人文素养以及环境意识,提高适应终身学习的基础知识水平、基本技能和方法等方面,具有重要的地位和作用。所以,特殊教育学校仪器装备应该全面涉及各个学科和各个领域,保障国家规定开设的所有课程都能顺利进行;所配备的仪器设备应该体现现代教育思想,符合特殊儿童身心发展特点和规律;能够提供丰富的、适合于多种学习方式的教育资源,从而保证课程开发所倡导的课程目标、课程理念、学习方法能够实现,能促进特殊学生全面发展。

职业教育教学部每个功能教室都配备有相应的仪器设备,如家政室配备有灶台、电磁炉、微波炉、电焗炉、消毒柜、洗衣机等仪器设备,插花房配备有梳妆台、插花工作台、插花架、作品展柜等设备,面点房则配备有搅拌机、压面机、打蛋机、鲜奶机、烤炉、豆浆机、分块机、华夫炉等烹调器具以及饼盆车、冷藏柜、工作台等其他设备。在职业评估室则有智能型辅助沟通认知训练系统、多功能训

---

① 黄建行,雷江华.特殊教育学校学生康复与训练[M].北京:北京大学出版社,2014:124-125.

练器械等医疗设备。特殊学生通过使用和学习这些设施设备,不仅锻炼了生活自理能力,而且能掌握专业的职业技能,在未来求职之路上避免处于被动地位。

（三）校外实训基地

学校职业教育注重学生的未来就业,强调学生职业能力的培养。对于特殊学生而言,他们对工作环境的适应尤为重要。特殊学生的工作适应能力需要在真实的工作环境中获得,学校需要与校外的企业单位建立良好的合作关系,为学生创造实习的机会。实训基地建设主要是为特殊学生的课程教学提供实践平台。深圳元平特殊教育学校针对职业教育课程,在校内外都设有专门的实训基地帮助学生劳动实践。① 校内的实训基地就是西式面点教室、厨艺教室、客房服务教室、插花艺术教室等多功能教室,由职教部教师或者校外企业单位人员为特殊学生培训相关职业技能,进行模拟就业等教学活动。

除了校内基地外,深圳元平特殊教育学校职业教育教学部同时与校外社会企业紧密联系,先后与深圳香格里拉大酒店、百胜餐饮集团、金茂深圳JW万豪酒店等大型企业签署了合作建立学生校外实习就业基地协议。学校定期组织学生前往企业实习,企业也定期派遣专业人员来校为学生授课,企业优先接纳学校学生就业。例如,学校与深圳福田香格里拉大酒店达成了长期的联合培训计划,在这项联合培训计划中,采用职业教育教学部教师前往酒店实地学习和酒店培训人员到学校讲课两种方法。通过与用人单位直接合作的联合培训,有利于学生更好地掌握职业技能,提高职业教育教学部的教学质量。同时,学校也与深圳市民爱残疾人综合服务中心、东海朗廷酒店、丽思卡尔顿酒店、沃尔玛、华润万家等多家企业建立了长期的联系,及时对学生发布就业信息,组织学生参加招聘面试。学生通过在实训基地的学习提升了职业能力,这有利于培养特殊学生良好的品质和职业道德,进一步理解职业的意义,感受工作的价值,学会与他人合作、尊重他人。

## 四、管理环境

管理是"对一组个体向某些共同目标努力时进行的指导、领导和控制",②是"对人员、材料、机械、方法、资金和市场这些基本要素的运作进行计划、组织和控制的行为,目的在于提供指挥和协调,并对人的努力提供领导,以便达到企

---

① 黄建行,雷江华.智障学生职业教育模式[M].北京:北京大学出版社,2011:110.
② 张东娇,徐志勇,赵树贤.教育管理学[M].北京:高等教育出版社,2011:33.

业所追寻的目标"。①在学校组织中,高效、有序的管理必不可少。

特殊教育学校的管理机构是对整个特殊教育学校的发展实行领导和管理的基本体系,其实质在于明确管理者的权限范围及其相互关系。

为了便于对学校各项工作的统筹和管理,深圳元平特殊教育学校专设有行政办公楼,主要用于学校行政管理集体办公。不仅设置校长办公室、安全办、科研处、教务处、办公室、学生处、总务处几个部门,还设有图书馆、档案室、文印室、校园电视台录播室等处所。

管理环境中需要用到的设施设备不仅包括电脑、打印机、数码相机、数码摄像机、扫描仪等行政管理类设备,也包括行政管理、安全管理、后勤管理中需要使用的现代教育信息化管理手段,如 OA 办公系统、学生定位管理系统以及门禁和电梯控制系统等。为了进一步加强对技术设备的管理,提高使用率,更好地为教育教学服务,学校制订了《深圳元平特殊教育学校信息技术相关设备配置标准》,明确地指出了学校信息技术设备的配置标准。

(二)信息化管理手段

随着特殊教育的发展和学校现代化进程的不断加快,为了更好地对校园进行管理,更好地发挥学校网站在宣传、交流、信息、资源中心等方面的作用,深圳元平特殊教育学校专门设立信息中心,建设了网络管理中心和多个信息化功能教室,开发了智慧校园综合管理系统平台。比较有代表性的信息化管理手段主要有"校园一卡通"系统、OA 办公系统和安全管理系统等。

1."校园一卡通"系统

深圳元平特殊教育学校"校园一卡通"系统现在已经投入使用。"校园一卡通"系统又称为"校园关爱通"系统,是数字化校园建设中的一个基础平台和应用领域。它将 IC 卡的强大功能与计算机网络的数字化概念融入校园,将学校的教学、科研、管理等方面的各个管理信息系统有机融合,形成覆盖全校范围的数字空间,为"数字化校园"提供了全面的数据采集网络平台。② 深圳元平特殊教育学校根据自身的情况共开设了校园一卡通基础平台、卡管理子系统、门禁管理系统、会议管理系统、家校互联系统(家校通)、考勤管理系统、图书借阅系统、学校食堂消费系统等 8 个子系统。通过"校园一卡通"系统这个平台实现全面的校园一卡通管理应用,教师、学生与家长通过校园一卡通系统架构在校园

---

① [美]丹尼尔·A.雷恩.管理思想的演变[M].李柱流,等,译.北京:中国社会科学出版社,1997:425.
② 刘皓,樊强.数字化校园与校园一卡通平台设计[J].黑龙江科技信息,2009(4):65.

网之上,充分发挥校园网络优势,借助于卡片载体,实现先进的信息化管理。它取代了学校管理和生活中所使用的各种个人证件和现金支付手段,实现了校园消费、学籍管理、身份认证、网上交费等多种功能。[①]

2. OA 办公系统

OA 是 Office Automation 的缩写,指办公室自动化或自动化办公。OA 办公系统通过实现办公自动化,可以优化现有的管理组织结构,调整管理体制,在提高效率的基础上,增加协同办公能力,强化决策的一致性,最后实现提高决策效能的目的。OA 办公系统基于学校办公系统的指导精神,通过校园网/互联网这一平台,为学校教师工作提供先进、实用的信息化管理手段,为教师教辅人员及管理人员提供简便、快捷的网络化信息服务。这一系统能够适应教师工作计划、日程安排、课程表、工资查询、值班管理、宿舍管理以及用车申请、购置申请、维修申请、功能厅(室)信息设备使用申请、信息化设备维修申请和请假申请等学校各工作流程的需要,并能协助学校建立符合自身特殊要求的个性化管理规范,实现学校教师办公的全面信息化。能充分利用计算机技术、网络技术、数据库技术,实现教师信息的高度集中和系统化,提高学校工作效率和管理水平,增加协同办公的能力,强化决策的一致性,以期实现提高决策效能的目的。

3. 安全管理系统

对于中小学校尤其是特殊教育学校来说,如何保障学生在校内、校外的安全是必须高度重视的问题。深圳元平特殊教育学校自 2006 年开始,基于校园网络环境建设了一套结合教学过程监控校园安全信息的综合监控系统。该系统连接全校 460 多个摄像头,学校校长、教学管理部门和安全管理部门都可以在自己的电脑上随时可查看学生当前的上课和活动状况,了解学生是否处于危险之中。

同时,为学生安全着想,深圳元平特殊教育学校设有门禁及电梯控制系统。门禁系统主要针对大门、宿舍等控制人员出入,并完成自动出入详细登记,可通过网络远程统一授权、管理,限定或允许人员通行,非授权人员不能进入。相关人员只要有一张校园卡即可方便出入授权工作场所,无须携带大量繁复的钥匙。所有门禁要全部实现联网控制,通过网络实现远程状态监控和授权管理,门禁授权无须校园卡到现场。电梯管理系统是在教学楼和宿舍楼电梯处设置的系统,相关人员使用电梯时必须通过刷卡授权。为保障学生安全,学生如果

---

① 梁裕,秦亮曦.一个校园一卡通系统的设计与实现[J].广西职业技术学院学报,2010,3(1):2.

想乘坐电梯,必须要教师刷卡授权,学生不能单独使用。①

## 第2节 制度环境

学校的制度环境是学校在实践其精神文化理念的过程中所形成的管理制度、管理文化及其实施的保障机制的总和。制度环境通过明确告知学校组织成员什么是应该做的和被鼓励的,对师生员工的自觉行为起到规范和保障作用。

深圳元平特殊教育学校在教育、康复、职业训练、管理等过程中,针对学生、教师、管理人员等主要对象也形成了一套系统的教育教学管理制度。学校于2008年编制了《深圳元平特殊教育学校规章制度汇编》,其中对综合、行政管理、安全管理、教职工管理、教育教学管理、学生管理、后勤管理等七个部分都作了详细的规定说明。

### 一、综合制度

综合制度是深圳元平特殊教育学校核心思想的体现,是各项制度的核心。综合制度包括校训、校风、教风、学风、校徽、校歌,以及《深圳元平特殊教育学校章程》和《深圳元平特殊教育学校教职工代表大会规程》等内容。在这一部分,深圳元平特殊教育学校的校训是"博爱、奋进、有序",校风是"博爱、宽容、尊重、理解、平等、公正",教风则是"爱生敬业、创新务实、因材施教、育残成才",学风是"自尊自强、顽强拼搏、超越自我、立志成才"等。

### 二、行政管理制度

行政管理制度是对学校行政机构运行管理的制度规范,该部分规定了深圳元平特殊教育学校的行政机构设置,并且规定了办公室、教务处、学生处、科研处、总务处和安全办的职能以及各级行政管理人员的规范要求等。这一部分内容包括《办公室职能》《教务处职能》《科研处职能》《总务处职能》等各处室职能,《行政管理人员工作规范》《干事以上干部工作要求》《班组长工作要求》《主要会议和学习制度》《中层干部缺位竞争上岗方案》等行政人员管理规范的内容,以及相关的档案管理制度等内容。以《中层干部缺位竞争上岗方案》为例,它的制订完善了学校的干部选拔机制,激发了管理人员的工作积极性,培养出一批真

---

① 黄建行,雷江华.信息技术在特殊教育中的应用[M].北京:北京大学出版社,2015:137.

正德才兼备的中层干部人才。

## 中层干部缺位竞争上岗方案
### (2002年)

为完善干部选拔机制,适应学校改革和发展的需要,充分发挥全体教职工的民主监督作用,把真正德才兼备的人员选拔到中层干部岗位上来,近期拟在全校范围内对学校中层干部空缺岗位实行竞争上岗,方案如下:

一、竞争职位数

根据深编办[1998]009号文件批复的《深圳元平特殊教育学校"八定"方案》精神,学校拟设立办公室、教导处、总务处、科研处、康复处、职业教育与产业管理处6个中层机构。

二、资格条件

参加竞争者必须热爱党的教育事业,热爱残疾儿童,具有扎实的专业基础、正确的教育理念、较强的书面、口头表达能力,有一定的组织管理、协调能力和开拓创新精神,有强烈的事业心、责任心和使命感,作风正派、公道正直、群众拥护、身体健康,并具备以下条件:

1. 大专以上学历或具有中级以上职称。
2. 具备5年以上教龄,且在本校工作2年以上。
3. 年龄在40周岁以下。

三、方法程序

本次中层干部缺位竞争上岗采取竞争资格不竞争岗位的办法进行。

1. 发布公告。在全校范围内发布缺位竞争上岗公告。
2. 接受报名。符合条件的个人自愿报名,并填写中层干部竞争上岗报名表,于指定日期内报办公室。符合报名资格条件人数与竞争职位数之比原则上应达到2:1。
3. 资格审查。由校务委员会负责对报名人员进行资格审查,所有符合报名资格条件的均可参加竞争。
4. 综合素质测评。采用考试、群众测评、组织考察相结合的方式。

(1) 考试(占总分值的40%)。只进行面试,包括自我介绍、演讲和答辩。主要考察组织能力、反应能力和综合素质。演讲和答辩包括工作回顾、竞职设想、评委提问。

(2) 群众测评(占总分值的30%)和推荐。由群众根据德、能、勤、绩四项内容进行评价打分,公正起见,对全打满分或全打零分者视为无效。群众推荐未超过50%者,不列为考察对象。

(3) 组织考察(占总分值的30%)。由校党支部负责对考察对象进行组织考察。

(4) 任前公示。由校务委员会对参加测评人员的素质测评成绩进行排序,择优筛选。经筛选出的拟任职人选在全校范围内公示3天,广泛听取群众意见。

(5) 聘任。经公示,如没有足以影响聘任的问题,由校长颁发聘书。

(6) 试用期。经竞争上岗的中层干部,实行试用期制度,试用期为1个学期。试用期满考核不合格者,不予聘用。试用期内犯有严重错误或造成严重不良影响的,及时终止试用期。

(7) 任职回避。参照有关规定,通过竞争上岗的中层干部对以下亲属须进行任职回避:

1. 夫妻关系
2. 直系血亲关系
3. 三代以内旁系血亲及近姻亲关系。

### 三、安全管理制度

由于教育对象的特殊性，安全管理对于特殊教育学校的意义尤为重要。为确保校园安全，要认真细致排查安全隐患并及时整改，特别是要加强消防、安全监控等设施设备的维护保养，加强食品安全排查，对学校食堂、学生宿舍、学生教室和其他学生集中学习、生活的场所进行彻底消杀处理，确保师生们拥有整洁、安全、温馨的学习和生活环境。深圳元平特殊教育学校切实落实安全工作责任制，创建平安幸福校园，非常重视安全管理和安全教育，经常开展安全演习和安全教育活动，并且制订了一系列有关的安全条例，不仅包括对大型活动、地质灾害、气象灾害的应急预案，如《大型活动应急预案》《地质灾害应急预案》《防雷电、暴雨、台风应急预案》《火灾应急预案》等，还制订了学校日常活动的安全管理规范，例如《安全管理细则100条》《教育教学事故责任追究办法》《后勤服务事故责任追究处理办法》《消防管理规定》《安全"三级"检查制度》《校医室安全管理制度》《学生饮用奶意外事故应急方案》《视频监控系统视频信息查询管理办法》《校医室应急预案》《学生定期体检制度》《学生疾病防治安全管理制度》等。

深圳元平特殊教育学校充分考虑到特殊学生可能出现的各种突发状况，针对每种可能发生的情况都制订了详细的预防方案，切实保障了校园环境的安全。以《教育教学事故责任追究办法》为例，深圳元平特殊教育学校明确了教育教学事故的定义和类别，规定了教育教学事故的认定和处理程序，并且明确了具体的责任追究办法，有效及时地处理了各类教育教学事故，维护了正常的教学秩序。

## 教育教学事故责任追究办法
### （2008年）

#### 第一章 总 则

**第一条** 为全面贯彻教育方针，深化深圳元平特殊教育学校课程改革，健全并规范教育教学管理制度，进一步规范教师的教育教学行为，预防并及时、有效、妥善地处理各类教育教学事故，维护正常教育教学秩序，建设良好的校风和教风，全面提升教育教学质量，根据《中华人民共和国教育法》《中华人民共和国教师法》《中华人民共和国义务教育法》《中华人民共和国未成年人保护法》《中华人民共和国残疾人保障法》《教育行政处罚暂行实施办法》《特殊教育学校管理规程》《深圳元平特殊教育学校关于安全事故责任追究的规定》等相关法律、法规、政策和规定,结合深圳元平特殊教育学校实际,坚持以生为本的原则,制定本办法。

第二条　教育教学事故是指教职员工在教育教学管理、学生管理及教育教学活动中,因本人主观过错或过失所引起的,影响学校正常教育教学秩序和教育教学质量,影响学生或学校财产安全,违反学校有关规章制度,造成安全责任事故或构成重大安全隐患的行为。

## 第二章　教育教学事故的类别

第三条　教育教学事故依据教育教学与管理等不同环节,分为教育教学组织事故、教育教学运行事故、教育教学考核事故、教育教学保障事故等四种类型。

教育教学组织事故是指学校教育教学管理部门、管理人员或教师由于失误或失职,造成教育教学活动难以运行,或正常的教育教学秩序受到破坏的行为。

教育教学运行事故是指学校教育教学管理部门、管理人员或教师在教育教学活动运行过程中由于失误或失职,造成教育教学活动运行中断或其他影响教育教学正常运行的行为。

教育教学考核事故是指学校教育教学管理部门、管理人员或教师在教育教学考核与评价等环节中由于失误或失职,造成学校和学生的考试成绩或评价结果失真,或影响考试考核与评价工作正常进行,破坏考场秩序的行为。

教育教学保障事故是指学校教育教学管理部门、管理人员或后勤部门及有关人员由于失误或失职,造成教育教学活动运行受阻,影响正常教育教学秩序的行为。

第四条　教育教学事故根据事故的性质和所造成的危害程度不同,分四个级别:

(一)一般教育教学事故;

(二)较大教育教学事故;

(三)重大教育教学事故;

(四)特大教育教学事故。

第五条　教育教学组织事故的类别。

(一)一般教育教学组织事故

1. 随意让学生离开课堂做与本课时教学无关的事情。

2. 未按规定进行交接和跟辅,未造成后果。

3. 不备课上课;无教案上课;未按课程教学要求上课。

4. 课堂(宿舍、食堂)组织不力,导致安全隐患。

5. 教学内容出现一般性知识错误。

6. 未经学校主管部门批准,随意调课换课、增减课时、请人代课或代他人上课。

(二)较大教育教学组织事故

7. 上课迟到、提前下课、擅离课堂,未造成严重后果。

8. 因管理学生失当,导致学生受伤等较严重后果。

9. 教学内容出现原则性知识错误。

10. 上课时,拨打、接听电话或收发信息。

(三)重大教育教学组织事故

11. 上课迟到、提前下课、擅离课堂,造成严重后果。

12. 教育教学内容出现重大原则性知识错误。

13. 因管理学生失当,导致学生受伤或走失等严重后果。

14. 体罚或变相体罚学生。

15. 酒后上课或在教育教学过程中出现严重违纪行为。

16. 因未履行工作职责,造成学生纪律混乱,致使学生出现打架斗殴,或学生伤害等恶性事件。

17. 在教育教学活动中,因指导和组织不当造成重大财产损失或使学生受到伤害;教育教学过程中遇到突发事件,不能及时妥善处理,造成事态恶性发展。

第六条　教育教学运行事故的类别。

(一)一般教育教学运行事故

1. 违反学校坐班制度,未按规定履行请假手续。

2. 无故不按时参加或不按时完成学校及主管部门布置的教育教学或其他工作。

3. 教育教学工作安排失误,造成教育教学人员不到位,影响教育教学活动实施。

(二)较大教育教学运行事故

4. 因管理缺失导致部分师生缺课、停课、漏考、停考。

5. 有关放假或全校性教育教学调整等工作,因未能及时通知或妥善安排,造成教育教学秩序混乱。

(三)重大教育教学运行事故

6. 无正当理由,拒不接受学校及主管部门的教育教学工作安排,或故意不完成教育教学任务。

7. 接到报告后,未能及时处理教育教学事故或学生矛盾,造成严重后果。

8. 因管理缺失导致较大范围缺课、停课、漏考、停考。

9. 升旗、早操、集会、外出等集体活动,因管理措施不力,造成重大安全事故。

10. 无故脱岗、旷课、旷工,对学生或学校财产安全构成威胁。

11. 超越规定权限审批教师假期或安排工作不当,导致严重后果。

第七条　教育教学考核事故的类别。

(一)一般教育教学考核事故

1. 监考迟到;监考时以各种方式要求学生提前交卷。

2. 在监考过程中做与监考无关的事情(如抽烟、闲聊、看书报、打电话、发信息等);不严格履行监考职责,擅离职守;不按要求装订试卷。

3. 不按规定要求和程序阅卷、评分、评价、报送成绩、对学生进行综合素质评定。

(二)较大教育教学考核事故

4. 擅自请人代监考。

5. 因安排不当造成考试科目、时间、地点、监考人员等冲突,导致考试不能正常进行。

6. 监考中对学生答题进行暗示、提示,对学生考试中严重违纪行为不制止、不上报。

7. 考试试题有严重错误,影响考试正常进行,造成考试延误、中断或失效。

8. 由于监考人员失误,造成考试结束后收回试卷数与参加考试人数不相符;遗失学生试卷、考试成绩,致使学生成绩无法确定。

(三)重大教育教学考核事故

9. 监考教师缺席。

10. 放纵考生舞弊,造成学生大量或严重舞弊。

11. 对突发事件处置不当,导致考场秩序混乱。

第八条 教育教学保障事故的类别。

(一)一般教育教学保障事故

1. 未能履行工作职责,对损坏的教学设施设备不能及时修复或更新,特殊情况不能及时完成且未及时反馈或上报,影响教育教学活动正常进行。

2. 教室、功能室、训练室、图书馆、宿舍等教育教学活动场所由于管理缺失,影响教学活动正常进行。

(二)较大教育教学保障事故

3. 未能履行工作职责,对损坏的教学设施设备不能及时修复或更新,特殊情况不能及时完成且未及时反馈或上报,严重影响教育教学活动正常进行。

4. 教室、功能室、训练室、图书馆、宿舍等教育教学活动场所由于管理缺失,严重影响教学活动正常进行。

(三)重大教育教学保障事故

5. 提供不符合国家安全标准的教学设施和设备,造成学生意外伤害。

6. 校舍、教学设施设备等维修未能错开教学时间,因安排不当或施工管理不当而影响正常教育教学。

7. 教室、功能室、训练室、图书馆、宿舍等教育教学活动场所由于管理缺失,严重影响教学活动正常进行,造成学生意外伤害。

## 第三章 教育教学事故的认定和处理

第九条 事故责任人所在班组、部门负责调查、取证、核实,按一事一表的方式填写《深圳元平特殊教育学校教育教学事故记录表》,对事故级别与责任人提出初步认定与处理意见,送交学校领导或学校安全事故处理领导小组。

第十条 事故责任人只能是个人或多人,不得以部门、班组代替。

对事故隐瞒不报或无故拖延不报的人员(含教师、教育教学管理人员、教育教学辅助人员),视为事故责任人。

第十一条 教育教学事故原则上由学校安全事故处理领导小组负责最后认定和处理。

一般教育教学事故由主管部门认定,做出处理决定并报校领导;较大教育教学事故由主管部门提出认定意见,报学校安全事故处理领导小组认定和处理;重大教育教学事故由分管领导提出认定意见,报学校安全事故处理领导小组认定和处理。

第十二条 一般教育教学事故应在事发后两个工作日内处理完毕并通知责任人；较大教育教学事故应在事发后五个工作日内处理完毕并书面通知责任人；重大教育教学事故应在事发后十个工作日内处理完毕并书面通知责任人。主管部门负责将处理决定通知责任人及所在班组，督促执行处理决定。

第十三条 各级教育教学事故的处理意见与决定应有书面记录，各有关部门和人员应如实填写《深圳元平特殊教育学校教育教学事故记录表》（一式两份），主管部门存档一份、事故责任人一份。

第十四条 各部门对各级教育教学事故进行调查、处理的同时，应迅速采取补救措施，尽可能降低事故影响的程度和范围，并完善相关规章制度。

## 第四章 教育教学事故的责任追究

第十五条 教育教学事故经学校最终认定并做出处理决定后，须追究事故责任人的责任。视事故级别和情节轻重，分别给予以下处分：

一般教育教学事故：扣发事故责任人当月临时岗位津贴保留基数（奖金和岗位津贴）的20%；并视具体情节给予责令做出书面检查、校内通报批评等处分。一年内累计两次一般教育教学事故，视为一次较大教育教学事故。

较大教育教学事故：扣发事故责任人当月临时岗位津贴保留基数（奖金和岗位津贴）的40%；取消本年度评优评先资格；并视具体情节给予校内警告、缓聘或低聘专业技术职务、降低或撤销校内行政职务等处分。一年内累计两次较大教育教学事故，视为一次重大教育教学事故。

重大教育教学事故：扣发事故责任人当月临时岗位津贴保留基数（奖金和岗位津贴）的100%；取消本年度评优评先资格；并视具体情节给予校内记过、记大过、留校察看、离岗培训、解除聘用合同等处分。

重大教育教学事故除追究事故责任人外，还要追究相关管理责任人，给予相应的经济处罚：组长扣发当月临时岗位津贴保留基数（奖金和岗位津贴）的20%；干事扣发当月临时岗位津贴保留基数（奖金和岗位津贴）的15%；中层干部扣发当月临时岗位津贴保留基数（奖金和岗位津贴）的10%。校领导扣发当月临时岗位津贴保留基数（奖金和岗位津贴）的5%。

特大教育教学事故，依照国家相关法规和上级规定处理；有违法行为的交由司法机关处理。

第十六条 教育教学事故的认定和处理结果记入责任人个人业务档案，作为对教职员工考核奖惩、职务评聘等方面的重要参考依据。

## 第五章 附 则

第十七条 深圳元平特殊教育学校全体教职工均适用本办法。

第十八条 本办法第二章中未列举的其他类似行为，按照本办法规定，比照相应条款，并经学校安全事故处理领导小组进行认定和处理。

第十九条 本办法自教代会通过之日起施行。

第二十条 本办法由深圳元平特殊教育学校校务委员会负责解释。

## 四、教职工管理制度

针对教师、教辅人员、后勤人员等学校教职工，深圳元平特殊教育学校也对他们的职责进行了详细的规定，制订了《教师职责》《班主任、辅管教师工作职责》《教师教学常规"九个一"》《班主任工作常规"九个一"》《借聘人员管理暂行规定》《教职工职业道德要求"十不准"》《教职工仪表仪态暂行规定》《教职员工考勤》《请假暂行规定》《用人报批程序》《用款审批程序》《报账会计工作职责》《档案员岗位职责》《文印人员职责》《水电工职责》《食堂工作人员职责》《司机职责》《保管员职责》《图书管理员职责》《生活管理员职责》《教务员职责》《教研组长职责》《教具管理员职责》《家庭辅教人员入校行为规范》《门卫职责》《校医职责》等等制度。这些制度的制订和实施明确了学校各类教职员工的职责，有效地保障了学校对教职员工的有序管理。例如，深圳元平特殊教育学校为了发挥教职员工在学校中的隐性教育作用，体现"服务育人"的价值，根据教师工作的实际制订了教师职责要求，以规定学校所有教师的教学行为。

## 教师职责
### （2002 年）

1. 热爱教育事业，教书育人，引导学生德、智、体全面发展，帮助学生明确学习目的，树立正确的人生观，努力培养高素质人才。

2. 遵守师德规范和学校规章制度，以身作则，为人师表，有良好的品德和教风，对学生坚持教育、疏导，严禁体罚或变相体罚，积极参与德育工作。

3. 认真钻研教材和进修业务，按时参加组内教研活动，提高教学水平。

4. 按照教学大纲和学校教学要求，学期初制订教学计划上交，按计划完成教学进度和教学任务，备好课，设计好教案，接受学校检查。

5. 按学校教师上课要求和教学常规上好课，教好书，做好考试工作，做称职的人民教师。

6. 期末按时将评定成绩上交，并认真写好教学总结或教学论文上交。

7. 主动向班主任反映学生情况，配合班主任做好家访和班级的工作，认真执行值班制度，敢于管理，教师应做的工作不叫学生代劳，做好学生管理工作。

8. 认真组织第二课堂活动，丰富校园生活，积极参加德育工作，引导学生健康成长。

9. 积极参加进修、培训，掌握现代化教学手段，争当名师、模范。

10. 开会、出差回来及时主动向主管行政部门汇报，并在有关会议上传达，各行政部门负责人向校长汇报，保持正常的工作关系和上下级关系。

11. 团结合作，服从各级领导，发挥个人所长，积极完成学校各项工作，主动积极参加公益活动。

### 五、教育教学管理制度

教育教学制度是人们在长期的教学实践中形成和创造出来的规范教学主体行为、整合教学系统结构的那些具有普遍性、稳定性的规则体系。它既包括师生的行为规则,如教师的资格、职责、工作量、行为规范,学生的课堂行为、课间行为、日常行为规范等;也包括学校教学行为的规则,如课程设置、教材选择、教学组织形式及班级编制、教学管理等;还包括教学外部管理的规则,如课程教材管理、学校外部考试等。[①]

教育教学是学校的中心活动,教育教学管理制度主要是针对教育教学过程制订的一些规章制度,包括教学的一些要求、各功能教室管理制度等。深圳元平特殊教育学校在教育教学的过程中,编制并实行了一系列教学制度,如《教学工作要求》《教研工作要求》《学生课间纪律》《学生课堂常规要求》《学生作业要求》《班费使用暂行规定》《听觉治疗室管理制度》《导平治疗室管理制度》《心理检测室管理制度》等,此外,学校还制订了《教师教研常规"十个一"》《科研成果奖励办法》《科研课题管理办法》等制度来提高学校的师资水平和教学科研水平。在这些制度的管理之下,师生教育教学活动的质量得到了有力的保障,功能教室和仪器设备的使用更加完善合理,有力地保障了学校教育环境的建设。

## 科研成果奖励办法
### (2008年)

为鼓励全校教职工积极投入教学科研工作,加快推进科研兴校的步伐,不断提高深圳元平特殊教育学校的办学水平和教学科研水平,特制订本奖励办法。

一、科研成果的种类

(一)优秀课(参加校级以上比赛获奖公开课)、课件、自制教具等。

(二)优秀论文或经验总结(含已发表或未发表的、已获奖或未获奖的)。

(三)已结题的科研课题(附成果鉴定书)。

(四)其他

二、科研成果的申报

(一)科研成果申报工作由科研办于每年6月底组织进行。

(二)根据成果完成的主体不同,分别以个人、班组、课题组的名义申报。

(三)科研成果申报需填写《深圳元平特殊教育学校科研成果申报书》,并经主管处室签署意

---

① 安珑山.论教学制度[J].西北师范大学学报,2002,39(3):106-107.

见后报科研办。

### 三、科研成果的评定

（一）由科研办组织科研成果评审小组,公开、公正、透明地对科研成果进行评定。

（二）已获市级以上科研成果的,需提供相关证明材料,并经科研办确认。非教育行政、教育科研部门评定的科研成果原则上不予确认,但可以作为申报科研成果的参考。

（三）各类科研成果的评定分为国家级、省级、市级和校级四个等级,每个等级再细分为若干个等次。凡是在无正式刊号的报刊、杂志上发表（或评奖）的,均按照校级科研成果进行申报。

### 四、科研成果的奖励

（一）对科研成果获得者的奖励实行物质奖励和精神奖励相结合的办法,以精神奖励为主。

（二）科研成果作为晋升工资、职称评定、考核评优的依据。

（三）对科研成果获得者的物质奖励按照相应的级别、等次标准执行。

（四）对重大科研成果,由科研办报校长提请校务委员会研究,给予重奖。

### 五、附则

（一）本办法自教代会讨论通过之日起施行。

（二）本办法的修改权和解释权属校务委员会。

## 六、学生管理制度

学生是学校的重要组成部分,学生的管理工作是学校工作的重中之重。对于特殊教育学校来说,特殊学生的管理举足轻重。深圳元平特殊教育学校专门制订了一系列学生管理制度来保障特殊学生在学校安全地学习和生活。这部分内容包括《学生日常行为规范总则》《学生日常行为规范细则实施办法》《学生学籍管理制度》《学生课堂常规要求》《十项常规评比》《文明班级、三好学生、优秀学生班干部评选规定》《学生宿舍安全管理实施细则》《学生宿舍安全管理责任书》等。以学生宿舍的安全管理为例,深圳元平特殊教育学校制订了《学生宿舍安全管理实施细则》《学生宿舍值班制度》《学生宿舍安全检查制度》《学生宿舍视频监控管理制度》《学生宿舍出入管理和门卫制度》《学生宿舍安全隐患和事故报告制度》《学生宿舍安全管理问责办法》《学生宿舍安全卫生规范》等制度,详细规定了相关人员的工作职责、工作要求、家长接待、新生入住等情况的处理程序等。这些条款甚至比普通学校的制度规章更加具体完善,有力地保障了特殊学生宿舍生活的安全、舒适。

# 学生宿舍安全管理实施细则
## （2014年）

一、总则

为贯彻落实教育部《中小学幼儿园安全管理办法》和《深圳市学校安全管理条例》，进一步加强学生宿舍的安全管理，切实保障学生安全和健康成长，根据深圳市教育局《关于进一步加强中小学校学生宿舍安全管理工作的若干意见》（深教〔2008〕441号），依据我校《安全管理细则100条》《安全事故责任追究办法》，结合我校宿舍管理工作的实际，特制订本实施细则。

二、管理模式

（一）学生处是生活组的上级职能部门，应指定专人负责学生宿舍管理工作。

（二）生活组组长全面负责生活组日常事务及生活组教师的思想工作。

（三）实行科学的、合理的、高效的"岗位能上能下、待遇能高能低、人员能进能出"的动态管理模式。

（四）实行楼层责任制，各楼层推选责任人负责本楼层事务和人员管理，以及沟通、协调工作。

（五）实行奖优惩劣制度。

三、工作职责

负责清洁和保持学生宿舍的环境卫生；照顾学生在宿舍起居、如厕、冲凉、休息，在餐厅就餐等日常生活；保证学生的人身和财产安全；对学生进行养成教育和思想品德教育。

四、工作要求

（一）生活组实行"三班倒"工作制，生活老师要严格遵守各班岗位职责，提前十分钟交接班，不迟到早退，不擅离岗位。

（二）工作时间不处理个人私事，不准私自调岗。当班有事需经组长同意，找不当班人顶替岗位。

（三）牢固树立"以生为本，安全第一"的思想，确保学生平平安安。无论何时，是否当班，对紧急突发事件都要第一时间简单处理，同时报告值班人员，协助解决危机。

（四）达到两点基本要求：一是学生干干净净，二是环境干干净净。

（五）做到"四心"到位：即责任心、爱心、细心、耐心。

（六）牢记"五不准"：不准体罚或变相体罚学生，不准私自使用电器、火器，不准收受家长红包、贵重礼品，不准擅离职守，不准留外人。

（七）六要：一是要严格交接，即严格按照《安全管理细则100条》的相关规定履行好学生在宿舍、食堂的交接手续；二要及时报告，即重大事件必须在第一时间报告，把影响降到最低限度；三要保证安全，即保证学生人身财产安全，保证学生生活用品、生活环境卫生安全；四要加强沟通，即要加强与教师、家长的联系与沟通；五要加强学习，不断提高自身素质，努力为育残成才服务；六要团结协作，不搞小团体主义，共同营造健康和谐氛围。

五、队伍建设

（一）学校应聘请和安排素质较高、责任心强的人员作为学生宿舍生活老师，负责学生宿舍管理工作。

（二）根据宿舍安全管理的要求，生活老师在上岗前必须进行岗前培训，定期进行卫生防疫、心理健康和救护知识技能的培训;并不定期进行考核。

（三）学校将根据实际情况,不断创造条件改善生活老师工作条件,提高生活老师福利待遇。

六、家长接待

（一）接待家长热情周到,遇到家长的质疑必须做好解释工作,不能与家长发生任何冲突。

（二）每周一从家长（或委托监护人）手中接过学生,仔细询问学生在家中的情况并查看学生,如发现学生身体或情绪有异常情况,及时告知家长和班主任。每周五将学生送到家长（或委托监护人）手中时,向家长反映学生在学校的情况并提醒相关注意的事项。

（三）自行从宿舍回家的学生,需与班主任取得联系,并确认家长已经签好走读学生保证书、办理走读卡。

（四）生活老师、值班人员必须认真填写学生接送情况登记表。

七、新生入住

（一）新生入住时,记录学生姓名、家长姓名、联系方式。

（二）向医务室仔细询问学生是否有特殊病史,是否吃药,记住药的品名、剂量、服用方法,并将药分类妥善保管好。

（三）了解学生生活自理情况,包括能否单独吃饭、走路、上厕所,能否洗脸、刷牙、冲凉、洗衣服,是否尿床等。

（四）了解学生是否有攻击性行为,是否有传染病。

（五）了解学生住宿是否需要其他方面特殊的帮助。

八、人数清点

（一）与班主任交接时、带学生活动时、排队时要清点学生人数。

（二）带学生活动,要定时清点学生人数,室内活动要每20分钟清点一次,户外活动每10分钟清点一次,在范围较大或环境复杂的地方活动,要随时清点学生人数。

（三）每天早上6:30、中午12:30、下午6:30、晚上9:30分别清点住校学生人数,注意检查学生身体状况,如有异常情况及时报值班校医或行政总值班。

九、宿舍管理规范

（一）宿舍管理人员要严格执行岗位责任制,尽职尽责,确保住宿学生生命财产安全。

（二）自觉遵守宿舍管理制度,搞好宿舍卫生和个人卫生,养成文明生活习惯。宿舍做到"五净一整齐"。即地面净、墙壁净、顶棚净、灯具净、门窗净、床铺齐。

（三）遵守作息制度,按时就寝,在休息期间保持宿舍安静,不准在宿舍内进行球类等体育活动。

（四）保持室内空气清新,不得向窗外、走廊、楼下倒垃圾、乱扔废弃物。

（五）不准在学生宿舍内喝酒、抽烟,不讲粗话、脏话,不吵架,不打架。

（六）不准携带管制刀具、易燃、易爆、有毒等物品带进宿舍。

（七）学生生活用品要定时整理和检查,发现不健康书籍、光碟、刀具、电器等危险物品以及贵重物品（如:手机等）,要及时妥善处理。

（八）学生宿舍钥匙随身携带,不得转借,不得将钥匙放在门楣上。

（九）学生宿舍内严禁出现拥挤、推拉、跑、跳等行为。禁止上铺学生上、下床不蹬爬梯的行为,禁止学生在两床之间跳动,杜绝学生爬门、窗出入的现象发生。

(十)男女同学不准私自进入异性宿舍。

(十一)宿舍内严禁外人进入,如有特殊情况须在值班室登记,经过生活老师允许方可入内。禁止外来人员留宿,一经发现,立即中止当事人劳动合同。

(十二)生活老师要把消毒水、洁瓷净等化学物品放置在抽屉或柜子里,并及时上锁,严禁放置在学生可以拿到的地方。

(十三)学生冲凉、洗衣要在生活老师、值班教师的监管下进行。生活老师要随时检查水温,预防事故发生。对行动不便的学生,生活老师要帮助指导其冲凉、洗衣。洗涤用品在使用后由生活老师统一放置好,防止学生吞食。

(十四)学生衣物清洗后要在生活老师的监管下进行脱水和晾晒。脱水机须由生活老师操作,禁止学生操作(听障班高年级学生除外)。晾晒时要求学生用衣叉挂取衣物,禁止学生攀爬防盗网。

(十五)夜班人员检查学生的晚睡情况,对于夜间发病的学生要及时通知值班医生诊治。对患有癫痫、心脏病等特殊疾病的学生应尽量与生活老师安排在同一宿舍。

(十六)不得故意损坏宿舍内公物,如有损坏按价赔偿,情节严重者给予处分。

(十七)节约用电,安全用电,防止火灾事故发生。严禁在宿舍内使用任何电器、用火(点蚊香、蜡烛等),一经发现,立即中止当事人劳动合同。

(十八)严禁私自挪动、遮盖或拔除宿舍监控设备。

(十九)爱护消防器材,对配备在宿舍楼内的灭火器、消防栓、安全疏散等消防设施,严禁试用或挪为他用。

(二十)提高警惕,增强防火防盗意识,杜绝事故发生。发现可疑情况,及时报告组长和行政总值班。

十、钥匙(电子锁卡)管理细则

(一)学生宿舍楼钥匙管理分工。

1. 一楼南北两侧大门由夜班老师负责。

2. 其他楼层钥匙(包括逃生窗钥匙)由各楼层负责人负责。

3. 各楼层衣柜钥匙由各楼层生活老师负责。

(二)宿舍钥匙安全责任人

1. 第一责任人:

各楼层安全责任人,负责本楼层大门、消防通道和逃生窗钥匙。

2. 第二责任人:

生活组组长,为钥匙管理总负责人,负责生活组全部钥匙管理,学生处和总值班随身配备电子锁卡。

(三)钥匙各负责人不得擅自将钥匙借于他人使用;如有遗失须在第一时间报告组长。

(四)钥匙如因工作需要借出时须严格办理登记手续。

(五)学生宿舍每学期进行一次消防疏散演练。火警发生时,钥匙第一负责人需立即开门并疏导学生逃生;如第一负责人不在时,钥匙第二责任人需保证做到立即将门打开,并疏导学生按消防疏散路线逃生。

十一、奖优罚劣

每月进行一次"文明宿舍"评选，连续三次被评为"文明宿舍"的将优先考虑学年末"优秀宿舍"的评选。

严格按照标准对生活老师工作实行量化考核。

对年终考核综合排名前10名的生活老师将优先考虑学校"先进个人"的评选；对综合量化较差的生活老师考核评定为基本称职，连续两次考核为基本称职的予以辞退。

生活老师在工作期间发生安全事故，则按《深圳元平特殊教育学校教育教学事故责任追究办法》予以处理。

## 七、后勤管理制度

后勤管理制度是对学校教育教学等常规活动的保障和支持，这部分的制度包括《电教设备和器材管理制度》《用电管理制度》《机电人员安全操作规程》《用水、气管理制度》《消防设施定期检查维护制度》《运动场管理制度》《车辆管理制度》《教工宿舍管理制度》《教工宿舍分配方案》《关于教工宿舍房间及家具分配方案》《关于教工宿舍安全使用管道煤气的有关规定》《报废、赔偿制度》《卫生制度》《食堂卫生管理规定》《采购（维修）工作管理暂行办法》《公务用车管理办法》《锁钥管理制度》《物资仓库管理制度》《电气维修管理规定》等。深圳元平特殊教育学校在财产管理方面的制度规定如《固定资产管理制度》《房产管理制度》等比较成熟、规范，符合国家相关财产管理制度要求。

## 固定资产管理制度
### （2008年）

一、学校固定资产实行归口管理，分级负责，责任到人的管理责任制，总务处设立固定资产总账，密切配合管理部门定期或不定期清点实物、核对账目，要求账物相符，防止物资积压、损坏、变质、被盗等情况的发生，积极指导协助有关人员管好用好固定资产。

二、固定资产范围：主要指房屋及其他建筑物和使用一年以上，单项价值在规定起点以上的设施，仪器设备等。耐用时间在一年以上的大批同类物资设备也可按固定资产管理。

三、固定资产管理

（一）房屋、其他建筑物及各种附属设施，各种车辆、机电设备、水暖电器、家具及相关设备归总务处管理。

（二）电子仪器、电脑、音像设备及有关教学、科研专用设备等，归教导处管理。

（三）图书杂志及其他重要文献资料，归图书馆管理。

（四）各处室对各种固定资产要切实加强管理，建立明细账，严格执行采购、验收、出入库、调拨、变价、报损、报废等手续，对调入、捐赠或加工自制设备，亦应及时办理编号、建账、入库分配等有关手续，并根据凭证合理作价，载入固定资产总账和明细分类账。

（五）各处室、班组增添家具、仪器设备时，需按规定做出计划，经分管校长审批后，方可购置与供应。

（六）凡属固定资产管理范围的物资，须无偿调拨或折旧作价处理时，须报校长审批。

（七）各处室、班组领用的各种固定资产，不准随意变动，如确实需在处室、班组之间进行调整的，须经有关管理部门办理过户手续。对各处室、班组不再使用或多余的物资，管理部门应给予调出，以防止物资财产积压和浪费。

（八）管理部门每年应对固定资产全面清查核对一次，发现余缺应及时做出记录，查明原因，提出处理意见，按报表手续经校长批准后进行账目调整，需追究责任者按有关制度处理。

（九）建立固定资产管理档案。房屋及其他建筑物的地质资料，设计施工及竣工图纸、电器、水暖安装路线等有关资料应归档保存，大型贵重精密仪器等的建档，参照有关制度执行。

（十）固定资产管理和使用应纳入处室工作，做到合理到位。因玩忽职守或违犯操作规程造成财产损失的，当事人或处室、班组必须立即写出书面报告，说明原因，根据情况轻重，按有关规定处理，对知情不报者应严加处罚。

## 第3节 精神环境

学校的精神环境一般包括校园的文化环境、人际环境、舆论环境和网络环境，精神环境具有导向、激励和感染的功能。文化环境是指以一定的共同价值观为指导的校风建设和校园文化活动。人际环境是指学校主体之间，包括师生、同学之间能否平等相待，和谐相处。校园的舆论环境是指社会舆论环境在学校中的投射，是学校形成关于某一观念、认识、情感的舆论氛围。学校的精神环境就是通过校园的行为规范、精神力量、价值期待、文化氛围来陶冶学生的思想，引导学生的行为。[1] 学校的精神环境以学校精神为载体，良好的学校精神是一种潜在的心理力量，它作为学校普遍认可、接受和推崇的风尚、习惯和准则，以制度形式依存于学校校风，又以价值观念形式存在于个体身上，体现在学校全体成员的个性心理特征上，即校风的人格化。深圳元平特殊教育学校一直以来都非常重视精神环境的建设，致力于让学校成为全体师生共同的"精神家园"。

---

[1] 许浩.论高校精神环境育人的特点及功能[J].经济与社会发展,2006,4(1):195.

## 一、文化环境

学校文化指学校内有关教学及其他一切活动的价值观念及行为形态。[①]特殊教育学校学校文化可以参考学校文化的定义,即学校发展过程中逐渐形成的组织成员共享的基本假设和信念以及稳定的生存方式。它们表现为学校组织成员共同遵守的价值体系和行为模式,是经过长期发展历史积淀而形成的全校师生员工的教育实践活动方式及其所创造的成果的总和。[②] 特殊教育学校文化分为物质文化、制度文化和精神文化,其中精神文化主要指特殊教育学校的校风、教风、学风,是特殊教育学校整体精神面貌的集中体现。

对于办学历史较短、在学校文化传统方面积淀还不够深厚的特殊教育学校来说,在学校文化建设上应积极勇敢地开拓创新。在这些特殊教育学校中,学校的师生员工可以在特殊教育学校的发展和变革过程中,更好地审视特殊教育学校的发展定位,将新的特殊教育理念、文化与特殊教育学校的变革实践中不断产生的创举结合,从而形成具有新意且符合特殊教育学校实际的学校文化。深圳元平特殊教育学校提出了新颖丰富的办学理念:以人为本、服务至上、资源整合和科研兴校四大理念,而不再是过去传统单一的办学理念,并致力于在特殊教育学校校本课程建设、特殊教育学校学生职业教育、特殊教育学校学生康复训练、特殊教育学校信息技术、特殊教育学校特奥运动等方面来凸显其文化的特色创新。学校始终坚持以特殊学生为本,以道德、文化、科学教育为中心,以身体、心理康复为基础的教育发展途径,强化职业训练,培养学生自尊自强、顽强拼搏、超越自我、立志成才的品质,努力为特殊学生将来平等、充分参与社会生活、适应社会打好基础,实现"育残成才"的目标。学校"十二五"发展规划中提出实施教师职业幸福指数提升工程,通过组织师德论坛、班主任工作研讨会、师德征文等活动,充分发挥教职员工的创造力,为学校教学康复工作营造以"博爱、宽容,尊重、理解,平等、公正"为核心价值的十二字校园文化氛围。

深圳元平特殊教育学校倡导"博爱、宽容,尊重、理解,平等、公正"的校园文化,这与社会主义核心价值观"富强、民主、文明、和谐,自由、平等、公正、法制,爱国、敬业、诚信、友善"是一脉相连的。深圳元平特殊教育学校立足以特殊孩

---

[①] 顾明远.教育大辞典(第 6 卷)[M].上海:上海教育出版社,1992:426.
[②] 马延伟,马云鹏.课程改革与学校文化重建——一所学校的个案研究[M].教育研究,2004(3):62—66.

子为本,实现特殊孩子入学零拒绝,深圳市的智障、听障、视障、脑瘫、自闭症以及多重障碍的适龄儿童均可就读,这体现了学校"接纳一切特殊孩子"的"博爱"精神。面对着一群特殊的学生,教师们用宽容的胸怀理解孩子们的特殊表现,包容孩子们的各种问题行为,耐心细心地对待学生,这展示了学校教职员工对特殊孩子们的"宽容"和"理解"。深圳元平特殊教育学校根据国家的教育方针和不同程度、不同类型特殊学生的实际,确立了三个层次"宝塔式"分类推进的培养目标,确保无论障碍程度有多重的特殊学生都能在学校里接受适合的教育康复,这充分体现了学校秉持的"平等"观念。学校实行竞争上岗的干部选拔机制,中层干部的竞争上岗,实行"三公开、一公示",即条件公开、办法公开、程序公开,结果公示,建立了公平公正的干部选拔机制,彰显了学校"公正"的理念……同时学校积极开展各项校园文化活动,积极谋划喜闻乐见和具有广泛参与性的文体、学习活动,进一步完善教工文体、休闲俱乐部的建设,营造和谐的校园文化氛围。

在十二字校园文化氛围的引领下,深圳元平特殊教育学校中的文化活动多种多样。学校为了激发教师的教学兴趣,开展了"名师工程"活动,创立了"名师工作室",积极开展各类教师技能比赛;为学生开展各类体育文艺活动,如学生体育节、教学开放日等等。听障视障、智障、康复、职业教育四个教育教学部分别组织开展了"我学会了""每月一会""美化环境·文化育人""法制宣传教育""国学经典知识灯谜竞猜""阅读筑梦·阅读圆梦""聚焦职教·共话成长"等活动;还成立了家政社、棋艺社、科技社、书法社、艺绣社、手工社、魔术社和视障民乐社8个学生社团,着力打造品牌校园文化。学校的教师和学生通过丰富的文化活动都获得了成长,得到了锻炼。教师以更加良好的精神面貌教书育人,学生则更加自觉地学习和快乐成长。

## 二、人际环境

人际环境主要是指营造和谐的师生关系、生生关系以及教职工之间的人际关系。深圳元平特殊教育学校致力于建立现代教师人际关系,注重引导教师处理好与学生、教师、家长以及领导之间的关系,倡导平等、相容、互利的人际关系,营造充分尊重个性发展、团结向上的人文环境,以实现教职工个体和学校集体的共同发展。平等交往是建立和谐、融洽的人际关系的基础和前提条件。在一个学校里,校长与教师、教师与学生、教职员工之间,在政治上、人格上都是平等的。相容就是在人际交往中要大度,有气量,能克己容人,如果交往双方能做到相互忍让,人际关系就能得到巩固和发展。学校的人员在交往过程中应该互助互利,使双方都能得到合理、适度的利益或一定的精神满足。黄建行校长撰写的《建立现代教师人际关系,营造团结和谐人文环境》①一文就阐述了学校在文化建设方面如何引导教师处理好与学生、教师、家长以及领导之间的关系,着重在学校中建立现代教师人际关系,注重平等、相容、互利的人际交往,营造充分尊重个性发展、团结向上的人文环境。

（一）教师与学生之间的交往

在教师与学生的关系里,必须以交往为基础,以良好的师生关系为基础。特殊学生在人际关系上普遍存在缺乏关爱,缺乏和谐,心理承受力弱,人际关系局限等问题。和谐融洽的人际关系可以满足学生自身情感的需要,让他们在心理上得到安全和舒适。教师与学生的交往必须遵循尊重、理解、平等的原则。深圳元平特殊教育学校的教师在与特殊学生交往过程中,往往在沟通上会遇到更多的困难,但教师绝对不歧视、嫌弃。从事听障教育的教师熟练运用手语来与听障学生沟通,他们善于倾听学生的心里话。一位教师在日记中写道:"很多家长不怎么注重听障孩子的感受,觉得他们听不见,就可以忽视他们的一切。其实听障孩子和普通孩子一样,也有感情思想,也需要尊重。在喜欢你的时候对你是很在意的,他也希望我们去在意他。所以我们豁达,孩子们就开朗。我们不斤斤计较,孩子们就心胸宽阔。我们精益求精,孩子们就认真细致。"教师对学生的理解,也赢得了学生的尊重和喜爱。自闭症组的刘某某同学毕业后某天清晨和妈妈守候在教工餐厅,为教师送上了连夜亲手做的小挂件,以这种形式来表达他对教师的依恋和尊重。视障学生林某某在庆祝教师节祝福活动中代表全校学生发言,他说:"我们每一个人在成长的过程中,都离不开老师的教诲和指引。师恩难忘,难忘师恩,就让我们努力学习,刻苦训练,用最好的成绩,最佳的表现来回报您——我的老师!"热情洋溢地表达了对教师的尊敬、喜爱和感激之情。

（二）教师与家长之间的交往

学校的教育工作,离不开家庭的紧密配合。深圳元平特殊教育学校始终积极倡导"家校零冲突"的教育服务理念,把教育服务从学生个体延伸到学生的家庭,明确家校工作中的"三个必须",力求形成良好的家校合作氛围。首先,必须

---

① 黄建行.建立现代教师人际关系,营造团结和谐人文环境[EB/OL]. http://www.szyptx.net/xiaozhangluntan/lt－002.htm.

积极主动地与家长建立联系,要通过家访、家长会、联系手册、电话、通信、网络等多种形式,与家长互通情况共同商讨、协调教育方法和步骤。其次,必须树立服务意识,尊重家长,全面、客观地介绍学生在校学习、生活情况,热情、耐心地与家长进行沟通,要虚心地听取家长的批评和建议,经常向家长征求意见。再次,必须通过多种形式、多种渠道对家长进行特殊教育的专业指导,为有效开展家庭训练计划提供强有力的专业支持。正是在这种理念的驱动下,教师成了学生和家长的良师益友,学校成了学生和家长信赖的"新家"。通过不断的努力,家校之间形成了和谐共融的良好氛围,赢得了家长的充分信赖和支持。在行风评议问卷调查中,家长对深圳元平特殊教育学校教师的满意率达100%。

(三)教师与教师之间的交往

教师之间良好的合作关系,不仅有助于教学的成功,有助于学校事业的发展,也有助于个人自身的成长。教师之间应该互相尊重、优势互补、情感互动。互相尊重,就是既要尊重与自己感情较好、观点相近的同事,也要尊重与自己联系较少、观点相左的同事,既要有对自己正确的评价,也要对他人全面、客观地评价。优势互补,就是指教师之间的交往应充分挖掘互补功能,使教师在互相交往中实现思想上的互助、信息上的互换、情感上的融合和知识上的整合,以提高整个队伍的专业化水平。通过情感互动,促进交往的动态平衡发展,达到每个人价值的最大实现,从而在教师群体中,形成互相欣赏、互相促进、互相竞争的交往机制。①

深圳元平特殊教育学校定期召开各学科、各层次的研讨会和经验交流会,对新教师开展"一帮一"以老带新活动,每周召开教学教研会议,组织教师交流、讨论,交换班级管理及教学方面的心得、建议,鼓励教师之间结成互助对子,发扬"传、帮、带"的优良传统,并通过各种集体活动调动教师的工作积极性,形成团结友爱、奋发进取的人文氛围。同时,学校注重科研的作用,建立分层次的课题研究网络,形成全员参与科研的氛围,支持和鼓励教师进行教学研究和反思。各教育教学部先后成立教育教研组,教师们结合自身的专业特长和多年的教育经验,不断探索新的教育方法,积极申请校级和市级课题,取得了丰硕的成果。深圳元平特殊教育学校在开发校本课程的过程中,教师之间相互合作,经常就

---

① 黄建行.建立现代教师人际关系,营造团结和谐人文环境[EB/OL]. http://www.szyptx.net/xiaozhangluntan/lt-002.htm.

课程开发中遇到的问题共同研究、相互理解、团结合作。此外,深圳元平特殊教育学校校工会积极开展学校教职工的各项文体活动,推广全民健身活动,有效促进了学校教职工的身心健康,增强了学校工会的凝聚力。学校坚持每年举办全校的教职工运动会,相继成立了篮球、足球、羽毛球、游泳和太极等多个教职工俱乐部,并定期牵头组织各俱乐部的常规活动。这些健身活动的开展,极大丰富了全校教职工的业余生活水平,增进了教职工间的友谊,有效促进了全校教职工的身心健康,增强了学校工会的凝聚力和教职工的幸福感。

(四)领导者与教师之间的交往

学校的领导者应该树立牢固的服务意识,平等待人,不可高高在上,盛气凌人。对待学校的事务要公正处事,绝不可双重标准;对待下属要敢于负责,绝不可以推过揽功。教师作为被领导者,必须正确对待领导,服从和支持领导的工作,打破"完人"观念,对领导要有适度、合理的期望值,对领导在工作中出现的缺点和失误,要真心实意地帮助。抱着对工作负责、与人为善的态度予以指正。① 深圳元平特殊教育学校的领导鼓励教师专业发展,引领教师成长。校领导也经常勉励全体教职工要努力建设两个窗口,打造三个高地,力争在教师职业道德等八个方面做中国特殊教育的引领者。黄建行校长在教师节庆祝活动上曾经对全校教师们说过:"'三人行,必有我师。'每个人都有自己的老师,每个人都深感师恩难忘。在我的心中,你们每一个人都是我的老师。"他认为学校取得的成绩和荣誉应该归功于全体教职员工,正是全体教职工身上所表现的尽职尽责、团结合作、踏实干事的作风,成就了学校今天的辉煌。曹艳副校长关心年轻教师的成长,经常将自己的特教理念与年轻的教师分享,例如哪些是特教老师的道德底线,跟孩子、家长相处有哪些原则等。几乎每名新到学校的教师,都感受到曹艳副校长身上的阳光与包容。

## 三、舆论环境

校园舆论环境与思想政治教育都是引导和影响学生成长的思想政治条件,只有当两者相互配合、导向一致时,才能形成教育合力。也就是说,学校思想政治教育要善于从舆论环境中吸取营养,坚持舆论的导向性。以科学的理论引导学生,树立正确的理想信念;以马克思主义为指导,以正确的舆论占领学校的思

---

① 黄建行.建立现代教师人际关系,营造团结和谐人文环境[EB/OL]. http://www.szyptx.net/xiaozhangluntan/lt-002.htm.

想文化阵地;充分发挥思想政治理论课在思想政治教育中的主渠道作用,发挥哲学社会科学在思想政治教育中的重要作用,发挥专业课教师、管理人员教书育人、管理育人、服务育人的作用,切实形成全员育人、全程育人的育人环境,为学生营造积极向上的思想氛围;教师在教学各个环节中与学生广泛接触,要能准确地把握学生的思想脉搏,发挥其在教书育人中的优势作用。所有教育工作者都应有"育人为本"的意识,在教学过程中注重宣传科学理论,传播先进文化,塑造美好心灵,弘扬社会正气,倡导科学精神,坚持社会主义意识形态的主导性,坚持弘扬爱国主义、集体主义和社会主义主旋律,大力宣传体现时代精神的道德行为和高尚品质,激励学生积极向上、奋发有为。[①]

为了营造积极的校园舆论环境,坚持正确的舆论导向,深圳元平特殊教育学校成立了宣传工作领导小组,由校长任组长,指定专门机构、专人负责宣传工作。宣传工作坚持"点面结合",充分利用本地电视、平面媒体等媒介,不断提高学校的上镜率、见报率。"点"就是经常性地对爱岗敬业的优秀教师和自强不息的特殊学生进行重点宣传报道;"面"就是对学校运动会、展能节等大型活动以及助残日、"六一"儿童节、教师节等节日进行集中宣传报道。这种多渠道、多角度、全方位的宣传,使深圳元平特殊教育学校成了在深圳有较高知名度的学校,赢得了全社会对特殊教育的充分理解和尊重。[②]

深圳元平特殊教育学校通过校园网、校刊《元平风采》《元平简报》、校内宣传栏、广播站等校内宣传阵地来开展宣传工作,完善校内的传媒系统。根据学校的实际与学生特点,运用生动形象的素材,营造校内舆论环境,引导、激励学生成长成才,感化、熏陶他们健康向上,切实引导学生全面而健康地发展。在校内宣传方面,深圳元平特殊教育学校鼓励师生踊跃投稿校刊《元平风采》《元平简报》等,积极营造健康向上的校园舆论氛围。在校外宣传方面,在维护学校利益的前提下,积极宣传学校办学成果以及教师无私奉献、敬业爱岗和学生自强不息、积极向上的精神,树立"元平教师之星""元平学生之星",并通过对先进教师和优秀学生典型的宣传,准确、生动、及时地报道宣传学校的有关情况,做到讲原则、顾大局、遵纪守法,树立了良好的学校形象。

---

① 许浩.论高校精神环境育人的特点及功能[J].经济与社会发展,2006,4(1):196.
② 李黎红,郭俊峰.魅力元平——来自深圳元平特殊教育学校的报告[J].现代特殊教育,2006(12):6.

# 深圳元平特殊教育学校宣传工作方案
## （2012 年）

为贯彻市教育局和学校关于宣传工作的指示精神，进一步加强深圳元平特殊教育学校宣传工作的管理，使之形成系统化、规范化、制度化，特制定本方案。

一、学校宣传工作基本要求

1. 坚持"大宣传"观念，坚持正面宣传，坚持服务群众的观点，坚持制度管人管事的原则；

2. 宣传主题要紧紧围绕上级党和政府的宣传导向、宣传重点、宣传思路，密切联系学校的中心工作、教育教学实际，贴近教职工和学生的思想情感，反映他们的心声，满足他们在思想和文化方面的需求；

3. 宣传工作要注重实效性，内容充实，有的放矢；

4. 宣传工作要深入群众，注意听取教职工、学生和家长的批评、建议，吸引更多的人来支持和参与学校的宣传工作；

5. 要注意各宣传手段之间的联系性和协调性，做到资源共享，使各宣传手段形成合力；

6. 宣传工作要强调服务意识和创新意识，把为学校的教育教学服务放在首位，多创造和运用新颖、先进的宣传形式为学生和教职工提供优质服务，为学校和社会提供优质服务；

7. 从事宣传工作的人要讲原则、守纪律，不做损害国家、社会和学校集体利益的事，做明辨是非、遵纪守法的模范。

二、学校主要宣传信息发布、传播形式

1. 校园网

2. 校刊《元平风采》

3. 《元平简报》

4. 校内宣传栏

5. 广播站

三、各种宣传信息发布、传播形式的组织、运作规则

校园网

1. 人员构成

网站实行主编负责制。网站人员构成：主编1人；总信息员1人；编辑制作1人；各处室、教育教学部设信息员1~2人。

2. 校园网信息发布程序

A. 各部门承办的栏目，自行收集编排上网，但不准超出本栏目的性质和范围，且应完全符合学校关于宣传工作的基本要求。栏目审查由主编审查后，交付制作人员上网。

B. 动态栏目信息，参照管辖范围，由与信息产生有直接关联的部门负责编写传递，情况不明部分，其他有关部门有义务协助完成。信息呈报给总信息员经审阅后，由信息编写者传递上网（传递方式为：信息编写者—部门负责人审批—总信息员审阅—信息编写者将信息和审批单一并交给网站制作人，如信息特别重要，须经过校级领导审批后上网）。

C. 校内发生的信息应在 24 小时内完成上网发布。

《元平风采》

1. 《元平风采》是为学校师生、教职工提供服务和供特教同行之间交流的内部刊物，每学期出版3期，全年计划出版6期；如遇特殊需要或特殊情况，可增加或减少。

2. 办刊目标：把《元平风采》办成师生喜欢、家长满意、在特教同行间具有一定影响的刊物。

3. 人员构成

设：编委会成员若干；主编1人，执行主编1人，编辑不确定。

4. 校刊编辑、制作程序

A. 由执行主编具体负责校刊材料的收集、编辑、统稿和印制。

B. 校刊的编辑工作要注重调动全校教职工的积极性，鼓励教职工以多种形式参与编辑工作。

《元平简报》

1. 《元平简报》为内部交流信息汇编，由校办公室主办；2. 由科研办协助办公室编写；3. 办公室负责印制、发行；4. 每学期6~8期。

校内宣传栏

现有学生食堂门前宣传栏4块和连廊宣传栏6块，分配给学校各教学部和校工会使用。宣传栏由使用者负责编辑，由教务处统一收集编好的文件交由科研办制作，最后由各使用者上板完成。宣传栏每月编制一期，每学期四期。每月1~5日完成。

宣传内容要围绕学校各阶段的主题和任务、教育教学活动及重要社会主题活动展开。形式和内容要新颖生动、活泼有趣，反映师生奋发向上的精神风貌和丰富多彩的校园生活。

广播站

由校团委负责组织、制作、编播。

四、对外宣传

学校对外宣传，由科研办负责。所编辑整理的稿件须经校有关领导同意后方能向新闻媒体传递发表。学校其他部门或个人向新闻媒体传递发表稿件，内容涉及学校的也须先经科研办审阅。

对外宣传要做到：维护学校利益；准确、生动、及时地报道宣传学校的有关情况；讲原则、顾大局、遵纪守法。

## 四、网络环境

网络环境不同于传统的育人环境，是以互联网为传播载体的网络领域。网络环境是全天候开放的，任何人只要进入互联网就会有获取信息、人机交流的机会，它是适应和促进人的发展与网络发展的新形态思想政治教育模式。它一方面形象生动地提供海量信息，对学生具有极强的吸引力和感染力；另一方面网络中良好信息和不良信息并存，积极因素与消极因素同在，正向激励与负向诱惑交错。[1]

多年来,深圳元平特殊教育学校在网络信息化建设方面进行了积极的探索和实践,取得了较好的成效,推进了学校特殊教育现代化的进程,促进了学校特殊教育的跨越式发展。目前学校在校园网服务器上的教育教学资源主要有全国特殊教育资源库(智障版、听障版、视障版)、K12资源库、超星电子图书馆(有5000多册电子图书)以及其他各种多媒体的教学资源,较好地满足了教学的需要。另外,深圳元平特殊教育学校充分利用自身丰富的教师资源,根据学校自身情况以及我国特殊教育信息化特点开发信息技术平台。例如,建设了校园安全信息综合监控系统和校园一卡通系统,成立校园电视台等,从而使学校信息技术走在全国特殊教育学校前列。[2]

深圳元平特殊教育学校全面推进智慧校园建设,校园网络环境下的信息化综合管理系统平台的建设开发进程取得阶段性成果。结合学校的教学和管理的实际情况,整合了系统管理、基础数据平台信息发布系统、办公自动化系统、教育教学资源库平台、数字化图书馆、视频点播直播、校园监控系统、校园一卡通等应用功能。由深圳元平特殊教育学校研制开发的《全国特殊教育资源库(智障版)》第三版也正式在全国的特殊教育学校中推广使用,这些对提高学校的教育信息化水平,推进学校教育现代化的进程起到了巨大的促进作用。

---

[1] 许浩.论高校精神环境育人的特点及功能[J].经济与社会发展,2006,4(1):196.
[2] 黄建行,雷江华.信息技术在特殊教育中的应用[M].北京:北京大学出版社,2015:23.

# 第6章 办学经费

经费是学校发展的动脉,是学校正常运行和可持续发展的基础,特殊教育学校作为各级各类教育机构的重要组成部分,其发展离不开经费的支持。我国特殊教育学校的经费状况并不乐观,长期以来,特殊教育学校一直套用普通学校标准按注册学生人数核拨学校的公用经费,由于特殊教育学校的班额标准与普通学校存在极大的差距,因此,特殊教育学校可支配的公用办学经费不足的问题尤为突出。为了解决这一问题,各地相继出台相关政策法规,不断提高特殊教育学校的公用经费标准,这些政策的出台有效地保障了特殊教育学校的正常运行和可持续发展。地方特殊教育学校也积极拓宽经费来源渠道。深圳元平特殊教育学校立足学校发展规划,扩大筹资兴校渠道,在经费的使用上,把握好保压结合、厉行节约的原则,通过科学的经费管理和效益分析,不断增强经费使用的规范性、安全性和有效性,使经费效益最大化。

## 第1节 特殊教育学校经费概述

特殊教育学校办学经费是指在一定时期内投入到特殊教育学校中的资金总和,是学校发展的基础。特殊教育学校对办学经费有着特殊需求,特殊学生对生均经费的需求要高于普通学生,对于特殊教育经费合理增长机制的要求也更为迫切。但对于大多数特殊教育学校而言,办学经费不足是限制学校发展的重要原因之一。从经费来源上看,特殊教育学校办学经费以政府拨款为主,渠道单一,因此特殊教育学校的办学经费对政府拨款具有极强的依赖性。同时特殊教育学校经费核拨标准和使用结构也存在不合理之处。整体而言,特殊教育学校在经费问题上面临着较大的困境。

### 一、特殊教育学校经费需求的特殊性

学生发展的需求决定了学校对经费的需求,特殊教育学校教育对象的特殊性决定了其对经费的特殊需求,特殊学生的教育、康复以及职业训练对学校环

境、设备设施、教具学具都有特殊需求,决定了其生均经费标准要高于普通学生。特殊教育学校招收的特殊学生类别逐渐增多,障碍程度不断加深,表现在经费需求上,需要建立刚性的经费增长机制。

(一)对生均经费的需求高于普通学校

第一,特殊学生由于存在身体障碍,因此对学校的生活、教育场所有着更高的要求。校园的基础设施要适用、安全、舒适、卫生,以适应特殊学生的身心特点,例如低视力学生的教室需要可调节的灯光系统,在校园需要明显的路况标志等等,因此特殊教育学校的平均建设以及维护更新成本要高于普通学校。

其次,特殊学生在教育、康复以及职业训练方面有着特殊需求,需要学校提供相应的教具、学具以及器材。以特殊教育学校的面点类课程为例,为了使课堂接近就业环境,学校除了要提供一般的必备的操作、盛放、贮藏等厨房基本工具外,还要提供烤箱、搅拌机、面团分割机等专业设备,还要为课程长期准备食材,这对经费的需求远远超过了普通学校课堂的需求。

另外,与普通学生家庭相比,大多数特殊学生家庭常年要负担额外的医药费、评估费和辅助器具费,部分家长因照顾特殊学生而放弃或影响工作,因此特殊学生家庭往往收入微薄,经济困难。《中华人民共和国残疾人教育条例》中规定对经济困难的特殊学生,应当酌情减免杂费和其他费用。我国经济发达地区积极落实义务教育阶段特殊学生的免费政策,例如广东省《关于进一步加快特殊教育事业发展的实施意见》中规定免收义务教育阶段残疾学生的学杂费、课本费,特殊教育学校学生免费课本由学校自行订购,按不低于普通生生均课本费 1.5 倍的标准单独划拨。[1] 但是由于地区经济差异的存在,能对特殊学生教育落实免费政策以及提供奖助措施的地区并不多,特殊学生接受学前教育和高等教育的花费较大,安徽省就曾有一名聋哑少年因家庭困难背着父母撕毁大学录取书。[2] 学校在避免特殊学生因贫困辍学方面也承担义不容辞的责任,这在无形中加大了特殊教育学校的经费压力,因此相较于普通学校,特殊教育学校助教助学方面对办学经费也有更多的需求。

---

[1] 广东省人民政府办公厅.关于进一步加快特殊教育事业发展的实施意见[EB/OL]. http://zwgk.gd.gov.cn/006939748/201108/t20110810_207516.html. 2011-08-03.

[2] 刘军权.聋哑少年因家庭困难背着父母撕毁大学录取书[EB/OL]. http://news.xinhuanet.com/edu/2011-07/14/c_121669035.htm. 2011-07-14.

## (二)对建立经费增长机制的要求更为迫切

### 1. 特殊教育对象的变化影响了对经费的需求

随着特殊教育的逐步发展,特殊教育学校的教育对象范围逐渐扩大,特殊教育从原来关注较多的智障、视障以及听障扩大到自闭症、脑瘫以及多重障碍。尽管不同障碍类型的特殊学生可以共享学校大部分的教育设施以及教育资源,但学校还应为实施学生的个别教育计划提供更具针对性的资源。例如自闭症学生的听觉功能常存在功能失调的症状,多表现为听到环境中某些声音时会烦躁不安、哭泣、发脾气、捂耳等。① 因此,针对听觉功能失调的自闭症学生就需要开设听觉统合治疗个训课,运用专业的听力检测技术和治疗技术为学生提供个别化训练。

教育对象的变化还表现在障碍程度的变化上,特殊教育学校的特殊学生的障碍程度有加重的趋势。首先是某些类型的特殊学生障碍程度有加重的趋势,以脑瘫学生为例,据世界卫生组织数据统计,每年有 0.5% 的新生儿出现脑瘫。我国的脑瘫儿童的发病率为 1.8‰~6.0‰,目前约有 600 多万,并且以每年 4 万左右的速度递增,而且障碍程度有加重的趋势。在学生的各类障碍类型中,脑瘫是相对严重的障碍类型,脑瘫的病因复杂,如妊娠期的感染侵害、早产遗传因素、新生儿重度黄疸、窒息缺氧、难产等都是常见病因。而且脑瘫学生临床表现多样,个体间存在较大差异,有痉挛型、共济失调型、手足徐动型、强直型以及震颤型、肌张力低下以及混合型等。另外,随着融合教育地不断推进,越来越多的特殊学生家长选择让自己的孩子在普通学校随班就读。与此同时,特殊学生早期干预与康复越来越受到重视,各地区的残疾人康复项目一般优先资助 6 周岁以下(含 6 周岁)的特殊学生,在早期干预中康复程度较好的特殊学生也往往选择随班就读。因此,特殊教育学校学生的障碍类型不断扩大、障碍程度逐渐加重,面对教育对象变化带来的挑战,特殊教育学校的经费应适时而变,形成合理的经费增长机制。

### 2. 特殊学生的教育需求多样,同时目前的教育手段越来越多样

特殊学生家长对子女的教育越来越重视,对学校的教育抱有越来越高的期望,学校应提供适合特殊学生的教育。与此同时,随着教育技术的研发与应用,

---

① 中国孤独症网. 听觉统合治疗 [EB/OL]. http://www.cautism.com/2011/1-11/1111116504740631.html. 2011-01-11.

以特殊学生为对象的教育、康复手段越来越多样,特殊教育学校引进先进的教育设备、教学设施以及康复技术需要经费的支持。以脑瘫学生的康复训练为例,对上下肢的肌肉和关节训练就可能用到小腿按摩仪、肩关节训练器、腕关节训练器、前臂旋转训练器、美国赛乐墙式工作站、空气波血液循环仪等设备,而且康复理念不断发展,康复技术不断进步,因此,特殊教育学校需要建立常规的教学设备、康复设备的引入及更新制度,相应地也需要有经费增长制度作为支撑。除了上述设备类的开支外,特殊教育学校学生所需的教学材料费用也高于普通学生。特殊学生由于受到自身障碍的影响,获得知识的感官渠道与普通学生存在差异,思维的发展也落后于普通学生。因此特殊教育教学活动特别强调直观性原则,除了使教学内容贴近学生实际以外,还要注意教具和教学材料的运用,特殊教育学校需要更多的图片资料、模型资料、音像资料等。另外,特殊教育学校职业培训类课程越来越受到重视,课程门类不断丰富,比较成熟的科目如手工艺(插花、刺绣、串珠、陶艺、雕刻)、烹饪、服装制作、机械维修、木工制作等。但职业类课程的实施需要较高的成本,因为课程的实施不仅需要损耗较慢的仪器设备,还需要损耗较快、不断提供的原材料。因此,国家鼓励特殊教育学校增设职业教育类课程的同时,也应考虑到职业类课程的成本,继而提供相应的资金支持。

**二、特殊教育学校经费困境**

尽管特殊教育学校对经费数量和经费增长机制有着更为迫切的需求,但目前我国特殊教育学校的经费现状和需求相距甚远。特殊教育学校经费以政府拨款为主,而政府拨款的功能局限于支付教职工工资以及维持学校运转,难以满足学校的运营和发展需求。同时,特殊教育学校经费来源没有相对固定的增长机制作为支撑,经费使用上也存在着结构不合理的现象,经费使用的效率不高。

(一)经费来源整体不充足且过度依赖政府拨款

特殊教育发展存在着明显的地区差异,东部沿海地区特殊教育的发展状况要优于中西部地区,各地特殊教育学校的经费状况也不例外。例如,2012年上海特殊教育工作会议上指出要逐渐把特教生均公用经费提高到每年不低于7800元的标准,并确保特殊教育日常经费投入。《关于加强特殊教育师资和经费配备的意见》中提出上海特殊教育医教结合、设施设备经费纳入年度特殊教育经费预算,足额保障,对学前教育、义务教育、高中阶段教育的残疾学生实施免费教育政策,支持残疾学生接受各类教育。① 而在经济相对落后的中西部地区,经费不足严重限制了特殊教育学校的发展。有学者对202位特殊教育学校校长进行了问卷调查,结果显示约有90%的校长将经费不足列在办学难题的首位。② 但从总体上来讲,我国特殊教育学校经费普遍不足。长期以来,特殊教育学校一直套用普通学校标准,按注册学生人数核拨学校的公用经费。由于班额的差异,特殊教育学校可支配的公用经费相对较少,尽管各地相继出台政策,按普通教育学校标准的倍数核拨,但目前的经费水平还是满足不了特殊教育学校的需求。没有充足的公用经费,校园工程建设缺少专项支持,影响了学校管理者对于学校教学水平以及学校发展规划的思考。教育经费的短缺使特殊教育学校普遍存在着办学活力不强、发展后劲不足、综合效益不好等问题,严重制约了学校发展。③

在经费来源渠道上,我国特殊教育学校的经费来源以政府拨款为主。2005年,国家财政性教育经费占特殊教育学校经费收入的比例为89.67%,2010年这一比例增长为95.13%。④ 国家的财政拨款在特殊教育学校的发展中起到了基础性作用。需要明确的是,我国特殊教育学校经费的主要来源是地方政府,《中华人民共和国残疾人教育条例》中规定"残疾人教育经费由各级人民政府负责筹措,予以保证,并随着教育事业费的增加而逐步增加。"地方政府的财政拨款带有很大的随意性,与地方的经济发展状况以及对特殊教育的重视程度相关。政府的财政拨款一般仅够维持学校的人员工资以及基本运转,用于学校发展的经费则并不稳定。甚至有的地方重普教、轻特教,教育行政部门和普通学校挤占、挪用特殊教育学校的社会捐集资款或某些专项补助款,用于平衡预算、行政性支出和发放工资等。当教育经费分配到地方后,如果面临特殊教育学校和普通学校优先选择权时,地方政府仍然会把重心偏向普通学校,以某种名义占用特殊教育经费。⑤ 由于特殊教育学校对于政府拨款的依赖性,在政府拨款存在不确定性的情况下很被动,学校的发展规划也很难得到实施。因此学校应该尽可能地在政府拨款的基础上丰富经费来源渠道,充分利用社会资源,促进

---

① 董少校.上海免费特殊教育覆盖学前到高中[N].中国教育报,2012-2-23-1.
② 黎红.经费不足特殊教育学校面临的最大难题[J].现代特殊教育,2004(3):4—6.
③ 李莎曼.特殊教育学校经费来源与使用管理的现状与对策探究[J].经济生活文摘(下半月),2012(3):245.
④ 彭霞光.中国特殊教育发展报告2012[M].北京:教育科学出版社,2013:77.
⑤ 申仁洪.特殊学生生涯发展:问题与对策[M].北京:科学出版社,2012:162.

学校经费来源的多样化。

(二) 经费使用结构不合理且使用效率不高

办学经费主要包括事业性经费和基础建设经费两个方面,事业性经费包含人员经费和公用经费两部分,人员经费用于对个人和家庭的补助支出,公用经费是指学校运行所需的公务费、业务费等。基础建设经费主要用于新建校舍、购置设备、旧房维修等。学校在经费使用上应保证各部分比例适当,将经费效益发挥到最大化。

我国特殊教育学校的经费使用结构并不合理。以 2010 年为例,全国特殊教育学校事业性经费支出占教育经费支出的八成多,基本建设经费不到两成。事业性经费支出中个人部分与公用部分的比例分别为 58.75% 和 41.24%。[①] 事业性经费和基础建设经费的比例和政府的宏观政策有着直接关系。《国家中长期教育改革和发展规划纲要(2010—2020 年)》中要求,到 2020 年,基本实现市(地)和 30 万人口以上、残疾学生少年较多的县(市)都有一所特殊教育学校,这在影响程度上会提高基础建设的比例。而目前事业性经费中人员部分和公用经费的比例并不合理。教育经济学理论认为,为了提高教育投资的使用效率和效益,个人经费和公用经费的比例一般维持在 70% 与 30% 比较科学合理。[②] 因此,特殊教育学校中个人经费比例相对偏低,这也就意味着特殊教育教师的待遇并不高。要保证人员经费和公用经费合理比例,不仅需要合理的人员结构,保证教职工待遇,还需要根据学校运行状况合理调整公用经费的比例。

经费使用结构不合理的另一个表现是奖助学金的比例偏低。奖贷助学金可以减轻或推迟特殊学生及其家庭当前的经济负担,其所占比重的高低反映了学生从政府、社会或学校获得资助的可能性的大小,从而对家庭经济困难的学生能否获得教育机会有较大的影响。[③] 我国特殊教育学校的奖助情况并不乐观,人员经费绝大多数用于支付教师工资、补助以及福利,奖助学比例微乎其微。[④] 这在一定程度上是由于经费不足引起的,对于多数特殊教育学校而言,政府拨款只够用于教职工的基本工资支出和部分日常办学经费,没有相对充足

---

① 彭霞光.中国特殊教育发展报告 2012[M].北京:教育科学出版社,2013:134-140.
② 王根顺,孟子博.西部地区职业教育经费的现状、成因及对策分析[J].甘肃联合大学学报(社会科学版),2008(2):99-102.
③ 吴淑娇.从教育经费收支结构的地区差异看教育机会均等[J].北京大学研究生学志,2005(4):102.
④ 熊琪,雷江华.我国特殊教育学校经费支出结构探析[J].中国特殊教育,2012(3):21-27.

的预算用于奖学助学。同时,学校应加强经费预算的科学性和全面性,加强经费管理,增加奖助学金的比例。另外,对于优秀教职工的奖励也要纳入学校的经费预算当中,鼓励特殊教育教师扎根特殊教育事业,并不断提高业务素质。

## 第 2 节  经费来源

经费是学校发展的物质保证,稳定充足的办学经费对于改善办学条件,提高办学水平具有重要作用。近年来,国家及地方对特殊教育的投入力度明显增加,组织实施特殊教育学校建设项目,落实义务教育阶段特殊教育学校公用经费、实施特殊学生的康复及资助政策等,极大地促进了特殊教育的发展。从特殊教育学校层面来看,经费来源以国家财政性教育经费为主,还包括社会捐助、事业收入以及其他收入等。

深圳元平特殊教育学校的办学经费主要有政府拨款和社会资助两大部分,尤其是近年来,学校在社会资助方面不断探索,不断增强以政府财政拨款为主,其他多种渠道筹措经费为辅的体制,用足、用好政策,在财政核拨经费稳定增长的基础上,闯出了一条多渠道、多形式的社会经费投入路子,有效促进了学校的可持续发展。

**一、政府拨款**

特殊教育事业是国家教育事业的组成部分,发展特殊教育是政府义不容辞的责任。《中华人民共和国残疾人保障法》中第 3 章第 21 条明确要求"各级人民政府应当将残疾人教育作为国家教育事业的组成部分,统一规划,加强领导,为残疾人接受教育创造条件。"并在第 7 章第 44 条中规定:"残疾人教育经费由各级人民政府负责筹措,予以保证,并随着教育事业费的增加而逐步增加。县级以上各级人民政府可以根据需要,设立专项补助款,用于发展残疾人教育。地方各级人民政府用于义务教育的财政拨款和征收的教育费附加,应当有一定比例用于发展残疾学生、少年义务教育。"可见,政府是发展特殊教育的主体,政府拨款是特殊教育学校经费的主要来源。

近年来,国家不断出台相关政策推进特殊教育的发展,全面落实政府在国家特殊教育经费投入和增长上应承担的责任,将特殊教育全面纳入公共财政保障范围。2009 年教育部等联合发布的《关于进一步加快特殊教育事业发展的意见》中明确要求完善特殊教育经费保障机制,提高特殊教育保障水平,指出要

"加大投入,确保特殊教育学校(院)正常运转。各地要从特殊教育学校(院)人均成本高的实际出发,研究制订特殊教育学校(院)生均公用经费标准,保证学校(院)正常的教育教学需求。"2014年1月,教育部联合七部委发布的《特殊教育提升计划(2014—2016年)》对于义务教育阶段特殊教育学校生均预算内公用经费标准提出了明确要求,即要在三年内达到每年6000元,有条件的地区可进一步提高。目前标准高于每年6000元的地区不得下调。[①] 从各地目前出台的特殊教育提升计划来看,基本能落实上述经费标准,例如贵州省、海南省、湖南省、新疆维吾尔自治区出台的特殊教育提升计划实施方案(2014—2016年)要求特殊教育学校生均预算内公用经费标准在2016年达到6000元,山东省、青海省指出2015年义务教育生均公用经费要达到6000元并逐步提高,已高于该标准的不得降低。河北石家庄市要求确保义务教育阶段特殊教育学校生均1万元公用经费标准落实到位并切实保障特殊教育学校的正常运转。

广东省坚持特校特办,对特殊教育全方位的支持。广东省人民政府2011年8月颁布的《关于进一步加快特殊教育事业发展的实施意见》中规定"落实义务教育残疾学生免费政策。免收义务教育阶段残疾学生的学杂费、课本费。特殊教育学校学生免费课本由学校自行订购,按不低于普通生生均课本费1.5倍的标准单独划拨,免费课本补助资金分担比例、分担办法与当地普通学校相同。提高特殊教育学生生均公用经费保障水平,特殊教育学校智障、孤独症、脑瘫及多重障碍学生按不低于普通生生均公用经费标准的10倍拨付,特殊教育学校盲聋哑学生按不低于8倍拨付,普通学校附设特教班学生按不低于5倍拨付。"[②]2014年7月26日,《广东省特殊教育提升计划(2014—2016)》出台,在上述经费标准的基础上,广东省进一步加大对特殊教育经费投入,"推动实施残疾学生15年免费教育"。《深圳市特殊教育提升计划(2015—2016年)》明确指出"将特殊教育纳入财政教育经费预算。财政支持的残疾人康复项目,优先资助残疾儿童、优先支持特殊教育学校、职业院校开展残疾人劳动技能和职业技术教育。继续实施义务教育阶段和高中阶段残疾学生免费教育、免收学杂费。""以人员经费按实数、公用经费按定额、专项经费按项目的原则,保障特殊教育经费投入。义务教育阶段和高中阶段特殊教育学校生均公用经费,义务教育阶

---

① 中国教育和科研计算机网.特殊教育提升计划(2014—2016年)[EB/OL]. http://www.edu.cn/xin_wen_dong_tai_890/20140121/t20140121_1066689.shtml. 2014-01-21.

② 广东省人民政府办公厅.关于进一步加快特殊教育事业发展的实施意见[EB/OL]. http://zwgk.gd.gov.cn/006939748/201108/t20110810_207516.html. 2011-08-03.

段各类附设特教班学生、随班就读学生、送教上门学生涉及的生均公用经费,均按普通学校生均公用经费标准的10倍拨付。普通高中和职业高中残疾学生的实际学杂费,由财政等额拨付。"① 另外,文件还规定对学生的校服、住宿费和交通费提供补贴。充足的经费支持保障了特殊学生获得相应的教育与康复服务。学校建设方面,广东省财政设立新建标准化特殊教育学校建设专项资金,从2014年开始连续3年,对欠发达地区新建标准化特殊教育学校,按照各地人均财力水平、特殊学生人数和特殊教育工作成效等因素予以奖补。省财政设立特殊教育学校建设维护专项资金,从2014年开始连续3年,每年安排专项资金1.5亿元,对欠发达地区现已建成的特殊教育学校按标准化要求进行改建、扩建和配备设施设备等予以奖补。这些措施加大了对特殊教育的支持力度,为特殊教育学校优化办学条件、提升办学水平提供了强有力的支持。

## 二、社会资助

虽然政府拨款是特殊教育学校经费的主要来源,但从现实情况来看,政府的财政拨款一般仅够维持特殊教育学校的人员经费开支,用于学校运行和发展的公用经费往往是随着政府财政收入的情况而上下波动,带有很大的随意性和不确定性。② 因此,国家也积极鼓励学校扩大经费来源渠道。《中华人民共和国教育法》第58条指出:"国家鼓励和扶持学校在不影响正常教育教学前提下开展勤工俭学和社会服务,兴办校办产业。"《残疾人教育条例》第45条指出:"国家鼓励社会力量举办残疾人教育机构或者捐资助学。"《国务院关于基础教育改革和发展的决定》中指出:"积极鼓励企业、社会团体和公民个人对基础教育捐赠,捐赠者享受国家有关优惠政策。对纳税人通过非营利的社会团体和国家机关向农村义务教育的捐赠,在应纳税所得额中全额扣除。"③

学校的经费来源从单一到多元是学校经费构成趋向合理化的必然选择,这既是落实国家相关政策的必然要求,也是实现学校可持续发展的内在需求。特殊教育学校的发展不仅包括日常性发展,如维持日常运转、保证教学有序开展,

---

① 深圳市教育局.深圳市人民政府办公厅关于转发市教育局《深圳市特殊教育提升计划(2015—2016年)的通知》[EB/OL]. http://www.sz.gov.cn/jyj/qt/tzgg/201505/t20150511_2873709.htm. 2015-04-21.

② 丁勇.政策导向,法律约束——关于特殊教育学校教育经费投入和使用的几点建议[J].现代特殊教育,2004(3):12—13.

③ 中国教育和科研计算机网.国务院关于基础教育改革和发展的决定[EB/OL]. http://www.edu.cn/20010907/3000665.shtml. 2001-05-29.

还包括进步性发展。例如办学者会在优化课堂改革、改革课程体系、开展校本研究等方面做出规划,而所有的规划如果得不到支持就只能停留在空想阶段,而政府拨款不太可能支持所有的规划,这就要求学校逐渐开发利用社会资源,构建社会资助体系,改变完全依赖政府拨款的局面。深圳元平特殊教育学校的社会资助体系是逐渐完善的,围绕社会资助建立了一套完整的制度支持,涉及评估、筹集、使用、反馈各个方面,来源上包含社会福利彩票公益金、爱心企业和爱心人士等多种渠道。整个社会资助体系呈现出主动性、多元性、专业性的特点。

(一)社会资助体系制度建设

1. 需求评估

需求评估是基于学校的发展规划和在校生的教育需求,对未来一段时间的经费需求做出科学性的预测和估计。一些特殊教育学校由于经费缺乏,只是在维持学校原有的发展规模和发展水平。而特殊教育领域的教学改革不断开展,教育教学水平还在不断提高,特殊教育学校应该立足实际,着眼未来,超前谋划学校发展。"兵马未动,粮草先行",在提升学校办学层次的同时,要增加学校的经费预算,除了政府拨款,还要积极寻求社会资源的支持。根据学校的发展规划,充分考虑地区经济环境,对学校近期的或长远的经费需求做出有效评估,作为寻求社会资助的基础环节。

2. 经费筹集

国家鼓励社会力量参与到特殊教育事业,这为特殊教育学校筹资兴校提供了政策支持。从学校层面出发,想要利用好国家政策还要加强自身建设,塑造良好的形象,这是学校建立社会资助体系的内在支撑。捐资者在选择资助项目时面临着多种选择,影响其选择的因素很多,其中非常重要的一个因素是资助单位的社会影响力。捐助者捐资的前提是至少了解被资助对象,如果都没有听说过,怎么谈得上资助呢?因此,塑造良好的形象对于特殊教育学校建立社会资助体系十分重要。学校形象应当包括专业形象和社会形象两个方面。深圳元平特殊教育学校坚持走内涵式发展路线,提升办学水平,同时借助"点面结合"宣传制度和广泛的宣传形式展示学校的办学成果,提升学校影响力。伴随着良好形象的树立,学校的社会资助体系也实现了从被动到主动的转变。通过提升办学水平,加强宣传制度建设,深圳元平特殊教育学校塑造了良好的社会形象,受到社会各界人士的广泛支持,这对于学校社会资助体系的建立具有先导性作用。

3. 经费使用

经费使用上,深圳元平特殊教育学校采取项目化运作的方式,项目内容上多用于奖教奖学、改善学校基础设施、增加特殊学生的教育教学用品等。项目操作上,由双方协定经费资助项目,协定资助经费使用的管理办法。例如,深圳康泰游戏设备有限公司发挥企业产品优势,决定在学校捐资建立多功能感官训练室。学校和公司各派专人负责,从教室选址、测量,到方案制订以及仪器配置,都是由双方共同完成的,该功能室目前承担学校近 200 名自闭症学生的感官训练。采用项目化运作的优势较突出,一方面可以发挥捐助方的专长,尊重捐助方的意愿,另一方面满足了学校的需求。同时,项目化运作更有利于学校和捐助方建立长久的合作机制,有利于办学经费来源的稳定性和可持续性。

4. 反馈评价

深圳元平特殊教育学校有一套完整的社会资助制度体系,是因为学校在这一体系中纳入反馈机制。学校会将经费的使用状况反馈给捐资者,并希望捐资者对经费的使用状况作出评价或者提供意见。这主要出于三个方面的考虑:一是对于捐资者的尊重,这是其所拥有的知情权,并希望通过这样一种方式,使更多的人了解、尊重和支持特殊教育事业。二是对学校有监督作用,不仅是经费使用的监督,更是对整个办学实践的监督。学校在校园文化建设中强调责任意识,这包括多层含义,不仅承担起对学生的责任,更要兑现对所有关心、支持特殊教育发展的人的承诺。三是寻求和捐资者之间的长效合作机制。从更加长远的角度来看,这有利于促进社会对特殊教育事业的持续关注,吸引越来越多的人关心、支持和尊重特殊教育。因此,在社会资助制度体系中引入反馈评价机制是十分必需的。

(二)社会资助体系的构成

1. 社会福利彩票公益金

福利彩票公益金(以下简称公益金)是指根据国家的有关规定在深圳市发行中国福利彩票筹集的专项用于发展社会福利、公益事业的资金。中共中央、国务院《关于促进残疾人事业发展的意见》中明确规定:"各级政府要按照彩票公益金的使用宗旨,逐步加大彩票公益金支持残疾人事业的力度。鼓励社会捐赠,支持发展残疾人社会福利和慈善事业。"教育部等八部门联合发布的《关于进一步加快特殊教育事业发展的意见》中也提出各地的彩票公益金应支持特殊教育的发展。深圳市率先于国内提出发挥公益金的导向功能和'种子'作用,于 2004 制定《深圳市福利彩票公益金使用管理暂行办法》,规定深圳市福利彩票公益金安排专项经费向社会组织及其他机构购买公益服务,其中第九条规定:"每年市级公益金原则安排 20%专项用于我市残疾人事业。"为进一步规范操作,深圳市在 2008 年制定了《公益金资助社会组织及相关机构承办公益项目操作方案》。从 2009 年 3 月 31 日开始,深圳市民政局面向全市社会组织公开征集公益服务项目。经过几年的发展,公益金产生了极大的社会效益,打造一批深受社区群众欢迎的优质、专业的社区公益服务项目;扶持一批有能力、讲诚信的公益性社会组织;更使得弱势群体得到更好的服务与保障。深圳元平特殊教育学校的学生便是受益群体,公益金也成了学校最有利的经费补充渠道。在 2006—2013 年间,福彩公益金资助的学校项目有爱心体育馆以及游泳馆恒温设备(图 6-1)、塑胶跑道、网球场和篮球场、行人无障碍通道建设等,资助总额达到了 1500 余万元。

**图 6-1 爱心体育馆及游泳馆**

除了上述资助项目,学校利用福彩公益金用于开展特殊学生康复训练营,利用晚上、周末、寒暑假等时间对脑瘫、自闭症等特殊学生进行康复训练。深圳元平特殊教育学校承担了深圳市康复训练营的工作任务,学校的脑瘫、自闭症以及唐氏综合征学生全部参加了康复训练营,开设了日常认知能力训练、日常语言能力训练、感觉统合训练、音乐治疗、大肌肉训练、蒙台梭利训练、多感官训练、运动功能训练、作业手功能训练等集体训练课程,以及语言训练、启智训练、认知训练、注意力训练、听觉统合、物理治疗、模拟运动训练等个训课程,建立完整的训练档案,巩固训练成果,大幅度提升学生的康复水平。

2. 爱心企业和爱心人士

深圳元平特殊教育的发展,离不开社会各界的鼎力支持。学校从创办至今,不少爱心企业和爱心人士慷慨解囊,捐资助学。据不完全统计,社会各界有识之士先后为学校捐赠了一千多万元的资金和物品,极大地促进了学校的发展,尤其在建校初期对学校发展起到了至关重要的作用。1992 年,熊谷组(香港)有限公司总经理于元平先生向学校慷慨捐赠 800 万港币,1993 年马来西亚成功集团资助学校5万美元,在很大程度上支持了学校的基础建设。

随着社会对特殊教育的重视,越来越多的爱心企业和爱心人士关心特殊学生和特殊教育的发展,积极支持特殊教育学校建设。相比于以往的资助形式,学校积极寻求与企业建立长久的合作机制,推行项目化运作,与合作企业签订资助协议,双方共同制定资助办法。例如,平安银行、美泰玩具技术咨询(深圳)有限公司和学校的合作分别以设立奖助学金和基金的形式进行。这些助学项目在奖励优秀师生、资助贫困学生以及学校特色项目开展上发挥了积极作用。

平安银行将关爱特殊学生、支持特殊教育发展视为应尽的社会责任,与深圳元平特殊教育学校从2007年开始合作,双方签订捐赠协议,设立"平安银行元平学校优秀学生奖和教育奖",制定《平安银行及元平学校优秀师生奖励方案》作为评选依据,经各教学部的推荐,奖学金评审委员会评审通过。2007—2011年间,平安银行每年向学校捐赠10万元,共计50万元,用于奖励优秀学生和优秀教师,受奖励学生达150人次,受奖励教师达50人次,并资助家境困难学生20名,资助金额2万元。平安银行给特殊孩子捐赠了价值5000元的图书和价值6万元的学习及生活用品。第一个五年协议结束后,双方继续签订第二个五年协议(2012—2017年),并将捐赠总额提升至60万元,奖励的范围更加广泛,在激励教职工爱岗敬业、自我发展方面发挥了重要作用,并对学生自强奋进、发挥特长起到重要的激励作用。美泰玩具技术咨询(深圳)有限公司于2008年与学校签订协议,成立美泰基金,双方制订"美泰基金及元平学校奖励优秀学生和资助家庭困难学生方案",用于奖励符合条件的优秀和家庭困难学生,并为每年的学生运动会冠名、提供部分运动会奖品。美泰基金每年会奖励自强不息特长学生20名,自强不息优秀学生20名,自强不息十大杰出学生10名并资助家庭困难学生20名。2008—2012年间,已有250位学生获得了表彰,100名家庭困难学生得到了资助。

3. 其他

深圳元平特殊教育学校建立了"帮困助弱基金"用于帮助家境贫困的特殊学生。该基金来源主要有三个方面:

(1)教职工捐款。例如校领导将历年来所获得的个人荣誉的奖金全部捐到该基金,慷慨解囊为贫困学生解决燃眉之急的教职工也不在少数。学校鼓励教职工在关心本校贫困学生的同时,具有博爱精神,关心更多需要帮助的学生。学校开展"慈善一日捐"活动,鼓励教职工捐出一日工资,用于资助受到自然灾害影响或者贫困地区的学生。

（2）学生社会实践活动。主要包括学生的作品义卖和卖报纸所得。例如，2012年在某幼儿园组织的义卖活动中收入15000余元，这不仅能表达社会人士对特殊学生的关爱，更能体现对特殊学生的肯定。报纸义卖活动所得虽然不多，但是对于特殊学生沟通交往能力以及独立性的培养具有重要作用。

（3）爱心帮扶活动。包括个人和企事业单位捐款、慰问金等。例如深圳市宝安区建设局将学雷锋活动的部分捐款赠予该基金，还有中国网球协会、哈佛大学文化交流团、深圳市美术家协会等团体都通过该基金对在校生进行资助，还有多所普通学校对家境困难的特殊学生组织了爱心捐款。该基金在帮困助弱方面发挥了积极的作用，这也是该基金设立的最根本目的。以捐助的方式对学生进行补贴或者奖励，也可以以学习用品、衣物、辅助器具等物资的形式发放给有需要的同学。同时，该基金是进行感恩教育、互助教育的最佳课堂。学校在接受社会资助的同时，也努力地回报社会，将感恩作为德育的重要内容，也将捐款、义卖活动作为实施德育教育的重要方式。

## 第3节　经费使用

国家及地方对特殊教育的投入力度不断加大，为特殊教育的稳定发展提供了基本保障，同时经费投入增加对于经费的使用和管理也提出了更高的要求。特殊教育学校应结合学校发展规划以及学生需求建立合理的经费使用制度，通过规范内部管理提高经费的使用效益。

深圳元平特殊教育学校在经费使用上把握学生优先、安全优先、合理合法以及勤俭办学的原则，从经费预算、经费决算、经费执行和经费监督四个方面做好经费管理，促进经费使用制度建设，调整经费使用结构，使经费使用效益达到最大化。

**一、使用原则**

（一）学生优先

教学是学校一切工作的核心，经费的使用要以教学为中心，要服务于学生发展的需要。对于特殊教育学校而言，要着眼于特殊学生的发展，在经费使用上优先满足其接受学校教育、康复和职业训练的需求。深圳元平特殊教育学校坚持"以人为本"的办学理念，积极推进"教育、康复、职业训练一体化"办学模式，并在经费上优先保障。学校在申报社会福利彩票公益金时，也是着重考虑学生发展需求。学生通过每年的"康复训练营"项目可以享受免费康复服务,通过体育场所、体育设施项目、无障碍环境建设项目的申报,为特殊学生提供充分的活动场所和安全的校园环境。再如,职业训练方面,学校职业教育以实践教学为主,实行"走出去,请进来"的教学方法,无论是课堂学习还是专业实习都需要聘请部分专业人员授课,学校在教学和实习经费上予以支持。

### (二) 安全优先

安全问题对于特殊教育学校而言,是时时刻刻都不能忽略的问题。特殊教育学校的安全管理工作除了要对大型活动、地质灾害、气象灾害做好应急预案之外,更多的是对学校日常活动的安全管理。特殊学生的安全意识和自我保护能力的发展相对较弱,外界环境中潜在的安全因素相对于普通学生更复杂,因此,特殊教育学校尤其是寄宿制的特殊教育学校的安全问题更为严峻。这就对学校的安全设施建设和安全活动的开展提出了更高的要求,在经费的使用上要予以优先保证。深圳元平特殊教育学校作为寄宿制特殊教育学校,一直将安全问题放在学校工作的重中之重。在学校2013年的校内自行采购项目中,就有8项校园安全项目建设,涉及水、电、燃气项目、安全通道建设、夜间照明工程等。学校以高度严谨的态度做到精益求精,及时发现并消除各类安全隐患,例如把康复训练场地的水泥地面换成了弹性好、抗冲击的塑胶材料,将铁质的器械器具撤掉或者更换成全塑设施。再如学校发现早期的无障碍通道宽度不足、坡度太大、地面防滑性差,为避免出现安全事故,学校及时地进行了改造。鉴于安全管理对于特殊教育学校的重要性,经费的使用要以安全优先,实现校园安全零隐患的目标。

### (三) 合理合法

合理合法是经费使用的基本原则,经费使用不能违反法律法规,尤其是财务管理方面的相关规定,必须依据国家的教育方针和财政部门颁发的有关规定,不能贪污瞒报,不得造假账,也不得将款项随意挪作他用。这要求学校建立完善的校内财务管理制度,定期进行财务公开。在组建财务人员队伍时,既要加强专业知识的考察,又要注重职业道德素质的考察。深圳元平特殊教育学校认真贯彻《中小学校财务制度》,根据深圳市相关文件的规定,对经费进行科学管理,及时组织人员参加上级部分的培训活动,积极开展自查活动,并接受上级财务部门和审计部门的监督。

### (四) 勤俭办学

王绪池主编的《学校总务管理》一书中将"勤俭办学"作为中小学学校财务

管理的基本原则之一,[①]这一方面由于我国是发展中国家,教育经费尚不充裕,另一方面勤俭办学可以促使学校挖掘经费使用潜能,提高经费使用效益。深圳元平特殊教育学校很好地诠释了这一原则。学校在办学伊始面临着经费短缺、办学条件差的问题,学校管理者对外积极争取办学经费,对内积极倡导节俭办学,将"艰苦创业,勤俭办学"作为学校追求的一个目标。"艰苦创业,勤俭办学"的办学传统在学校得到了很好的继承,成为学校校风的重要组成部分。例如,校内的自行采购制定了严格的制度要求,按需申报、逐级审批、及时购买。勤俭办学还体现在学校建设的方方面面,例如学校使用了感应水龙头,安装的是节能灯、节能空调,体现了学校对于可持续发展的追求。

## 二、经费管理

《特殊教育学校暂行规程》第 7 章第 59 条规定:"特殊教育学校应科学管理、合理使用学校经费,提高使用效益。"[②]《深圳元平特殊教育学校章程》第 45 条规定:"学校严格执行财经纪律,依法建立财务管理制度,执行财务预算、审批、报销、公开等制度,规范、合理使用经费。学校严格按照政府采购制度,开展政府采购项目的采购工作。学校自行采购项目按照'公开、公平、公正'的原则,采用政府定点商场(电商)采购、校内公开招标、委托社会招标代理机构向社会公开招标等形式,组织采购工作。"学校对经费的使用是通过编制预算和决算实现的,并通过预算执行和监督对整个经费使用体系进行调控和监督。经费的使用要保证办事有计划,年初有预算,年终有决算,执行要规范,过程有监督,交接有手续。

(一)经费预算

经费预算是指学校根据教育事业发展计划和任务编制年度财政收支计划,由收入预算和支出预算组成。收入预算应当考虑学校维持正常运转和发展的基本需要,参考以前年度的预算执行情况和预算年度的收入增减因素;支出预算应当根据学校开展教育教学的活动需要,分轻重缓急,按照政府支出分类科目分项测算编制。

目前特殊教育学校的经费拨付是以预算的形式,所以对预算的精确度提出了更高的要求,在保证学校基本运行的基础上,还要考虑学校自身发展的需要。

---

① 王绪池.学校总务管理[M].重庆:重庆大学出版社,2008:123.
② 中国教育和科研计算机网.特殊教育学校暂行规程[EB/OL]. http://www.edu.cn/20010823/207448.shtml. 2002-02-12.

预算编制总体上坚持"量入为出、收支平衡、统筹兼顾、保证重点"的原则,立足于学校该年的发展计划,把握学校的发展重点,既要保证学校的正常运转,又能保证学校重点建设项目的经费支持。深圳元平特殊教育学校高度重视预算编制工作,为增强预算编制的精确性,学校实行"三上二下"的编制程序。年度经费预算牵涉到学校每个部门来年经费的使用,又涉及多领域多专业,需消耗大量时间和人力。为提高效率,学校总务处积极推进年度经费预算制度化管理,优化编制程序。首先由各部门根据教育教学和后勤保障的实际提出本部门的预算上报(一上),经总务和财务部门按照预算标准进行统筹协调,编制项目经费预算第一稿下发(一下);各部门进行第二轮论证和修改上报(二上),由分管副校长根据会议精神,召集总务、财务和各部门负责人会议,集中研究预算的统筹安排和协调配置,编制预算第二稿下发(二下);各部门根据实际情况对第二稿进行第三轮论证和修改上报(三上),分管副校长召集部门负责人第三次研究和协调,编制预算第三稿提交校长办公会议审定上报。经过自下而上、上下结合的编制程序,使之不断完善,从而最大限度地满足教育教学需要,科学合理安排预算资金的使用,为学校的建设和发展提供资金保证。这样,经费预算与部门需求之间的契合指数增强,也提高了经费预算编制的效率,促进了经费预算管理的科学化。

(二)经费决算

决算即学校经费预算执行情况的年终总结。通过编制决算可以检查各项资金的使用情况,是否真正做到了科学管理、合理使用,并对经费使用过程进行评估。学校应当加强决算审核和分析,保证决算数据真实、准确,规范决算管理工作。深圳元平特殊教育学校学年末都会对一学年的经费使用状况做出书面总结,对事业计划完成情况、人员编制执行情况、预算执行情况、设备执行情况等进行统计与核算,形成经费使用状况的发展报告,包括学校近年来教育经费的对比状况,对学校的经费使用结构进行分析,人员经费和公用经费是否合理,各处室经费实施情况等等。通过经费决算,可以整体把握学校的经费使用情况,同时为学校发展提供指导性数据。

(三)经费执行

经费执行是指对预算的执行,要求经费收支必须做到长计划、短安排。结合学校教育教学的工作任务和事业计划,编制短期的执行计划,也就是将年度预算指标进一步具体化,将年度预算细分为季度预算,再根据季度预算指定月预算,最终达到以月保季,以季保年的目的。

结转资金是指当年预算已执行但未完成,或者因故未执行,下一年度需要按照原用途继续使用的资金。为避免影响学校的正常教学,深圳元平特殊教育学校的校园工程建设多选择在周末、节假日或寒暑假进行,工程量大的项目持续时间可能很长,要及时地通过结转资金对项目经费进行管理。结余资金是指当年预算工作目标已完成后剩余的资金。财政性拨款是按学校师生人数和学校项目预算核拨的,结余情况不多见。非财政拨款结转按照规定结转下一年度继续使用,也可以按照国家有关规定提取职工福利基金,将剩余部分作为事业基金用于弥补以后年度学校收支差额。

(四)经费监督

经费的监督是指对经费组织、分配和使用过程的监督。学校的经费使用状况必须透明,定期进行财务公开,年初公布经费预算,年末公布决算。作为深圳市公办特殊教育学校,学校经费使用接受上级部门监督。学校财务监督应当实行事前监督、事中监督、事后监督相结合,日常监督和专项监督相结合,建立健全内部控制制度、经济责任制度、财务信息披露制度等监督制度,依法公开财务信息。学校财务监督的主要内容包括:预、决算编制的科学性、真实性、完整性和预算执行的时效性、均衡性;各项收入、支出的合法性、合规性;结转和结余资金以及专用基金管理的合规性;资产管理的安全性、合规性、有效性;负债的合规性和风险性;学生人数、教职工人数等基础数据的真实性和准确性等。

深圳元平特殊教育学校建立了一套严密合理、规范有效、责权分明的资产管理制度,由保管室负责对全校资产进行登记、造册、统计、存档、清查、盘点等,定期对固定资产进行清查,对个别长期积压下来、超过使用年限、无使用价值的资产及时做报废拍卖处理,防止积压闲置,做到物尽其用。这样,通过强化资产管理,健全资产管理体系,使学校资产管理逐步规范化、明细化,防止了资产的流失。

在校内采购上,深圳元平特殊教育学校在经费执行上严格按照深圳市政府的相关文件要求,遵循规章制度,做到合法有序。例如,修订后的《深圳特区政府采购条例》于2013年6月1日正式实施,新条例规定:工程类项目在40万元以上,设备类及服务类项目在20万以元上属于政府集中采购。工程类项目在40万元以下,设备类及服务类项目在20万元以下属于校内集中采购。为进一步推进阳光采购,学校积极尝试新条例下的采购改革模式,稳步推进校内采购项目委托招标,学校作为招标方提出招标方案,明确招标内容,对于投标方的条件做出要求,按照科学流程实施招标。学校对于中标单位实施监督,出现合同规定的恶意情况学校有权终止合同，确保了校内自行采购的规范性、财政资金的透明度。以电梯的维修保养招标为例，学校首先会提出电梯维修保养的具体要求，涉及周检查、月检查、季度检查和年度检查的具体内容，然后学校会公布招标方案，根据方案实施招标并对招标结果进行公示。

## 深圳元平特殊教育学校电梯维修保养招标方案
### （2013）

为进一步提高学校电梯维保质量，确保电梯安全运行，提高师生安全系数，根据深圳市采购条例和学校采购（修缮）暂行规定以及学校行政会议决定，本着公开、公平、公正的原则。制订学校电梯维修保养招标方案：

一、投标方条件

1. 投标人必须是在中华人民共和国境内注册，具有独立法人资格；须提供企业法人营业执照、税务登记证、组织机构代码证、特种设备安装改造维修许可证等证件复印件（加盖公章）。

2. 投标人必须由法定代表人或其委托代理人（须有法定代表人签署的授权书及有效身份证明）参加投标、开标仪式，在评标过程中随时接受评委就投、标文件内容提出的质询，并予以解答。

3. 投标人必须签署承诺书，保证提供的商品有产品检验报告或质量证明等相关文件。

4. 投标人中标后不得转包经营，一经发现，终止合同，所交1万元保证金作为违约赔偿，概不退还。

二、维保内容

元平学校5台电梯的维保（具体要求见附件一），具体分布如下：

康复楼1台，立人楼1台，职教楼1台，体育馆1台，学生食堂1台。

三、具体操作流程

1. 到校查看现场。各意向单位可自愿到学校查看现场，统一组织查看时间为2013年10月11日上午，9:30在总务处集中。

2. 报名：2013年10月8日—2013年10月12日，上午8:30—11:30；下午14:30—17:00，在该时段内请有意参与投标的单位把企业相关资料（验原件，提供复印件）送到深圳元平特殊教育学校总务处，联系人：×××。

3. 实地考察。根据报名情况，学校将选取部分公司进行实地考察。

4. 开标。开标时间定于2013年10月16日上午10:00于行政楼1楼会议室举行。由投标人对公司介绍，陈述维保方案，报价，回答校方提问，由小组成员根据投标者（资质、工作经验、队伍素质、诚信、价格因素）以不记名打分的形式确定入围者后，最后招标小组成员进行无记名投票方式，选出中标公司（选出第一预中标人和第二预中标人）。

5. 公示结果，签订合同。公示3日后，如无有效投诉，双方签订正式合同，中标单位向校方交纳1万元质量保证金。

招标公告和招标结果将在深圳元平特殊教育学校网站http://www.szyptx.net/及校园内粘贴公示,请各参加单位自行关注。

四、淘汰机制

出现下列情况的学校有权终止其维保合同,扣押质量保证金,并追究其相应法律责任,同时由第二预中标人作为学校维保新供应商。

1. 质量问题:因维保公司提供的零配件质量问题造成电梯故障的。
2. 维保时限:因维保不及时影响电梯正常使用的。
3. 造成人员受伤等安全责任事故等。
4. 法律法规相关规定。

五、期限:该招标合同有效期为一年。

## 三、效益分析

人力资本理论认为教育是一种人力资本的开发,教育资金的投入会带来回报,体现为个体经济效益和社会经济效益,即个体在获得自我生存发展资料的基础上还能为社会作出贡献。特殊教育的发展也具有这两方面的经济效益,尤其是轻度障碍学生在经过有效的教育康复训练后,完全能像普通人一样为社会作出贡献。2014年5月16日,中共中央总书记、国家主席、中央军委主席习近平在北京会见第五次全国自强模范暨助残先进集体和个人表彰大会受表彰代表,并发表重要讲话。他强调,"残疾人是社会大家庭的平等成员,也是人类文明发展的一支重要力量。古今中外,残疾人身残志不残、自尊自立、奉献社会的奋斗事迹不胜枚举,残疾人完全有志向、有能力为人类社会作出重大贡献。"[1]

因此,加大对特殊教育经费的投入并不是单纯出于人道主义的考虑,而是以培养社会主义建设者为目标,发展特殊教育意义重大。从宏观层面上讲,增加特殊教育经费,在一定程度上节约了社会财富。对于特殊教育学校经费投入的效益分析,不能简单地依靠经济理论或经济模型予以测评,特殊教育的效益很难用数字来衡量。黄建行校长认为,国家发展特殊教育,每年投入在每个学生身上的经费,将来肯定会减少国家和社会对残疾人士安置与救济的支出,这也是经费效益的一种体现。况且,特殊学生经过一定的教育、康复与职业训练,可以成为自食其力的人,从社会物质财富的单纯消耗者变为直接或间接生产物质财富或精神财富的劳动者,成为推动社会前进的积极力量。[2] 也就是说,发

---

[1] 吴晶,刘奕湛.习近平会见第五次全国自强模范暨助残先进集体和个人表彰代表受表彰代表[EB/OL]. http://news.xinhuanet.com/politics/2014-05/17/c_1110732064.htm. 2014-05-17.

[2] 朴永馨.特殊教育概论[M].北京:华夏出版社;1995:9.

展特殊教育事业有其经济价值。

## （一）促进学生身心发展

办学经费的效益如何？这个问题最终还是要落脚到特殊学生的发展上，深圳元平特殊教育学校最显著的办学特色是率先实施了"教育、康复、职业训练一体化"办学模式。二十多年的经验证明，这一模式相对于单一的文化教育更能促进特殊学生身心全面发展。深圳市委、市政府为保障学校践行该模式在经费上给予特殊投入，学校的基础设施完善，设施设备齐全，为促进特殊学生发展提供良好的物质条件。学校在筹集社会经费或与企业开展合作时，首先考虑的也是学生的发展需求。深圳康泰游戏设备有限公司向学校捐资建立的多功能感官训练室，现已承担了自闭症学生的感官训练。该功能教室的使用率较高，在特殊学生感官训练以及情绪管理方面发挥了重要作用。

## （二）减轻学生家庭负担

特殊学生家庭在承受着巨大精神压力的同时，还承担着沉重的经济负担。学校秉持"帮助一个特殊学生就是帮助一个家庭"的朴素信念，在经费使用上从学生需要出发，减轻特殊学生家庭的经济负担。一方面，深圳元平特殊教育学校落实免费的特殊教育政策，极大地减轻了特殊学生家长的经济负担。另一方面，学校实行寄宿制，对特殊学生的住宿费实行减免，同时对特殊学生提供全方面看护，家长可以从看护学生中抽出身来参加工作，为社会创造财富。此外，特殊学生每年都可以得到免费校服的资助，这也在一定程度上减轻了家长的经济负担。因此，学校经费的使用效益会延伸到特殊学生家庭。

## （三）提升学校办学效率

办学经费合理使用可以提升学校的办学效率，俗话说"好钢用在刀刃上"，对于有效推进学校各方面发展的开支一定要支持，虽然短期内的支出额度较大，但会产生可持续的使用效益。以深圳元平特殊教育学校的"数字化校园建设"为例，学校近年来加大力度推进校园的信息化建设，管理平台的应用推进了无纸化办公，削减了公用经费支出；教学平台的应用实现了资源共享和教学方式的优化，提高了教学效率；安全系统的开发可以推进学校管理的规范化进程，实现对于在校学生的智能化识别、定位和管理，最大限度地保证学生安全，减少了学校应对安全风险的隐性成本。

## （四）推动社会文明进步

深圳元平特殊教育学校对于深圳市的社会和谐和精神文明建设都发挥了积极作用，学校已有二十余年的发展历程，不断探索"教育、康复、职业训练一体化"的办学模式,期望特殊学生经过九年或十二年的教育能够成为自立自强的社会主义劳动者和建设者。现如今学校毕业生已经在深圳各行各业奉献多年,尤其是学校自 2003 年职业高中开始招生以来,职高毕业生一次就业率及听障高中毕业生高考入学率一直保持在较高水平。他们也在为深圳的发展贡献自己的一份力量,是"残而有为"的最佳范例。在促进地区社会和谐发展的同时,学校师生也为精神文明建设作出了重要贡献,学校重视师德建设,教师集体屡次受到嘉奖,在校生自强不息、身残志坚的励志故事总能使人备受鼓舞。学校发展中呈现的开拓创新精神以及在特殊教育领域的专业成就无疑在促进社会文明进步中发挥了应有的作用。

# 第 7 章　办学效能

在日常生活中,效能是人们经常使用的词汇之一。"效"主要指"功效""功用","能"指的是"能力""才能"。《新华词典》里对"效能"一词的解释为"事物在一定条件下所起的作用;机械设备等所产生的功用"[①];《现代汉语词典》的解释为"事物所蕴藏的有利的作用"。[②]这里对效能的理解至少应包括两个方面:其一,效能是功能与效果的结合,内隐与外显的统一;其二,效能具有正向性,指的是积极的、正向的作用。[③]

本章对办学效能的理解离不开对学校教育效能的理解,学校教育效能主要研究学校层面的效能问题。国内外学者对于学校教育效能的理解存在着不同的取向:孙绵涛、洪哲认为学校教育效能是指学校合理利用教育资源,实现教育目标,并能不断满足系统内各方面的要求,进而使学校及其成员和社会得到相应发展的特性和有效作用。[④] 陈孝彬认为学校教育效能是指学校发挥某些积极作用的能力及其实际结果。[⑤] 湛启标认为,学校教育效能是学校尽可能地达成学生家长、学校管理者、教师甚至学生本人为之设定的教育目标的程度和能力。[⑥] 英国学者舍林(Scheerens)认为,从组织理论的角度来看,学校效能的含义与组织观密切相关,不同的组织持有不同的关于学校教育效能的看法。经济理性的组织观认为,学校效能就是学校达到其预定目标的程度;有机系统的组织观认为,学校效能就是学校适应外部环境变化,保持学校健康发展的能力;人际关系的组织观认为,学校效能就是学校内部人员的满足感与人际和谐的状况;科层制的组织观认为,学校效能就是学校维持结构稳定与持续发展的能力;政治

---

① 商务印书馆辞书研究中心.新华词典(修订版)[Z].北京:商务印书馆,2001:1086.
② 中国社会科学院语言研究所词典编辑室.现代汉语词典(第 5 版)[Z].北京:商务印书馆,2005:1504.
③ 孙绵涛.教育效能论[M].北京:人民教育出版社,2007:37.
④ 孙绵涛,洪哲.学校效能初探[J].教育与经济,1994(3):2.
⑤ 陈孝彬.教育管理学[M].北京:北京师范大学出版社,1999:316.
⑥ 湛启标.学校效能论[J].江西教育科研,2001(6):25.

模式的组织观认为,学校效能便是学校内部满足外部重要群体需要的程度。[1]

本章对办学效能的阐述主要立足于特殊教育学校的教育效能,从学校组织中教师、学生等个体的社会活动的维度,将办学效能分为学生效能、教师效能、管理者效能以及其他效能四大方面。

## 第1节 学生效能

学校就其直接的办学目的而言是为学生的,特殊教育学校也不例外。在强调"以人为本"的今天,特殊教育学校也大力倡导"以生为本"。深圳元平特殊教育学校始终坚持"以生为本,育残成才"的办学宗旨,在此基础上学校坚持"以人为本"的学校办学理念,即坚持"以人为本"的教学思想、"以人为本"的教师发展思想、"以人为本"的制度建设思想,营造团结和谐、幸福干事的工作氛围。[2] 学生作为"以人为本"理念的主要对象之一,学生素质的发展是衡量学生效能的一个重要指标。学生的学业成就是衡量学校效能的重要依据,这里所说的学生效能是指学生在特定的学习情境和教师的作用下,完成或超出预期的教育产出目标的能力。[3] 学生效能的高低决定着教育产出的质量和素质,即学校效能的高低。[4] 学生效能要得到实现,既需要全面发展个体,又需要充分地挖掘集体的效能。

### 一、个体效能

所有学生都有接受教育的权利,学生个体的发展应着眼于学生的教育需求、社会需求、情感需求、身体需求和道德需求。[5] 对除学生知识技能之外的、更广阔范围学生的职业、情感、社会性等评价指标研究,可能成为未来学校效能评价价值取向。[6]

效能是为达到系统目标的程度,或系统期望达到一组具体任务要求的程度。效能感是对能力及信念的判断,自我效能感则是指个体对自己是否有能力完成某一行为所进行的推测与判断。[7] 效能与效能感之间相互关系、相互影

---

[1] 孙绵涛.教育效能论[M].北京:人民教育出版社,2007:21.
[2] 黄建行,雷江华.特殊教育学校校本课程开发[M].北京:北京大学出版社,2012:15.
[3] 郑燕翔.教育的功能与效能[M].香港:广角镜出版社有限公司,1986:340.
[4] 谌启标.学校效能论[J].江西教育科研,2001(6):26.
[5] 谌启标.学校效能研究论纲[J].教育理论与实践,2001,21(6):27.
[6] 张亮,赵承福.国外学校效能评价指标研究的新进展[J].教育研究,2012(8):141.
[7] 百度百科[EB/OL].http://baike.baidu.com/view/478365.htm

响,呈正比关系。学生的个体效能感是学生个体对自我能力及其信念的判断,个体在组织中也具有自我反思、替代学习、符号化和自我调节的能力。自我效能感主要通过三种途径在学生发展中发挥作用,包括学生掌握学业和调节学习的个体效能信念,教师对激发和提高学生学习的个体效能信念,教师集体对促进学生学业发展的集体效能感。这三种途径分别通过学生、教师和学校集体影响到学生的学业发展和心理的社会成长。① 特殊教育学校在办学过程中,特殊学生更加需要对自我能力及信念的肯定,而对自我的肯定来源于自我效能感的提高。学生的成就水平是衡量其个体效能的一个重要指标,深圳元平特殊教育学校重视特殊学生的成就,重视学生的教育、康复、职业训练效能,积极强化学生潜能开发工作,在开展班级传统特色项目的基础上,发布了《深圳元平特殊教育学校学生潜能开发方案》。教师自愿申报、自由选择学生,在提交潜能开发申请表和培训计划并经过科研处同意之后,每周根据学生情况和培训计划自行安排时间、地点对学生进行训练。之后深圳元平特殊教育学校对训练进行考核并对开发学生潜能方面做出成绩的教师给予奖励。深圳元平特殊教育学校秉着"以人为本,适性发展"的原则对学生进行潜能开发,为学生提供更有针对性的个别化训练,使之获得最大限度的发展。

(一) 教育效能

学生个体效能的研究可以追溯至班杜拉的自我效能理论。教育效能是指人们有效获取和充分利用对培养人有利的各种资源,通过有效的管理和实施过程,以实现培养人的教育目标为核心,并能不断满足教育系统内外各方面的要求,进而使其得到相应发展的特性和有效作用。② 教育效能包括教育管理的效能和教育实施的效能。教育管理效能包括教育行政效能和学校管理效能。教育实施效能包括教学效能和学生学习效能。③ 学生教育效能的提高需要自我效能感的积极参与,自我效能感高的学生会选择适当的、具有挑战性的学习目标,为自己制订适合的学习指导计划,有实现目标的坚定信心。因此,在遇到困境时这类学生有更大的坚持性,能付出更多的努力。自我效能感信念坚定的学生有内在的追求知识和学业成功的兴趣,他们的动机水平和学业成就高;而自我效能感低的学生则与此相反,他们选择目标往往不切实际,遇到困难时容易轻易放弃,如果不能很快获得预期结果,他们往往倾向于放弃已经获得的技能

---

① 姜飞月.自我效能理论及其在学校教育中的应用[J].宁波大学学报,2001,23(5):21.
② 孙绵涛,谢延龙.要重视教育效能研究[J].教育前言,2006(6):41.
③ 孙绵涛.提高教育效能需要大视野[N].中国教育报,2007-3-19(第007版).

而不想付出努力。因而,低效能感者动机水平过高或过低,较难忍受困难,效能信念不坚定,缺乏内在的学习兴趣,学业成就较低。

1. 学业表现

深圳元平特殊教育学校的学生们在学业上纷纷取得了不错的成绩。例如,自闭症组的学生金某已经能够默写出圆周率小数点后1050位;叶某和王某能够准确地进行万年历的推算。听障视障教育教学部廖某自入校以来品学兼优,连年被学校评为"三好学生"或"优秀学生干部"以及"元平学习之星",多次荣获平安银行的奖学金,并且获得"深圳市优秀团员"和"广东省三好学生"荣誉称号。听障学生吴某通过自己的努力以优异的成绩考上了长春大学特殊教育学院美术专业本科;视障学生林某凭借着声情并茂的讲述、妙趣横生的读书感悟和机智童真的现场互动,获得央视"2014我的一本课外书"深圳赛区一等奖,被授予"2014深圳十佳读书少年称号"并且成功入围央视"2014我的一本课外书"35强名单……学生们通过勤奋刻苦地学习,不懈地追求知识,为自身的发展和将来的职业做好了准备。

2. 文艺活动

深圳元平特殊教育学校积极组织学生参与各项文艺比赛和汇演,学生们的表演获得社会广泛好评,并有多人赢得各类文艺比赛奖项。例如,听障视障教育教学部的郭某爱好广泛,尤其喜欢书画、舞蹈,参与多个舞蹈表演,获得过全国、省、市等大奖;康复教育教学部脑瘫组董某参加深圳市第十届童话节"朗诵暨小主持人"比赛,经过激烈角逐,最终获得小学组金奖;智障教育教学部三名学生参加深圳市首届特殊儿童绘画大赛,获得了"人气小画家""潜力小画家"等荣誉称号;职业教育教学部学生多次获得职业技术类竞赛奖,例如杨某与福某合作的《西游记四师徒》获"广东省第二届中小学生陶艺作品比赛"三等奖,还有的同学在西式面点、水果雕刻拼盘、插花花艺等比赛中获奖。

在教师的辛勤耕耘和学生的自我努力下,深圳元平特殊教育学校涌现出了一批多才多艺、各方面都比较出色的学生。已在深圳华大基因研究院工作的智障毕业生佟某在体育和文艺方面都有出色表现。她曾经在上海举行的第12届世界夏季特殊奥林匹克运动会上获乒乓球项目金、银牌各一枚,还是优秀的架子鼓手。2010年9月被西安音乐学院破格录取为高等院校学生,荣获中日韩青少年才艺展示深圳赛区打击乐特别金奖、"全国优秀特奥运动员"称号以及首届深圳达人喜乐会暨深圳达人春晚中唯一的"网络人气达人奖",参加过央视《我们有一套》栏目组节目录制演播。工作以后她努力不懈,经过刻苦练习,用熟练的技术顺利地通过了爵士鼓十级考试。她开朗活泼的性格、认真负责的工作态度也得到同事们的认可和赞许。听障、视障教育教学部的张某多年来在教师和父母的教育和自己的努力下,学习成绩一直名列前茅。除认真学习课本知识外,她兴趣广泛,特别喜欢看书、绘画、体育。张某在德智体美等方面的全面发展也成了同学们学习的榜样。深圳元平特殊教育学校注重发掘和培养学生的兴趣爱好,帮助学生提高个体效能感,促使他们有所成就。

3. 体育运动

深圳元平特殊教育学校一直坚持普及和发展特奥运动,很多学生都掌握了至少一门体育特长,并为学校增添了荣誉。例如,智障教育教学部的福晓同学,在教师和同学的帮助下,从害怕游泳的"旱鸭子"蜕变为特奥游泳金牌冠军,他在作文里面叙述了个人"超越自己,超越梦想"获得自我提升的过程,文章真实、感人至深。学校里还有很多这样的学生通过教师的帮助和自我的努力,实现了自己的梦想。在学校培养的特奥和残运会运动员中,有在世界聋人运动会上获女子三级跳远铜牌的聋人运动员周某;有在世界夏季特殊奥林克运动会上获保龄球金牌的何某、冯某、尹某等优秀的运动员,有获得"中国特奥运动员领袖"称号的尹某、林某等。他们都是残奥运动员和特奥运动员中的佼佼者,他们的表现充分展示了残疾人的体育精神和学校特奥运动的教育成果。

### 超越自己  超越梦想

**智障教育教学部 福晓  指导教师:马凯**

我是八年级一班的福晓,今年16岁。我一直参加学校的运动队,主要进行游泳训练,并在2011年夏天雅典举行的世界特奥会上获得一百米银牌和二十五米团体接力金牌,在第五届全国特奥会比赛中,获得了50/100/200米蛙泳比赛3枚金牌。其实,最早我也害怕游泳,是体育老师教会我游泳,又一点一点地游得更快更远了,现在我会蛙泳、仰泳和自由泳,蝶泳还在学习中。体育训练不仅让我获得了荣誉,而且促进了我的学习,也希望同学们都能积极参与体育运动噢!

我在深圳元平特殊教育学校读书,这里有我敬爱的老师,有一群可爱的朋友和同学。在这个学校里我收获了荣誉和欢乐,也有不少值得留念的感人故事。从一年级起我就开始参加学校的体育训练,我很喜欢带训练的体育老师,他们健康活力的笑容和浑厚有力的嗓音一直激励着我的训练和比赛。

几年前,我和几个同学有机会跟随何老师训练游泳,可以说我们这批人个个都是"旱鸭子",有的人甚至很害怕下水,何老师可从没有放弃,坚持带着我们从零做起,从简单的陆上模仿练习开始。

还记得第一次下水时的场景,我还有点害怕,生怕被这一池水淹到,躲在了最后一个,何老师第一个跳了下去,在扶梯边扶着我们一个个地下了水。有老师在身边保护我就放心多了,并在何老师的指导下抓好浮板,用在陆上学习的打腿动作练习浮水。老师一次次的鼓励和提示让我忘记了初次入水的恐惧,反倒多了不少欢乐的元素。正当我享受着这"飘飘然"的感觉时,一不留神,浮板从手里滑落,我一紧张竟然忘记了打腿,这时水就像个妖怪一样把我紧紧地裹挟在里面,一个劲往我嘴里灌水。突然发现我怎么已经浮出水面,原来是何老师用手托住了我,还用他关切的眼神看着我,让我调整呼吸,休息一下。坐在岸边的我脸上还挂着泪水,我看见何老师在水里一个个的纠正队友们的动作,十几个孩子,这样练一次下来,何老师每个人平均也要督促和纠正三十多次。我在岸边整整泳帽,向何老师示意我要继续下水训练,这时的我已经开始慢慢懂得何老师带我们这些孩子练习游泳的辛苦了。

几年下来我已经先后学会了蛙泳、自由泳、蝶泳和仰泳。我感到很自豪的是不仅队友们会羡慕我,学校里的很多孩子都认识了我,还和我打招呼。当明星的感觉不错,不过我的训练成果是伴随着泪水和汗水才换来的。有一次我训练时走了神,动作不对了,一下被队友落下好多。何老师在一旁就知道是我"偷懒了"。他严厉的要求我多游十圈,这个时候我们已经游了三千多米,再游下去我可坚持不住啊! 想到这我眼睛里翻滚着泪水,何老师改变了严厉的口吻,挂着调皮的微笑脱了上衣跳下水说我们来比赛吧,这十圈很快就能游完的。刚说完何老师一个猛子就出去了,我这才意识到老师要赖皮啊,这时我也顾不得身体的疲惫了,咬紧牙紧紧地跟在他的后面。当我最后到岸时,所有的队友都在为我欢呼,此时此刻我比得了冠军都开心,何老师游到我身边悄悄地说了句:"这超越自己的感觉不错吧!"

"超越自己,超越梦想!"这本是一句我和同学都喜欢唱的歌曲,如果我没有参加体育训练,没有何老师的悉心指导,我怎么能够超越自己,超越梦想呢!

### (二) 康复效能

特殊儿童的康复训练也是特殊教育学校中一项十分重要的任务,深圳元平特殊教育学校的康复教育教学部自成立以来一直从事自闭症、脑瘫等特殊儿童的康复教学工作,积累了丰富的经验。一批特殊学生经过个别化康复训练之后,其康复水平、生活自理能力和社会适应能力等都得到了很大的改善。例如,脑瘫组二年级学生董某,克服生理困难,勇于挑战自我,在童话节"朗诵暨小主持人"比赛中荣获小学组金奖;学生谢某、庄某在 2014 年童话节世界少儿书画大赛中与普通中小学生同台竞技,最终凭借自己真情的书画作品获得了大赛金奖,赢得了评委的极力称赞;还有深某等三名脑瘫学生在深港澳少儿大型诗文朗诵大赛决赛中用自己的努力和实力赢得了全场的尊敬与感动,获得大赛的特别奖……康复教育教学部的特殊学生经过教师的康复训练之后,各方面的能力都获得了很大的提升,其康复效果也获得了家长的肯定。

### (三) 职业训练效能

特殊学生不仅要学会自理,更要学会自立,而职业教育是自立的基础。自 2002 年举办残疾人职业高中教育以来,深圳元平特殊教育学校始终坚持"以服务为宗旨、以就业为导向"的办学方针,大胆创新符合残疾人特点的职业教育,初步形成了"职业教育、就业培训、就业安置一体化"的立交桥式的职业教育模式。职业教育教学部先后开设了厨艺、面点、客房服务、"中国结"艺、办公文员、洗衣服务、插花艺术、手工制作、电脑美术设计、动漫制作等多门专业技能课程。特殊学生在经过职业训练之后,各项能力都有所提升,很多特殊学生在职业类比赛中获奖。如职教部汪某、钟某、郑某、杨某四位同学参加深圳市首届"华夏银行杯"扶残助残创业设计大赛并以总分第三的成绩成功获得进入深圳市复赛的资格;吕某、杜某通过制作西点及现场水果雕刻拼盘的技艺荣获深圳小厨神大赛少年组亚军;林某、张某获深圳市第一届"莲花杯"插花花艺大赛优秀奖等。

## 二、集体效能

依据班杜拉的自我效能理论,集体效能是指班杜拉将集体效能感团体成员对团体能力的判断或对完成即将到来的工作的集体能力的评价。[1] 定义为:"团体成员在某一情景中,对于自己的团队结合在一起,有能力取得特定水平成绩的共同信念。"[2]集体效能信念主要集中在团体操作性能力上,但不是操作性能力本身,而是对操作性能力的判断或评价。集体效能不是个体属性的总和,而是个体相互作用的动态过程所创造的一种突出的属性。集体效能感也不是一种整个团体的属性。个体在同一社会体系中的角色和职位不同,他们在怎样看待团体的效能上可能有些不同。[3] 班杜拉认为,成功的集体行为,是在一个共享的信念而不是离散的团体意识指引下进行的,正是这一信念执行着认知、抱负、动机和调节功能。目前,集体效能对团队的功能性作用,正在教育、社区、生产、军事、政治、运动等组织领域里得到广泛的验证。从总体上看,集体效能高的团队有较高的工作动机、士气,在挫折面前付出更多的努力,能应对较大的压力,从而具有较高的团队业绩。学生作为教育的主要对象,我们将学生层面的集体效能界定为学生班级集体效能,即班级成员成功完成某一特定任务的集体信念。学生班级集体效能这一共同信念是学校文化环境的重要方面,作为学

---

[1] 姜飞月,郭本雷.从个体效能到集体效能——班杜拉自我效能理论的新发展[J].心理科学,2002,25(1):114.

[2] Bandura, A. Social foundations of thought and action: A social cognitive theory[J]. Englewood Cliffs, NJ: Prentice-Hall, 1986:391.

[3] 姜飞月,郭本雷.从个体效能到集体效能——班杜拉自我效能理论的新发展[J].心理科学,2002,25(1):114.

校组织环境中的一种潜在特质,它同时对组织和个人的行为产生影响。[①]

学生团体的学习目标是由具有不同技能、知识和经验的学生相互协调、互相配合完成的,团队成员对是否完成团队的目标一起担当并同时承担个人责任。集体效能感一旦进入了学生群体,信念结构就会对学生个体和集体的行为产生显著的影响。在这一过程中,集体效能感体现了学生个体对团队集体的组织承诺和责任,影响了学生在集体中的行为,包括学生对集体学业未来的认同、学生执行集体任务时付出的努力、学生之间能否有效配合、在集体努力未能较快地实现目标或者遇到反对力量时,他们能否保持以前的努力程度等。集体效能感在学生集体活动的因果结构中起关键的作用,它不仅能直接影响集体行为,而且和集体中其他变量如教师、管理者相互作用产生影响。

在特殊教育学校中注重培养特殊学生的集体效能感,这至关重要。它不仅直接影响到学生团体行为,而且也发挥着调节和中介的作用。深圳元平特殊教育学校注重突出品牌、特色教育,促进学生多元发展,在教育、康复、职业训练等方面都取得了不俗的成绩。

(一)教育效能

1. 学业表现

根据《深圳市特殊教育提升计划》,符合条件的残疾儿童都可以享受从义务教育到高中的12年免费教育。截至2016年,学校共有百余名听障视障生考取北京联合大学、长春大学、天津理工大学、广州大学等院校。学校关注学生的潜能挖掘和特长培养。以康复教育教学部为例,该部以朗诵、口算、串珠、拼图、包装等项目为特色,发挥教师的特长,挖掘学生的潜能,以班级为单位,积极创建班级特色文化。目前,部分班级已形成了自己的特色,特殊学生在特长培养中收获了成绩,找到了自信和成功之路。如自闭症五年级二班着重发掘每个学生的特长和爱好,培养出一批在万年历、架子鼓、圆周率等方面表现出色的特长生;自闭症四年级一班将蒙氏教育理念融入自闭症教学中,成为学校唯一一个蒙氏教育试点实验班;脑瘫组五年级开展国学教育,在脑瘫学生中举办"国学经典"知识灯谜竞猜活动等。

2. 音体美活动

深圳元平特殊教育学校注重特色教育,培养了大批的残奥运动员、特奥运动员和艺术人才。建校以来有1000多人次特殊学生在市级以上各类学科、文

---

[①] 高峰强,等.学生班级集体效能、考试焦虑和学业成绩的SEM研究[J].心理科学,2006,29(5):1132.

艺、体育比赛中获奖,其中,学科竞赛获奖24人次,体育竞赛获奖771人次,文艺竞赛获奖802人次。

截至2016年,在体育比赛方面,先后有30人次参加国际体育赛事,92人次参加全国比赛,165人次参加省级比赛。学生运动员在省、市级以上残运会、特奥会取得322枚金牌、215枚银牌、174枚铜牌。学校运动员2015年在美国洛杉矶第十四届世界夏季特奥运动会取得2金2铜的佳绩,2011年特奥游泳队员在第十四届世界夏季特奥运动会获得6金3银1铜的可喜成绩。学校学生运动员在上海第十二届世界夏季特奥运动会夺得6金1银5铜,成为当年深圳市十大体育新闻;第五届全国特奥会上学校10名运动员在游泳和保龄球比赛中共获15金8银4铜的优异成绩;在雅典第十三届世界特奥运动会上又有5名游泳运动员再获6金3银1铜。优异的比赛成绩既锻炼了学生的身体,又增强了学生的自信心,增进了特殊学生与社会的融合,在为学校争得荣誉的同时也使特殊学生的才智赢得了社会的尊重。

文艺活动方面,为了增强特殊学生的集体效能感,深圳元平特殊教育学校积极开展丰富多样的学生活动,促进学生发展。发展寓于活动,旨在通过活动展示学生技能,增强学生信心。在2015年由广东省教育厅、省文化厅等部门联合举办的广东省第七届特教学生艺术汇演中,深圳元平特殊教育学校的学生荣获金奖、银奖、铜奖及优秀奖各1名的佳绩。在2013年举办的市中小学生建筑模型比赛中,深圳元平特殊教育学校12名听障学生参加了"缤纷童年"涂装木屋个人赛和"城市梦想"区域规划集体赛。在这两个项目的比赛中,职业教育教学部学生与普通学生同台竞技,共获得团体一等奖6个、二等奖2个,个人一等奖2个、二等奖2个、三等奖6个。

(二)康复效能

深圳元平特殊教育学校大力开展个别化康复训练,构建与国际接轨的学校教育与康复训练相结合的特殊教育模式。深圳元平特殊教育学校从1995年开始接纳自闭症、脑瘫儿童入学,并不断加大在康复训练方面的师资、设备、场地投入,基本建立起康复类课程体系框架。康复教育教学部集体的康复效果明显,不仅特殊学生的生活自理能力、社会适应能力等有很大的进步,而且一些班级也在康复过程中创建了自己的特色。

以自闭症A4—1班为例,为了让特殊学生们开口说话,该班班主任邓景秀老师教学生们朗诵三字经,并编排了节目。在学校自闭症日汇报演出中,学生们不仅能完整地朗诵,并且能在递话筒、朗诵次序方面进行有效的配合,动作完整，配合默契，感动了在场的所有人，最终获得了很高的评价。此外，在班级管理方面，邓老师建立了一个详细的学生评价制度，对于学生的表现进行日评，并且重视班级秩序的维护。经过一段时间练习之后，班级的学生能主动地收拾教室，能有序地找东西并且将东西放回原处。而且，学生们还学会了整理自己的房间，生活自理能力和社会适应能力都有很大进步。下面的这篇文章是邓老师与A4－1班的成长历程。

## 守望星空，让生命绽放光彩
### ——我与自闭症孩子的成长故事

康复教育教学部　邓景秀

大学毕业后我进入部队医院工作，一次接到任务，去一所特殊学校体检。当时，有这样一群孩子，给我留下了深刻的印象：他们哭闹、自残、攻击他人；他们不愿意正眼看人，极力回避与人对视的目光，更不愿与人交流，他们就像活在另一个世界里，这就是自闭症孩子。看到他们天使般纯净的面孔，我内心深处最柔软的地方被触动，于是我不顾一切来到深圳元平特殊教育学校，成为一名自闭症班级的代课老师。

### 迷茫

当时学校只有两个自闭症班级，看着满教室乱跑乱跳、动作怪异、表情淡漠的自闭症孩子，我感到茫然失措，不知从何开始。

记得在《认识五官》这节课上，我在脸上贴满了标明器官的词语，但他们没有任何反应，有的玩手指，有的拍手，还有的望着窗外的天空发呆。失落、无助、彷徨燃烧得我无处可逃，即便我喉咙喊到沙哑，眼神从坚定到乞求，他们也不多看我一眼。这些自闭症孩子能教好吗？我在这里有意义吗？但一个坚定的声音告诉我：既然选择了，就勇往直前。

第二年，我当上了班主任。由于经验不足，在解决自闭症学生情绪问题时总找不到方法，每次看到情绪失控的学生，我只会冲上去紧紧抱着他，轻轻抚摸，直到他情绪稳定，因为不懂学生的情感意图，被学生咬伤、抓伤是常事。我不甘这样做老师，就四处向老教师讨教，经验学回了一大堆，但回到教室，面对学生，我仍然感受不到教育的幸福。

### 成长

由于经验积累以及教育阅历的不足，我无法从实质上将老教师的教育智慧融会贯通，所以有一段时间我都在教育之路上独自摸索。真正的转变始于第一次家长会。班里的孩子多半都是寄宿生，我平时跟家长沟通少。他们是否重视这样的孩子，对孩子的教育是否有信心？很多问题在我脑海中挥之不去。

家长会那天所有家长都来了，我悬着的心终于落了下来。当孩子们把《三字经》完整地诵读出来时，家长们响起了热烈的掌声；当几个平时不善于表达，吐词不清的孩子唱起了《红星闪闪》这首歌时，家长们都激动地站起来鼓掌；当孩子们捧着一杯杯热茶献给爸爸妈妈时，家长们早已泪流满面。

孩子的成长离不开家庭和学校的共同努力，只依靠班主任一个人的力量远远不够。于是，我携手各学科教师组成教学联盟。通过家长联系册及时反馈孩子在学校的点滴，让家长看到孩子的进步，看到教育的信心。同时，我又在班上全面推行"日评"表，设计"宝石"积分制。把每天的口头表扬细化为文字评价，通过"宝石"积分制展现在学生面前。

开始，学生对这份表格很淡漠。第一天，只有锋走过来，我耐心地对照他一天的表现作出评价和奖励。慢慢地，我引导每个孩子都走到"日评"表前，细心地按照表格内容来评价孩子的一天表现。后来，每到课外活动，孩子们都自觉地走到"日评"表前等待老师的评价。云没有语言，程度较弱，对她的奖励是每天兑现她爱吃的零食。聪的转变最大，自从有了"日评"表后，他在学习上进步很大。锋的表现让我最吃惊，其他孩子都会直接兑换喜欢吃的零食或者小玩具，而他却要积攒宝石，等到学期末兑换大礼物，看到他懂得约束自己，有生活目标，我感到由衷的欣慰。

**沉淀**

成长路上离不开经验丰富的老教师们的辅导。起初，我试着模仿他们的班级管理模式，结合"结构化"和"应用能力分析"的教学模式布置我的教室，但效果一般。后来发现我犯了简单模仿、忽略班级孩子特点的错误。再好的教育，如果不能适应本班孩子的特点，也就无法促进孩子们的成长。

我尝试着给孩子们开"教育处方"。源有简单语言，但他轻易不张嘴，每次都是用自残和喊叫达到目的。慢慢地我发现他性子急，做事没耐心，不能批评他，不能大声对他说话。针对他的情况，我开出了"帮助表达"处方。

有一次"日评"，我让源说："我想吃饼干。"然后再给他奖励。没想到他突然用头撞地、攻击身边同学，甚至撞翻课桌椅。我严厉地对他说："请站起来！"他不理我。我拉着他的手，缓和了一下，温柔地说："我要吃饼干！给我饼干好吗？"他一把将我推翻在地。这时阿姨一个劲地说"快说啊，快跟老师说我要吃饼干！"我很无奈地对阿姨说："请您回避一下，我要听他说。"见阿姨要走，他反而更加疯狂地去踢教室里的东西。我拿本书坐在门口，佯装镇定地看着，其实一个字都看不进去。看他砸累了，我抓起他的右手轻拍他的胸口说："我要吃饼干！给我饼干好吗？"这次他没有挣脱我的手，用微弱的声音说："我要吃饼干。"

从此，他开口表达的次数明显增加，我也提醒阿姨要耐心等待，不要急着去"替"他表达，而是要"帮"他表达。从源的转变中，我懂得了，作为一个教育工作者要耐心引导孩子学会表达。

人际交往也是自闭症孩子最难突破的，对此我专门设计"情感交流处方——同伴互助"。我把语言好的和表达有困难的孩子安排成同桌，课间引导两个孩子一起拍气球；每天安排一组学生做值日生；游戏时让孩子相互叫名字传球。慢慢地我们班出现了普通孩子之间才拥有的自由嬉戏和关心互助。

每当下课时，我总是喜滋滋地欣赏着孩子们的点滴变化。课间操结束，小坚会大声招呼："岩，跑步去，减肥。"一下课，锋就会说："子明，快去上厕所，不然又尿裤子了。"有一个周四，杨洋边哭边说"星期五，回家。"原来小家伙想家了。我带他走到日历前告诉他"明天星期五，妈妈明天来接你。"这时，聪走过来对洋说："妈妈明天来接你，别哭。我爱你！"

正如苏霍姆林斯基所说："关怀别人、合理的善良，是儿童集体生活应有的气氛。"看来我的"情感处方——同伴互助"是打开自闭症孩子封闭心灵的金钥匙，能有效地引领自闭症孩子学会与人交际。家长们也惊喜地向我反映,孩子每周都有新词汇与家人交流,常常让家人喜出望外。

**绽放**

想起艺莲苑里的千瓣莲,它的花开得很迟,但内涵却很丰富。在我有条不紊的带领下,班级逐渐"正常化"。当初那些大喊大叫、随地打滚的小家伙,此时早已能静下来写字、画画了,课堂井然有序,课间活动丰富多彩。

锋的妈妈打电话说,当初那个乱扔东西、脾气暴躁、喜欢推打别人的孩子现在知道整理自己的房间了。我也欣喜地看到锋会关心同学了。每当走路不方便的杰下楼时,他会主动去扶他。以前不进教室的小桂,现在也能安静坐足35分钟了。说话不清楚、不愿开口的骏骏,现在能亲热地叫我"邓老师"了。六一儿童节,我选他独唱《自然音乐》这首歌,虽然跑调,但是他唱得很用心。表演结束后,妈妈激动地抱着他,泪流满面地对我说:"谢谢!谢谢!谢谢邓老师!"

十年来,我把心中的一份份感动化作一股股教育的力量,源源不断地传递给孩子们。当小坚对妈妈说:"我要去书城,我要买本和邓老师一样的《三字经》!"时,他妈妈激动得给我打电话,说:"邓老师,我简直不敢相信,我的孩子会想到去书城买书。"当我们部举行自闭症日文艺汇演时,孩子们能配合音乐表演情景剧《我爱我的班》时,我真为孩子们感到骄傲;当校长陪着教育局领导来听我的奥尔夫音乐课时,看到孩子们像普通孩子一样尽情地唱啊、跳啊!我为自己是一名自闭症孩子的老师而感到无比幸福。

花有花的光彩,叶有叶的荣耀,自闭症孩子的班主任也有幸福的春天。现在的A4-1班是我带的第二届自闭症学生,目前这个班连续两次被评上学校"优秀班集体";在第十三届校运动会50米接力赛中,我班获得团体第一名;我也被学校评上"优秀班主任"和"中青年骨干教师"。

我相信:在成长的过程中,只要努力,记忆的长河里一定会留下我们的思想,印下我们的身影。我将继续守望这片天空,和自闭症孩子一起去绽放生命的色彩。借用艾青所说的一句话,"为什么我眼里常含泪水?因为我对这三尺讲台爱得深沉。"

**(三)职业训练效能**

深圳元平特殊教育学校自2003年开办职业教育以来,先后开设了厨艺、面点、客房服务、中国结艺、办公文员、洗衣服务、插花艺术、手工制作、电脑美术设计、动漫制作等多门专业技能课程,力求让学生在职业高中毕业后一专多能,顺利就业。深圳元平特殊教育学校历来重视特殊学生的职业能力培养,多次与市残联、市劳动局、市职业训练学院等单位联合举办职业技能培训班,并组织学生参加厨艺、面点等劳动职业资格考试,获取劳动职业资格证书,提升特殊学生的职业竞争力。学校每年组织到企业顶岗实习一个月以上的学生人数有20~30人,毕业生一次性就业率达到较高水平。职业教育教学部已有数百名学生在沃尔玛、香格里拉酒店集团、深圳市百胜餐饮集团、金茂深圳JW万豪酒店、东海朗廷大酒店、深圳市康泰制药有限公司、日立环球设备公司等企业实现就业,还有100余名学生入职深圳市民爱残疾人综合服务中心或者转衔街道残疾人职康中心。

## 第 2 节　教师效能

教师效能的研究起源于罗特的控制点理论和班杜拉的自我效能理论。受到这两种理论范式的影响，教师效能的概念、结构和测量等问题一直存在着争议。罗特的控制点理论认为，如果学生的学习动机和行为表现是教师教学行为的显著强化物，那么，认为教师对学生的影响力超过环境对学生的影响力的教师会具有这样一种信念：教学努力的强化物在其控制之中，他们能够控制或者至少能够强烈地影响学生的成就和动机。因此，那些相信他们能影响学生成就和动机的教师的效能会处在一个较高的水平上。[1] 班杜拉的自我效能理论则把教师效能看作是自我效能的一种类型——人们对自己实现特定行为目标所需能力的信念或信心。[2] 这些自我效能的信念影响着人们的努力程度、面对困难时的毅力、在失败中重新站起来的能力，以及人们历经环境考验时所承受的压力。这两种源自两种理论范式、彼此分离而又互相胶着的概念框架的存在，给教师效能的概念界定带来诸多困扰。

现在的研究者普遍认为，教师效能指的是教师对他（她）组织和实施一系列活动以在特定情境中成功地完成具体教学任务的能力的信念。[3] 在内涵上，教师效能不仅指个体水平上的教师效能（即教师个体效能），还包括集体水平上的教师效能（即教师集体效能），而传统的教师效能仅指教师个体效能。

### 一、个体效能

与社会认知理论一样，教师个体效能形成的四个信息来源（掌握性经验、替代性经验、社会说服以及生理和情绪状态）十分重要。这四个信息来源影响着教师效能的提高。如图 7-1 所示，教师对工作的熟练掌握使其产生了新的掌握性经验，掌握性经验又为逐步形成未来的效能信念提供信息反馈。教师效能越高，越努力，毅力越持久，教师工作越能产生良好的绩效，从而又带来更高的效能，这就是教师效能的循环过程。对教师而言，存在着两个关键性的效能问题：

---

[1] Rotter J B. Generalized expectancies in internal versus external control of reinforcement [J]. Psychological Monographs, 1966, 80, 1—28.

[2] Bandura A. Self-efficacy: Toward a unifying theory of behavioral change [J]. Psychological Review, 1997, 84, 191—215.

[3] [美] 韦恩·K. 霍伊, 赛西尔·G. 米斯克尔. 教育管理学：理论·研究·实践（第 7 版）[M]. 范国睿译, 北京：教育科学出版社, 2007: 149.

(1)教学任务问题:眼前的教学任务有多困难,我能够完成吗?
(2)教学能力问题:我是否具备特定的任务与情境所需的技能和支持?
对这两个问题的肯定回答表明了教师强烈的自我效能感。

依据班杜拉关于自我效能感信息源的理论,自我效能感的发展就是个体社会化的过程。处于不同发展阶段的个体,其所面临的基本生活任务及其活动的形式和对象是有差异的,这就决定了个体在不同的发展阶段,自我效能感在信息源、性质、结构、领域等维度上的不同。个体在每一发展阶段所具有的自我效能感,一方面是此前各发展阶段社会化的结果,另一方面又影响到他在当前各项活动中的功能发展,从而表现出不同年龄阶段上的发展特征。班杜拉指出,在自我效能感发展的每一阶段,人们都必须适应社会环境新的要求,并接受来自各方面的挑战,不断重估和发展自我效能感。①

教师这个职业群体处于成年期阶段,这一时期教师的自我效能感在生活的主要领域已经大体稳定,但这种稳定是相对的。现代社会的急剧变化和教育理念的不断更新要求教师对其教学的能力进行不断的再评估与再发展。尤其是在其职业生涯中,教师会发现自己处于年轻人的挑战之中,他们要为晋级、加薪、地位甚至生活本身而竞争,这就迫使他们不断地通过与年轻人的社会比较来提高自己的知识与技能,并对自我效能感进行再评估、再发展。

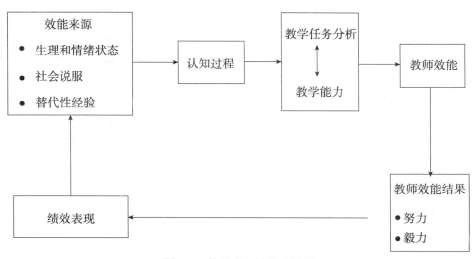

图 7-1 教师感知性效能模型

---

① 吴国来,王国启.自我效能感与教学效能感综述[J].保定师范专科学校学报,2002,15(3):75.

教师的个体效能感是指教师对自己能够在多大程度上改变学生行为的能力判断。[①] 教师的教学效能感是教师个体效能感的重要组成部分。教师教学效能的实现既包括知识、经验、技能等方面的传授，也包括教师对学生的人格、品质、道德、理想、信念等的影响，是教师的教与学生的学相统一的活动。教师要成功地完成培养学生的目的，除了受到学校培养目标、课程设置、教学方法和环境等方面的影响，还受到教师本人主观的影响，教学效能感就占据了十分重要的意义。教师发挥好个人的教学效能感具有十分重要的作用和意义。教师的个体效能对教师自身的发展尤其是教师职业生涯发展至关重要。新教师在初进入教师生涯的时期，面对复杂的教学任务，最初的乐观情绪往往会受到打击，这就损害了他们教学效能感的建立，在特殊教育教师中也是如此。

例如，为了提高教师的个体效能感，深圳元平特殊教育学校一直以来都十分重视对教师的培养，积极组织教师参与各项比赛，设立名师工作室，颁布教师幸福指数提升方案等，定期组织校外培训，努力提升教师的职业满意度，减少职业倦怠。

## 二、集体效能

教师集体效能是集体效能在学校教育情景中的应用，是国际教师效能研究的新发展。班杜拉在其个体自我效能理论的基础上提出了集体效能理论，哥达又在其基础上进一步地提出了教师集体效能的概念。教师集体效能是新近出现的学校组织水平上的一个重要变量，它能够有效地预测和改变学校间普遍的学业成就差异。[②] 班杜拉将"集体效能"定义为"集体对组织和实施达到一定成就水平所需行为过程的联合能力的共同信念。"[③] 那么，教师集体效能是指"学校的教师对于教师成员作为一个整体的、能够组织和实施所要求的对学生具有积极影响的行为过程的能力知觉和信念。"[④] 与教师个体效能的定义不同，它要求对教师作为一个整体的能力做出评估，而教师的个体效能则只要求教师对个体自我指向的能力做出评估。正如教师个体效能部分地解释了教师对学生成就的影响，从一个组织的观点来讲，教师集体效能可以帮助我们解释学校在学

---

① 石雷山.教师集体效能：教师效能研究的新进展[J].外国教育研究,2005(10):72.
② 石雷山.教师集体效能：教师效能研究的新进展[J].外国教育研究,2005(10):72.
③ Bandura A. Self-efficacy：The exercise of control [M]. New York：W. H. Freeman and company,1997:477.
④ 石雷山.教师集体效能：教师效能研究的新进展[J].外国教育研究,2005(10):72.

生成就上的不同影响。[1]

之前已经提到班杜拉提出的个体效能的四个信息源：掌握性经验、替代性经验、社会说服以及生理和情绪状态。尽管个体和集体的效能在结构的单位上不同，但这两种效能却通过相似的方式形成和发展。这四个效能的信息来源对于教师的集体效能也是十分有用的。哥达等人在教师个体效能模型的基础上提出了教师集体效能的模型（见图 7-2）。可见，对教师集体效能感的主要影响来自于对四个信息源的归因分析和解释，其形成建立在教师集体对具体教学任务的分析和教学能力的评价上。

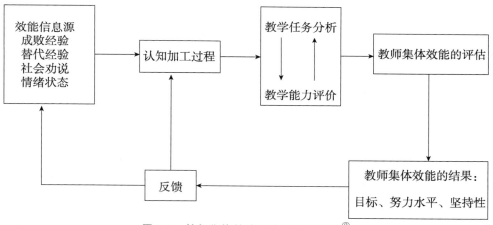

图 7-2　教师集体效能形成和作用模型[2]

深圳元平特殊教育学校全体教师在学校领导的关心和带领下，立足于自身的部门，积极热情地投入到教育教学工作中，认真落实"以生为本，育残成才"的办学宗旨，出色地完成了各种教育教学任务，为部门和学校的发展起了示范作用，作出了贡献，同时团队自身的发展也迈上了新的高度。

以康复教育教学部和体育教研组为例，康复教育教学部由脑瘫康复教学组和自闭症康复教学组组成。康复教育教学部全体教师在学校领导的关心和带领下，始终秉承"育残成才"的教育宗旨，以"团结、奋进、求实、创新"的作风，投

---

[1]　Roger D. Goddard, Wayne K. Hoy, Anita Woolfolk Hoy. Collective teacher efficacy: its meaning, measure, and impact on student achievement[J]. American Educational Research Journal, 2000(37): 479—508.

[2]　Roger D. Goddard, Wayne K. Hoy. Collective teacher efficacy and student achievement in urban public elementary schools[J]. Paper presented at the annual meeting of American Education Research Association, 2001: 123.

入到一线教学工作中去,把特殊学生的康复水平、生活自理能力、职业技术能力作为评量教育质量的标尺,在特殊学生教育康复、康复类校本课程开发、康复技术探索等方面表现突出,为建设和谐校园、平安校园起到了良好的示范带头作用。在对特殊学生的教育康复过程中,康复部教师们着重培养学生的生活自理和社会适应能力,并在此基础上加强学生日常行为规范教育、养成教育及文明礼貌等方面的教育。例如每周开展一次国旗下的讲话、每学期开学第一周定为"安全教育周",三月定为"学雷锋月",九月定为"尊师月"等。在课程开发上,康复部教师编写了《脑瘫儿童肢体康复指导手册》《自闭症儿童课程标准》《脑瘫儿童综合评价手册》课程标准等11本教材及教学参考资料,并在全国特殊教育学校校本课程评比中多次获奖。在康复技术上,康复部积极探索和引入新的教学方法,如针对脑瘫学生引入了"上田治疗法""BOBATH治疗法""作业治疗法"和"引导式教育法",针对自闭症学生引进了"应用行为分析"和"结构化教学"等理论,使学校的教育理念与康复技术走在国内同行的前列。2004年康复教育教学部被深圳市总工会、市科学技术局、市劳动局、市经贸局联合授予"创新示范岗"荣誉称号。2009年被深圳市总工会授予"工人先锋号"荣誉称号。2011年被广东省总工会授予"工人先锋号"荣誉称号。2013年被全国总工会授予"工人先锋号"荣誉称号。

深圳元平特殊教育学校体育教研组始终以学生的健康发展为宗旨,紧紧围绕学校工作重点积极开展学校各项体育工作。体育教研组教师曾多次带队参加世界级、国家级及省级比赛,他们讲团结、有爱心、互相帮助,热爱残疾人体育工作,在各自的岗位上表现突出。例如,2000年该组被授予"深圳市志愿者助残十佳集体"的光荣称号。一名教师入选2008年北京残奥会火炬手参加了深圳站的火炬传递活动,一名教师被评为"广东省南粤优秀教师",三名教师曾先后被评为"深圳市助残先进个人"。体育教研组全体教师钻研教学与训练,通过体育教育有效促进学校特殊学生身心健康发展,成绩显著。他们坚持对特殊儿童进行常年的课外训练,至今这些运动队在省、全国和国际的各类体育比赛中共取得了金牌337枚、银牌232枚、铜牌202枚的辉煌成绩,受到社会各界的高度赞扬。

深圳元平特殊教育学校黄建行校长说:"一支具有较高专业水平和强大凝聚力的教师队伍,是提升学校办学水平的关键因素;和谐、协调的教师人际关系,是打造这样一支队伍的基础。"正是因为一大批爱岗敬业、师德高尚、有理想、有追求、热爱学生和本职工作的教师队伍的存在,深圳元平特殊教育学校的发展才更加欣欣向荣、充满活力。

## 第3节 管理者效能

　　管理者是学校中最重要的教育者主体之一,他们自身的效能如何直接关系着学校效能的高低。在学校这一组织系统中,管理者处于什么角色和地位?其作用如何?管理者效能对学校效能的影响如何?特殊学校中的管理者效能在特殊学校中又起着什么作用?这些都是本节所需要探讨的问题。

### 一、个体效能

　　管理者是指运用其智慧,发掘潜在问题,深入分析,提出解决问题对策的人,是引导别人把事做好的人,是负责单位业绩成败的人,是一个单位的方向性人物。[①] 管理者有规划、组织、指挥及控制等管理功能,这些功能彼此衔接,相互影响,不可或缺。学校管理者在学校中具有重要地位,他们不仅领导着学校的各项工作,而且直接影响着学校的管理方式和组织特征,因而探讨管理者效能在学校效能研究中具有重要意义。

　　目前,关于管理者个体效能的研究,主要探讨管理者的影响力、素质、领导方式等对管理者效能的影响。大量的研究结果显示,学校领导的责任感、对学校发展的组织管理能力、对学生和教职员工的良好期望和信心、对学生学习变化进行监测的经常性、学校里积极而有组织的学习风气、给学生足够的学习机会、学生家长和社区参与学校活动的程度等,都是效能较高的学校所具有的特征。[②] 李剑萍探讨了校长的领导行为、领导方式、管理跨度等学校管理者方面的因素以及教师的职业适应、工作负担、继续教育等教师方面的因素对学校效能的影响,还探析了组织文化、基层教研组织建构、班级管理等因素对学校效能的影响[③]。曾悟声认为,在学校领导工作中运用新理念,从实践中探索现代学校领导决策绩效,建立有效的既符合自己本性又超越自身状态的组织管理形式,建立新机制,重构新理念,寻求以人为本的功效,实现决策、组织管理、内外环境三要素与市场经济的兼容,是现代学校领导的重要工作。[④] 陈如平认为校

---

　　① 王雪艾.浅谈企业文化建设中管理者效能的发挥[J].陕西煤炭,2011(5):138.
　　② 孙绵涛.教育效能论[M].北京:人民教育出版社,2007:222.
　　③ 李剑萍.校长领导与学校效能的实证研究[M].济南:山东人民出版社,2005:1—5.
　　④ 曾悟声.市场经济条件下学校领导效能研究[J].贵州化工,2003(5):41—45.

长教学领导具有促进教师专业发展、提供教学支持、配置教学资源、控制教学质量、协调教学工作、解决教学中的实际问题的作用,主要体现在成长的功能、计划的功能、执行的功能、评价的功能四个方面。校长至少应具备了解一两个学科实际知识或发展趋势的能力、运用教学策略和模式的知识帮助教师改善教学的能力、教学指导的能力等三种教学领导能力[1]。滕云在对高效能学校的研究中指出,在影响学校发展的诸多因素中(如学校气氛、教师队伍、课程开发、教学技巧、财力资源、物力资源、社会支持等),校长的领导力非常重要[2]……这些研究都表明,在学校效能中,管理者效能具有十分重要的意义。

对于学校管理者来说,管理工作本身是一个复杂的认知领域,尤其在处于转型期的中国社会,存在诸多不确定性。这都需要学校管理者在工作中具有高度的自我效能感。管理者的个体效能感是管理者评价自己在完成员工管理、人际协调(沟通)、信息处理、计划、问题解决(创新)、监控等6个方面管理工作任务的自信程度。[3] 陆昌勤等人通过研究发现,个体效能感高的管理者,不但对工作具有较高的满意度和卷入度,而且具有较好的管理效果和较多的管理创新,同时表现出较低的职业紧张水平。[4]

因此,要想使特殊教育学校发展成为一个高效能的学校,提升管理者的个体效能必不可缺。深圳元平特殊教育学校的领导班子十分重视学生和教师的发展,始终坚持"以生为本、育残成才"的办学宗旨,制定"宝塔式"分类推进培养目标;同时重视教师队伍建设,努力打造一支师德高尚、具有较高专业水平的特殊教育师资队伍;在管理学校的过程中,深化改革,坚持创新,将深圳元平特殊教育学校建设成为全国特殊教育示范性强校。深圳元平特殊教育学校的领导班子有一个团结、和谐、幸福干事的好氛围,培养出很多能够引领深圳市教育事业向前发展的人才和干部,使学校的教师队伍真正成为教书育人的楷模和样板。

## 二、组织效能

组织作为管理的一个基本职能必须有其共性的内容,这些内容对任何组织

---

① 陈如平.校长教学领导:提高学校效能和促进学校变革的策略[J].当代教育科学,2004(20):30—32.
② 滕云.农村中小学校长领导力的个案研究[D].西南大学硕士论文,2010:2.
③ 陆昌勤,等.管理自我效能感与管理者工作态度和绩效的关系[J].北京大学学报(自然科学版),2006,42(2):276—277.
④ 陆昌勤,等.管理自我效能感与管理者工作态度和绩效的关系[J].北京大学学报(自然科学版),2006,42(2):276.

都有其适用性。巴纳德的组织理论认为,"组织是二人或二人以上,用人类意识加以协调而成的活动或力量。"他所强调的是人的行为,是活动和相互作用的系统。巴纳德认为,组织不论大小,其存在的根本取决于三个要素,即明确的目标、协作的意愿和信息的交流。① 学校作为一种组织的团体,也具有明确的教育目标、教育主体的协作和教育信息的交流等特点。

组织效能是组织行为学、组织管理学等诸多学科中的一个重要概念,颇为复杂,含义较广。不同的评价方法、不同类型的组织对组织效能的定义也有不同的侧重。组织效能是蕴藏于组织自身的一种潜在功能,或者说是组织能够提高工作效率、实现正确目标的自我能力。② 要评价组织效能,可以从几个方面开始(表 7-1)。组织效能的核心是人人都对组织有所贡献,首先是学校的各级管理者必须讲贡献。

由于管理者在学校组织中起着最为关键的作用,所以这里尤其强调学校管理者的组织效能。学校组织的管理者是提高组织效能的关键。学校组织作为一个学生、教师、管理者等各方合作的系统,要使其具有较高的组织效能,除了组织内在因素外,另一重要因素就是组织的管理者。所谓管理者,是指影响个人或群体在某种特定的条件下向目标迈进的行为或力量。③ 换句话说,管理者是一种行为或影响力,这种行为或影响力能够引导组织成员完成组织目标。学校组织管理者的好坏关系着学校组织的生存与发展。学校组织管理者的方式取决于他对组织目标和组织成员如教师、学生形成的认识。值得注意的是,对学校"管理者效能"的理解和研究不能只局限于校长的工作效能,其他人员的领导能力也应该得到充分的重视。

表 7-1　组织效能评价量表题目[④]

| 序　号 | 评价题目 |
| --- | --- |
| 1 | 组织能快速适应市场环境变化 |
| 2 | 组织能够高效完成任务 |
| 3 | 组织善于开发新产品或服务提升竞争优势 |
| 4 | 员工的知识能力增长显著 |

① 吕荣盛.论组织、组织效能与组织领导[J].社会科学战线,2000(5):268.
② 包恒庆,汪旭东.基于组织效能内涵的理解谈对效能建设的思考[J].中国西部科技,2007(4):65.
③ 吕荣盛.论组织、组织效能与组织领导[J].社会科学战线,2000(5):269.
④ 霍海涛,等.组织效能影响因素实证研究[J].图书情报工作,2007,51(8):39.

续表

| 序　号 | 评价题目 |
|---|---|
| 1 | 组织能快速适应市场环境变化 |
| 5 | 组织的知识资源利用率显著提高 |
| 6 | 组织从新产品或服务中所获收益增加 |
| 7 | 组织在同行业的竞争能力强 |
| 8 | 员工对组织具有高度向心力 |
| 9 | 组织具有很好的发展前景 |

要使一所特殊教育学校成为有效的特殊教育学校，管理团队必须要拥有良好的组织效能。深圳元平特殊教育学校建立了完整、高效的管理架构，除设立教务处、学生处、办公室、总务处、科研处和安全办等常规职能部门之外，还单独成立了听障视障、智障、康复、职业教育等四个教育教学部以及信息中心等部门，制定了《深圳元平特殊教育学校规章制度汇编》，详细规定了学校各部门领导、工作人员的具体职责。深圳元平特殊教育学校领导集体务实高效、纪律鲜明、敢于创新，集体成员廉洁自律、公道正派、平等待人、团结协作。学校的管理者们注重在学校组织中创造一个使人得以发挥才能的工作环境，在这个环境中，管理者起着辅助者的作用，从旁给予师生们支援和帮助。领导集体给教师、学生等组织成员以更多的鼓励，让其担当具有挑战性的工作，促使教师的工作和学生的学习取得更高成绩，满足其自我实现的需要。

在二十多年的办学历程中，深圳元平特殊教育学校先后被国务院残疾人工作协调委员会授予"残疾人之家"称号，被评为"全国特殊教育先进学校"，被教育部、国家环保总局授予"全国创建绿色学校活动先进学校"称号，被评定为省特级档案综合管理单位，被中央教育科学研究所评为"十五"期间中央教育科学研究所"科研教改先进实验学校"，被广东省教育厅、广东省公安厅评为"广东省安全文明校园"，多次被授予"广东省文明示范单位""深圳市文明示范单位""深圳市人民满意的社会服务集体""深圳市师德建设先进单位""深圳市教育系统先进单位"等光荣称号，多次获得"深圳市办学效益奖"。2007年以来，深圳元平特殊教育学校先后获得"全国教育系统先进集体""全国特殊教育先进单位""全国三八红旗集体""2006—2010年全国特奥工作先进单位""全国巾帼文明岗""全国特殊教育信息化先进单位"及全国"工人先锋号"等7个国家级荣誉称号。

## 第 4 节 其他效能

效率和效能的"效"定位不同,效率着重的是成本,而效能着重的是质量。效能不仅注重组织内部,而且包括组织外部,强调组织的总体表现。完整的教育实践活动包括了社会、政府、学校、教师和学生等各个层面的协同运作,某种教育目标的实现也一定是在各个层面的共同努力下才能达成,教育效能的实现也不例外。[①] 前三节重在探讨学校组织内部的学生、教师、管理者等主体的效能,最后一节则重在探析学校组织外部的社会效能,并且效能是基于发展维度的动态过程。本节对社会效能的探讨,基于社会主体的维度,将家庭、社区、企业等与学校组织密切相关的团体纳入社会效能讨论的范围,分为家庭效能、社区效能和企业效能三个部分。

### 一、家庭效能

（一）家庭教育以及家庭教育效能的含义

家庭作为人成长的主要环境,对人的个体发展起到至关重要的作用。家庭教育一般是指家庭中的父母及其他成年人对未成年人进行的教育,是教育过程的起点。家庭教育效能是指人们合理地利用各种教育资源,运用科学的教育方法,实现家庭教育目标,从而使家庭及其成员和社会得到相应发展的特性和有效作用。[②]

家庭教育要具备比较高的效能,应该拥有以下几个特征:第一,家庭的氛围应该是和睦的,也就是说家庭成员之间的关系应该是友好、和平的;第二,要积极、主动和全面地关心孩子的健康成长;第三,家长应该具备良好的素养,在家庭中家长能够起到榜样作用,擅长基本的教育方法;第四,家庭教育要与学校、社会教育密切配合、互相协调。

（二）我国家庭教育效能中存在的主要问题

根据以上高效能的家庭教育特征来审视我国目前的普通家庭教育,存在着不少的问题。主要表现为家长素质欠缺,家庭教育与学校教育脱节,家庭教育环境不良,违背科学的教育规律,限制孩子的个性发展等。

---

① 孙绵涛.教育效能论[M].北京:人民教育出版社,2007:307.
② 孙绵涛.教育效能论[M].北京:人民教育出版社,2007:251.

1. 偏重智育,忽视德育

在应试教育的背景下,很多家庭只注重孩子智力教育的培养,而忽视了孩子的全面发展。每到周末或节假日,我们常常可以看到很多学生去参加各类补习班,认汉字、背唐诗、算加减、学乐器、学外语,孩子肩上的压力越来越大。很多家长都认为自己的孩子只有取得优异的学习成绩,考上好大学才能功成名就、出人头地,因而他们偏重对子女智力的培养和教育,只注重单纯知识的灌输,这阻碍了孩子德、智、体、美、劳等各个方面的均衡发展。要提高家庭教育的效能,应该摒弃这种思想。要知道,智力教育固然重要,其他方面的教育也同样不可忽视。

2. 望子成龙,期望过大

很多家长都有望子成龙的心理,对孩子成功的期望值过大,这是家庭教育的一大误区。家长总是习惯将自己未完成的心愿强加在子女身上,希望孩子能比自己更有学问、有更好的职业和待遇、更高的社会地位。他们一味地用苛刻的标准要求孩子,却不知这种做法已经违背了教育规律和儿童成长规律,会对孩子的发展造成负面影响。因此,家长不应盲目地要求孩子达到过高的水平,应该根据孩子的兴趣爱好加以适当引导,将自己的期望合理地转化为有利于孩子成长的因素。

3. 百依百顺,过度溺爱

苏联教育家马卡连柯说过:"一切都给孩子,牺牲一切,甚至牺牲自己的幸福,这是父母给孩子的最可怕的礼物。"①现在的家庭中孩子越来越少,很多家庭都是独生子女。在这种形势下,家长往往将孩子视为心肝宝贝,对他们提出的要求都给予满足,可谓是百依百顺。但事实证明,过度的溺爱只会害了孩子,会严重阻碍孩子身体和心理的健康成长。因此,在家庭中,应杜绝过度宠爱,家长要理智地爱孩子,爱的方式要适当、合理。

4. 滥用奖励,得不偿失

在家庭教育中,适当的物质奖励能够刺激孩子的积极性,为其学习成长提供适当的动力。但是,如果家长为了激发孩子的学习动机,滥用了物质奖励的方式,往往会得不偿失。因此,在家庭教育的实践过程中,家长必须合理地选择运用奖励的时机和地点,多用精神奖励代替物质奖励。

5. 环境不良,形象欠佳

家庭教育要想取得成功,良好的家庭环境必不可少。家庭中父母的一举一

---

① 孙绵涛.教育效能论[M].北京:人民教育出版社,2007:252.

动会展示在孩子的面前,父母成了孩子学习的模板和示范,因此,父母对孩子的榜样作用是巨大的。所以,父母应该树立良好的形象,营造起和谐的家庭氛围,这至关重要。

（三）提高特殊儿童的家庭教育效能

特殊儿童作为儿童的一个群体,更加需要良好的家庭教育。特殊教育学校要取得优良的教育效能,家庭教育的配合不可或缺。而前文中提到的我国家庭教育效能中存在的主要问题在特殊儿童家庭中普遍存在甚至更为严重。深圳元平特殊教育学校一直以来都很重视与学生家长的沟通,为了加强学校与家长之间的联系,相互沟通交流学生在校学习情况及在家情况,共同关注学生的就业意向、实习安排、就业安置等多方面的信息,学校经常组织教学开放日活动和家长会、定期召开内部家长会议、开办家长学校、成立家长资源中心等。例如,2011年职业教育教学部在新浪网正式开通了名为"元平职教之家"的博客(图7-3)。该博客的目的是为了增强与学生、家长、社会等多方交流,搭建更好的沟通及学习平台,促进学校职业教育事业的蓬勃发展。博客主要围绕学校职业教育教学工作和学生学习活动最新发展动态进行跟踪报道,分为"职教动态""学生活动""学生就业""实时关注""园丁风采"五大部分。同时,为提升各界关注程度,顺应时代潮流发展,同时开通了微博,与博客同步更新,方便与家长沟通交流。"元平职教之家"博客开通以来,已经成为学校职业教育面向社会的又一个窗口,成为学校、学生、家长、社会多方联系的另一条纽带,使得学校和学生、家长的关系更加密切。

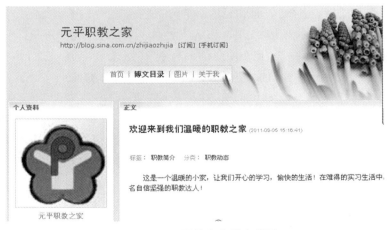

图7-3　元平职教之家博客首页

## 二、社区效能

### (一) 社区教育以及社区教育效能的含义

"社区"的概念最早是由德国社会学家滕尼斯提出的。他认为,"社区"是与"社会"相对应的概念,社会是指人口异质、价值取向多元的城市社会群体,而社区是指有相同价值观、人口同质性较强的社会共同体。[①]

在我国,社区教育的研究兴起于20世纪80年代。社区教育是社区教育机构满足社区成员和社区组织发展的一种教育活动。而作为教育效能之一的社区教育效能,就是社区或者社区成员有效获取和充分利用各种资源,通过有效的管理和实施过程,以实现培养社区成员的教育目标为核心,并能不断满足社区教育系统内外各方面的要求,进而使其得到相应发展的特征和有效作用。[②]

### (二) 我国社区教育效能中存在的主要问题

20世纪80年代以后,我国开始借鉴美国、中国台湾地区的社区教育经验,开始将社区教育推广到部分地区,也取得了一定的成绩,但是我国的社区教育效能也存在着以下一些问题[③]。

1. 社区教育发展存在差异

从全国情况看,我国的社区教育工作还处于起步阶段。社区教育实验研究和实践探索处于自发状态,缺乏全国性的统一要求和统一行动,只有少数发达地区在"社区教育"的概念下进行研究和探索,绝大多数地区还在沿用传统的教育模式。社区教育在全国并没有引起足够的重视和关注。

从发达地区的情况来看,也存在着发展不平衡的问题。有些地区对社区教育的概念理解把握得比较全面和透彻,能够站在提高全民素质、促进社区教育与经济社会协调发展的高度来理解和落实社区教育;有的地方则把社区教育仅仅理解为"社会教育",在抓社区教育的时候把基础教育撇在一边,由于理论准备不够充分,导致社区教育的发展先天不足,带有较大的片面性。

2. 社区教育管理体制存在问题

当前我国社区教育管理体制的基本形式仍然是靠地方行政力量推动社区教育运行。学校与地方行政管理部门的关系是社区教育管理体制的基本内容。据调查,在各类关系中,学校"配合社区有关部门开展社会宣传、教育、服务等活

---

① 陈云,等.国外社区教育对我国学习型社区建设的启示[J].南京广播电视大学学报,2010(1):1.
② 孙绵涛.教育效能论[M].北京:人民教育出版社,2007:285.
③ 孙绵涛.教育效能论[M].北京:人民教育出版社,2007:285—287.

动"的占 25.5%,地方教育行政管理部门"仅从行政上履行管理职责"的占 23.5%,"选派专人为校外辅导员、兼职教师,对学生进行思想政治、道德品质修养、文化知识等方面的教育"的占 21.6%,"在教育部门管辖的人、财、物之外给予学校多方面支持"的占 19.6%。这说明,现有社区教育管理仍没有超越原有的教育行政管理范围,学校及其他教育组织在社区教育中难以充分发挥作用。①

3. 社区教育活动内容存在局限

社区教育效能的目标就是满足社区居民的学习和生活需要,提高社区居民的生活质量和素质。当前我国小城镇的社区教育活动主要是出于学校教育的需要,在原有的学校教育体制内开展,其内容存在着很大的局限性。调查表明,主要的社区教育形式是"围绕青少年及其家长的教育,将学校教育与社会教育、家庭教育连接起来",社区教育的内容也是围绕此展开的。② 还有一些社区教育的内容围绕"推动社区教育发展,提高社区青少年及全体居民的文化素质和道德素养等方面"而进行,很少针对本地区在业劳动者更新知识与技能的需要,与企事业单位合作进行岗位培训,也缺乏学校为社区科技进步、经济建设、社会综合治理、群众文化、体育和卫生健康教育等服务。

4. 社区教育经费缺乏支持

开展社区教育涉及社会的各个方面,包括硬件建设和各种社区资源的调配与整合,需要有一定的经费投入。从实际情况看,各地政府都没有划拨社区教育专项资金,开展社区教育工作的经费主要来源于教育部门和政府的临时性支出。这一状况严重地妨碍了社区教育工作的顺利开展。

（三）提高特殊学校的社区效能

对特殊学生和家庭开展社区教育有利于他们融入主流社会,而在特殊教育学校开展社区教育的过程中,其管理体制、活动内容、经费等方面存在着更多的局限,因此,特殊教育学校需要付出更多的努力来获得社区效能。深圳元平特殊教育学校立足于整个深圳市,积极利用社会各界的力量来促进学生的发展,开展了一系列的特色社会工作服务。学校的社工服务,始终以学生及家长需求为导向,把服务学生及家长作为工作的出发点和落脚点,从宣传、预防、发展、治疗四个层面入手,逐步推行不同服务计划,并取得了一定的成效。

---

① "面向 21 世纪中国社区中的终身学习的调查与研究"课题组.社区终身学习理念与我国社区教育转型——关于我国社区教育现状、问题及发展对策的调查研究[J].教育研究,2002(11):43.

② "面向 21 世纪中国社区中的终身学习的调查与研究"课题组.社区终身学习理念与我国社区教育转型——关于我国社区教育现状、问题及发展对策的调查研究[J].教育研究,2002(11):43.

1. 家长资源中心——学生家长支援计划

2012年9月,家长资源中心正式成立,随着社工宣传与服务的推广,越来越多的家长、教师了解到家长资源中心的功能,并主动申请服务。依托家长资源中心平台社工提供的服务主要有以下三个方面。

(1) 咨询服务

家长资源中心对外开放后,接待学生、家长和教师咨询。社工主要为他们提供行为辅导、人际交往、情绪辅导、心理支持、亲子关系以及家庭教育方面的服务。咨询服务为学生改善行为、舒缓情绪、提升自信心以及改善人际行为提供了支持,并为家长们提供一个友好、温馨的环境和氛围,帮助他们缓解压力、保持信心,改善亲子关系。很多家长在咨询后,表示轻松了很多,重拾了生活的信心,并对辅助改善孩子的行为、情绪和亲子关系起到了积极作用。

(2) 个案服务

个案来源一般为教师转介、家长或学生自主申请。在个案服务过程中,社工与班主任、学生家长及学生所在社区保持联系,形成多方位的辅助策略,以为学生个人成长和发展提供帮助。个案的辅导,为班主任以及家庭分忧解难,也为学生成长提供支持,以帮助他们克服成长过程中的困难。

(3) 家长情绪管理小组

情绪管理小组主要是针对长期处于压力之下、情绪受困扰的家长,旨在协助参与者减少心理压力和情绪困扰。从过去的小组成效研究,参加者能有效改善负面情绪及掌握克服情绪困扰的信心和方法,如举办同行者加油站——家长情绪管理小组等。

(4) 优质家长工作坊

优质家长工作坊在一个温馨亲切的工作坊氛围里,协助学生家长学习和交流亲子沟通、家庭教育、青春期教育等内容,更好地了解、认识孩子沟通的方式和特点,发现孩子的潜能,形成家长之间的良好互动,逐步为家长们建立一个交流分享亲子沟通技巧和家庭教育方法等相互支持、共同进步的平台。

(5) 家长兴趣小组

自2012年11月,家长资源中心成立了首个家长瑜伽兴趣小组,2013年5月,家长手工兴趣小组继而成立。自小组成立后,每周定期开展相关活动。家长兴趣小组的成立,不仅是一个兴趣的团体,也是一个家长压力舒缓的平台,更是一个家长自助互助的组织。活动自开展以来,受到很多家长的喜爱,并在后期吸引越来越多家长的加入。在手工兴趣小组中,很多家长表示,学习手工,不但可调整自己的压力和焦躁情绪,也可以把所学带回到生活中,在闲暇时是亲子沟通的有效媒介,对孩子的情绪稳定和舒缓也是很有益处的。

2. 手绘成长蓝图——听障学生生涯规划服务

听障视障部学生拥有正常的智力、良好的学习能力和自理能力,但是由于语言沟通上的障碍,在学习方式和职业选择上都有一定的局限性。他们缺乏获取社会信息的有效途径,对未来以及职业道路的追逐上显得信心不足,时常感到迷茫而不知所措。针对学校听障学生特点,学校社工开展一系列的学生生涯规划活动,以帮助学生更好的认识自己,认识社会,了解社会职业,为以后的职业之路做好准备。

在前期的服务过程中,陆续开展了"有你的祝福更美好——'我的成长路'作品展""同游成长之旅——听障学生生涯规划实践之互动小组""大手牵小手,快乐'游'大学——深圳大学手语协会交流会"等一系列的职业规划活动,为学生建立了初步的职业规划意识,也为后续活动的全面展开做了良好的铺垫。随着职业规划活动的不断深入,学校陆续开展以历奇活动为形式的"穿越成长路——听障学生生涯规划体验篇之历奇活动"。活动丰富了学生的课余生活,加强了同学之间的沟通和合作,还能够将游戏中的思考和体验运用到生活中,得到了学生们的好评。开展以成长小组为形式的"手绘成长图——听障学生生涯规划小组",针对各个年级组学生特点,开展小学组"职业察觉"、初中组"职业察觉"和"职业试探"、高中组"职业导向"为主要内容的生涯规划小组,帮助学生认识自己,了解自己,认识社会职业,并制订自己的生涯规划方案。

职业成熟作为青少年时期的重要发展任务,学校社工将会在后续的服务过程中,更深入更全面地开展生涯规划服务,以协助学生学习制订计划、培养能力和素质为目标,引导听障学生提早为未来计划,并付出努力,促使他们健康成长。

3. 星级 Volunteer——听障学生义工服务

深圳元平特殊教育学校听障视障部志愿者协会成立于 2011 年 10 月 20 日,主要是由听障视障部初高中学生组成,利用业余时间,参与志愿者服务活动,奉行志愿者宗旨,实践志愿者精神,帮助他人,服务元平,回报社会。一直以来,学校志愿者协会都坚守"服务元平、构建和谐校园、回报社会、共创美好家园"的服务宗旨,积极在校内外参加和开展各种义工服务,取得了良好的效果。主要的义工服务为以下几种。

(1)"手牵手,我们一起走——听障学生家长工作坊"的学生义工服务

听障视障部义工学生以工作小组的方式,为需要的家长提供手语教学服务,协助听障学生家长学习日常手语,以促进家长与孩子间的沟通和交流。学生家长义工服务提高了听障学生自我管理的能力,而且通过提供一个让他们发挥手语特长、与家长沟通的平台,增强了他们的自信心,发展了他们的潜能,更好地促进了他们的自我肯定和综合发展。

(2)听障学生义工升旗值周服务

听障视障部义工学生于每周一早上进行升旗仪式义工服务,主要是维持升旗仪式时操场外的秩序,使得升旗有序、顺利进行。升旗周义工服务为学生义工提供一个自我管理、自我组织活动的平台,逐步培养他们独立参与服务的能力,同时,增强学生义工自信心,培养他们与人沟通、协调的能力。

(3)深圳图书馆少儿服务区义工服务

自2011年学校义工协会成立以来,学校义工学生在校期间坚持每周周日下午到深圳市图书馆少儿服务区开展义工服务。义工服务分为两个时间段,每个时间段安排2~4名义工维持两个小时的义工服务,主要是整理图书馆中摆放混乱的书籍,协助维持馆内秩序,增强了学生与社会大众的接触,促进学生与社会的融合,并且也逐步培养学生自我奉献、服务他人的美好精神品质。

(4)学校义工学生还会不定期地开展一些义工服务

如协助学校社工开展各种活动,维持活动秩序,促进互动分享等,以保证活动顺利有效的开展;作为学生,义工连续三年参加深圳市社工宣传活动,为社工的宣传与推广作出了自己的贡献;举办"学雷锋,献爱心"活动,2013年3月向大浪新区水围社区服务中心捐赠图书,体育器材等,2014年3月,通过广东省麦田教育基金会向贫困山区有需要的儿童捐赠图书、玩具、学习用品、体育器材等,弘扬了雷锋精神,有利于培养良好的道德素养。

4. 春蕾计划——学生青春期教育支援服务

"春蕾计划"经过不断地积累经验,已成为多层次、多角度的辅导计划。

(1)青春期教育讲座

青春期讲座主要面对听障视障部及智障部的学生,开展初阶性的青春期知识教育讲座。通过讲座,使学生们习得青春期生理知识、心理特点、自我保护及应对方式等青春期知识,正确认识青春期,学习如何与异性相处及自我保护,降低对青春期的紧张感,更成熟地面对自己的生活。

(2) 青春期小组

小组成员主要为班主任推荐,在日常生活和学习中,对青春期有困惑或适应不良的学生。社工会区分男女生进行服务。利用晚间段,开展"花季密语——智障学生青春期认知小组""我们相逢在花季——智障学生青春期人际交往小组"等。通过更深入的讲解及辅导,帮助学生更好地认识青春期的知识,并能提升自我情绪管理和人际交往能力,并学会自我保护。

(3) 开展家长工作坊和接待家长及教师关于青春期教育的咨询

在开展优质家长工作坊过程中融入青春期家庭教育内容,辅导家长学习和交流学生青春期教育的知识,便于家长在家中和日常生活中更好辅导学生度过青春期。

青春期服务的开展,作为教师教学内容的有效补充,帮助学生更全面而系统地认识青春期身心变化,并习得自我保护与人际交往技巧。此服务计划受到学生、家长及教师的欢迎,现已发展为社工常规性服务。

5. 暮橙计划——智障学生晚间服务

自2011年开始,社工在智障部推出暮橙计划——智障学生晚间服务。晚间服务的提供,为有能力的智障学生提供更多成长的空间,促进他们能力的提升。

(1) 开展"小小国学馆——智障学生国学兴趣班"活动,学习《弟子规》等国学经典,并策划《跪羊图》手语剧等感恩主题活动。该活动受到学生和家长的喜爱,部分家长主动加入到活动中来,而学生与家长间的互动,更增进了感恩、惜恩、报恩的情感培养。学生的学习成果,会通过六一文艺展演等进行汇报演出。学生的演出感动了很多教师、家长,国学馆的成果亦得到充分的肯定。

(2) 开展"巧手串珠——趣味DIY手工小组""妙手生花——趣味DIY手工小组"。小组带领学生学习串珠和花艺,现已有较多学生们的手工作品。小组既丰富了学生的课余生活,又培养了学生的创造力、想象力、手眼协调能力,促使学生在手工制作过程中获得成就感,增强了自信心。

6. 同在一片蓝天下——学生社会融合服务

学生社会融合服务,主要为联合基金会、社区和各市属学校,共同开展活动,以促进特殊学生平等参与社会生活,提升社会适应能力。融合服务主要分为两类,一类为共融性服务,一类为倡导性服务。

共融性服务主要以夏令营、假日融合活动、家庭探访日等形式开展。在共融性的服务中,会为每位特殊学生配备1~2名普校的学生义工,以促进他们与同龄学生的交流，共融互助。如举办"蓝色美丽行——'星娃'亲子手工夏令营""蓝色之旅——关爱'星娃'之城市猎奇活动""蓝色行动之最美旅行——特殊学生社会融合活动"等。

倡导性服务则主要结合特定的节日，如自闭症日、助残日等，与社区、普校合作开展宣传倡导性活动，如举办"拥抱星星的孩子——自闭症校园巡回宣讲活动"，壹基金 2014 蓝色行动之"义工徒步行"倡导活动等。

社会融合服务的开展，受到很多家长的欢迎，也为很多家长打开了心结。家长在参加活动后表示，以往总是很担心普通孩子不能接纳孩子的特殊性，但在共融活动中，看到原来孩子们可以在一起友好地相处，感到很欣慰。这种平等、友好、接纳的环境，不仅带给特殊儿童愉快的体验，帮助他们从中提升能力，更多的是环境的改变，让家庭和孩子有了更多的信心和勇气。

### 三、企业效能

#### （一）企业教育以及企业教育效能的含义

企业教育就是企业通过援助、参与和兴办教育的途径，向教育领域投入一定的财力、物力，与学校共同合作或相互竞争，以满足企业不断增长的教育需求的兴教措施。

企业教育效能就是企业有效获取和充分利用对培养企业员工有利的各种资源，通过有效的管理和实施过程，以实现企业教育目标为核心，并能不断满足企业系统内外各方面的要求，进而使其得到相应发展的特性和有效作用。

企业教育的核心是使企业员工得到发展，从而促使企业和社会事业的发展。其手段是要合理利用各种资源，并要通过有效管理的实施过程才有可能实现企业的教育效能。[1]

#### （二）我国企业教育效能中存在的主要问题

经济的全球化、市场经济的建立，对我国企业来讲既是机遇也是挑战。企业只有带领一批具有战斗力的高素质队伍，才能适应入世后的激烈竞争，并在竞争中取胜。但是，目前大多数企业还不具备参与国际竞争的实力，尚未建立有效的教育机制，企业职工的教育培训工作还面临着许多问题，集中表现在以下几个方面。[2]

---

[1] 孙绵涛.教育效能论[M].北京：人民教育出版社,2007：274－275.
[2] 李元真.企业职工教育面临的问题及对策[J].成人教育,2005,(2)：21.

1. 企业经营者教育培训观念淡薄

随着市场经济体制的建立,企业改革进一步深化,企业经济取得了较大的发展,很多企业管理者只注重抓产品的质量,抓产品的市场竞争力,抓企业的管理。但是,他们却没有意识到:产品质量的竞争、市场销售策略的竞争以及企业管理水平的高低,归根结底就是人才的竞争。由于认识错位,企业对培训制度的制订,机构的建立、完善,资金的投入都没有得到有效的重视,员工教育与经济发展的速度相比普遍滞后。

2. 企业员工接受再教育意识淡漠

尽管我国社会主义市场经济已经取得了很大发展,但是企业员工的思想观念还没有完全转移到市场经济轨道上来,大部分员工没有意识到培训对自己生存、发展的意义,认为"一朝学成,终身享用",缺乏竞争意识、危机意识。他们不能变"被动接受"为"主动培训",即使偶有培训也是按照企业的要求。在这种情况下,企业内部培训的效能严重缺失。

3. 企业教育培训内容和方法不科学

企业员工教育并不是针对企业中的部分员工,而是要提高全员的素质,所以,如何进行全员培训也将成为员工教育的一个重要课题。这就要求我们既要注意全员培训的共性,又要关注员工不同岗位的个性。此外,在多数企业中,一些专业性培训以及高起点培训较少,不能满足员工不断成长的需要。企业面对国内外政治、经济、金融、环保、信息以及人文心态、消费需要等各方面的变化,缺乏从容应付的战略人才和技术性人才。

4. 承担企业教育培训的机构不健全

企业员工教育是一项系统工程,需要各方面的积极配合。从我国企业员工教育的现状看,企业员工培训大多在企业内部进行,具备专门的、健全的教育培训机构的企业极少,尤其是中小型企业普遍存在着不重视员工教育的现象,更别提有效的教育培训。没有系统的企业员工教育培训,会导致企业出现人力资源管理不当、员工素质低下、技术缺乏创新等问题,致使企业产品缺乏竞争力,失去市场,引发破产倒闭等后果。

(三)提高学校的企业效能

特殊教育学校要想成为一所"有效学校",离不开其企业效能的发展。深圳元平特殊教育学校树立大职业教育观,努力开发校外资源,切实提高特殊学生的职业能力水平和就业率。学校积极与校外企事业单位紧密联系,建设推进"三进三出"的校企合作模式,先后建立了三个校外劳动实践和就业基地,并多次组织学生去各企业单位参观学习和顶岗实习。

1. 继续开展职业技能联合培训

深圳元平特殊教育学校职业教育教学部与深圳市残联、深圳香格里拉酒店等劳动部门积极合作对特殊学生进行职业培训。多年来学校与残联、劳动部门合作举办了符合残疾人实际和就业市场需要的各类培训班,充分发挥学校和残联的主体作用,初步开拓了多渠道、多层次、多种形式地开展残疾人职业教育的局面,形成了残疾人职业教育网络,构建起具有深圳特色的残疾人职业培训、就业指导体系,为不断推进残疾人职业培训工作奠定坚实的基础。

2011年,深圳元平特殊教育学校和市劳动局合作对职业教育教学部学生进行为期两周的培训,培训专业涉及西式面点、中式厨艺、客房服务和办公文员。自2011年起,深圳元平特殊教育学校建立了多家校外实习就业基地,每年定期与合作企业举行联合职业技能培训,内容涉及职业礼仪、专业技能、企业文化等各个层面。通过这一系列培训,师生们进一步了解了企业的工作规范,学习内容更贴近企业需要,为将来学生走进企业做好准备。

2. 组织学生前往企业参观见习

深圳元平特殊教育学校职业教育教学部多次组织学生前往深圳香格里拉大酒店、深圳金茂JW万豪酒店、深圳丽思卡尔顿酒店等单位进行体验见习活动。在深圳香格里拉酒店体验日活动中,学生们分别被安排到了酒店备品中心、客房服务、餐饮部香宫备餐间、西点房、香咖啡备餐间、洗衣房等部门工作,在四个小时的工作时间内,都圆满完成了各自的工作任务。学生们的工作热情和成绩,受到了酒店工作人员的赞扬和肯定,也深深地感动了他们。总经理先生还为参与工作体验的学生们颁发了荣誉证书、工作津贴和精美的礼品。在深圳丽思卡尔顿酒店体验活动中,学生们参与了酒店圣诞姜饼屋的制作,学习到了课堂上学不到的知识和技能。通过这些见习、实践,学生们真切地感受到了工作的乐趣和应有的责任感,也检验了自己所学的职业技能,获益良多。

3. 开辟校外实习就业基地

深圳元平特殊教育学校职业教育教学部自成立以来,积极与校外企业联系。校企合作是职业教育发展的生命线,是职业教育生机与活力的根源所在。学校始终坚持以就业为导向,以服务为宗旨,以学生为主体,坚持走校企合作的道路,采取多样化、灵活化的合作培养模式,形成了一校对多企的合作局面。

学校自2011年起已先后与深圳香格里拉大酒店、百胜餐饮(深圳)有限公司、深圳金茂JW万豪酒店、"喜憨儿"洗车中心签署了"合作建立学生校外实习就业基地"协议,双方一致希望在培训特殊学生的职业技能、提高学生的综合职业素养、为学生提供更多的实习、就业机会等方面共同努力,为特殊学生真正走向社会打下更坚实的基础。企业定期派遣培训人员来学校为学生进行专业培训,学校可定期派遣学生前往企业实习,企业优先接收学校学生就业。通过开辟校外实习就业基地,进一步拓宽了学校职业教育的深度和宽度,为残疾学生提升职业技能及就业能力提供了切实保障。

4. 继续探索自主创业课程的开发

自主创业教育在职业教育领域中是不可缺少的一个部分。国家的各项就业政策以及残疾人扶助政策也都是积极鼓励自主创业。深圳元平特殊教育学校也一直在探索如何培养学生的自主创业能力。例如,2011年,学校就曾经组织6位学生参加市残联举办的电子商务培训班,并多次组织学生前往电子商务企业见习参观,希望能以电子商务专业为突破口对学生进行自我创业能力的培养。2013年,在培养学生自主创业能力方面做了更深入的探索及尝试,那就是成立职业教育部学生服务中心,服务中心目前开设3个项目:网上店铺、学生超市及茶吧。这个服务中心是以学生为运营主体,老师加以指导,各项目的工作人员均由学生担任。网上店铺,主要是为学生学习通过电子商务来进行自主创业而开设的实训平台。学生超市和茶吧,主要是为学生学习通过开设实体店铺来进行自我创业而打造的实训平台。目前超市提供食品零售服务,食品进货渠道来源于天虹商场,不以营利为目的。茶吧实行客人自助与学生实训相结合的形式,于每周四下午免费向全校教职工提供茶饮服务,为教职工提供一个放松心情的好去处。学生通过这些平台,可以全面地学习到店面设计、采购定价、销售推广、库存编码、客户服务、财务管理等各方面的知识,并进行实际操作。这些内容也已经融合到学生的各类课程中去,老师以实际操作案例来向学生进行讲授,更具直观性和针对性。

5. 积极开拓其他社会资源

除建立校外实习基地之外,学校还与深圳民爱中心、丽思卡尔顿酒店、东海朗廷酒店等多家单位保持着密切的联系与合作。为进一步推动校企合作的可持续发展,学校提出"三进三出"的校企合作新模式:"三进"即企业文化进校园,岗位工作任务进教材,实际工作流程进课堂;"三出"即教师到企业顶岗锻炼,学生到企业顶岗实习,学生到顶岗企业就业。

2013年,学校还与深圳大爱艺术品有限公司联合,利用晚自习时间,对听障职业高中班级的学生开展了鱼皮画制作培训,为学生开阔视野,增长见识,扩大与社会的接触面，使学生掌握更多的职业技能。

  实践证明，通过校企合作，能有效发挥校企双方在人才培养方面的优势，形成合力，共同推进学校发展，促进企业生产经营，搭建互利双赢的平台，使学校、企业和学生三方受益。新形势下，深圳元平特殊教育学校将继续秉持创新精神，充分利用特殊教育大发展的良好时机，顺应时代潮流的要求，在校企合作的方式和内容上不断拓展，提升学校职业教育质量。

# 第8章　办学模式的革新

为加快推进特殊教育发展,大力提升特殊教育水平,切实保障残疾人受教育权利,国务院办公厅于2014年1月公开发布了《特殊教育提升计划(2014—2016年)》。该计划的总体目标是实现全纳教育,要求提高普及水平、加强条件保障、提升教育教学质量,并明确指出在融合教育理论指导下提升特殊教育;创新体系、机制和工作格局;肯定了"两形式,一补充"的义务特殊教育实施方式;以教师、教材、教法"三教"为核心,狠抓教育教学质量;实施若干基础能力建设项目。这为特殊教育学校办学指引了新的方向,进一步明确了地方特殊教育学校的办学目标。办学模式是一所学校在发展过程中逐渐形成的,而为了形成独具特色的办学模式,学校必须结合实际情况革新自己的办学模式。作为一所特殊教育学校,必须时刻根据时代的变化、社会的发展和学生的实际情况进行革新。革新的目的是为了更好地为特殊学生服务,为他们提供适合身心发展需要的教育。

深圳元平特殊教育学校是国内最早的综合性特殊教育学校,经过二十多年的发展,其办学模式也在不断地革新,而这种革新主要体现在观念和实践两个方面。

首先,办学模式观念的革新。具体来说,学校办学模式的观念革新可以概括为"五全",即全纳教育、全面规划、全程管理、全员参与和全人发展。其中,全纳教育是方向,全程管理和全面规划是方法,全员参与是手段,全人发展是目的,即以"全"的方式动员所有人员参与,并对各个阶段进行宏观调控和全面规划,以达到全人发展的目的。

其次,办学模式实践的探索。为了形成完善的办学模式,学校进行了一系列的实践探索,包括校本课程的开发、职业教育模式的构建、康复与训练的实践、特奥运动项目的建设和信息技术的应用等。这些方面的实践是学校在长期的探索中逐渐实现的,具有鲜明的学校特色,且蕴含着丰富的发展理念。

## 第 1 节 观念革新

观念是行动的指引,只有在转变观念的基础上,才有可能实现办学模式的革新。因此,观念革新在办学模式革新过程中的作用可见一斑。特殊教育学校教学对象的特殊性决定了其办学观念需要充分考虑学生的特点。深圳元平特殊教育学校办学过程中观念的革新主要体现在五个方面,即全纳教育、全面规划、全程管理、全员参与和全人发展。其中,全纳教育强调对所有学生的包容,全面规划要求在全局视角下规划办学过程,全程管理强调办学各个阶段管理的延续性,全员参与体现的是各类办学人员的充分参与,而全人发展则强调特殊学生的全面发展。学校自办学以来,一直秉持着革新观念的理念,观念革新体现在办学过程的所有环节中。

### 一、全纳教育

#### (一)全纳教育的含义

目前关于全纳教育并没有一个统一的定义,不同的学者对全纳教育有不同的理解。有学者指出全纳教育是"一种新的教育理念和教育过程,它容纳所有学生,反对歧视排斥,促进积极参与,注重集体合作,满足不同需求。"[①] 其实对特殊教育工作者来说,全纳教育目前主要还是针对特殊儿童提出来的。"全纳教育"最早是 1994 年 6 月 10 日在西班牙萨拉曼卡召开的"世界特殊需要教育大会"上提出的一种新的教育理念和教育过程。随后,全纳教育思想在国际上引起了极大的反响。该思想得到了广泛关注,在我国也日渐传播。全纳教育包容所有学生,反对歧视和排斥特殊学生,要求特殊学生也要参与到教育中来,而且还要针对特殊学生不同的需求来提供不同的服务。

#### (二)全纳教育的表现

作为一所综合性特殊教育学校,深圳元平特殊教育学校招收了不同类别的特殊学生,包括听障、视障、智障、自闭症及脑瘫等。这本身就反映了学校的全纳性,其全纳性还体现在:

第一,从学校整体氛围和学校文化上来说,深圳元平特殊教育学校是特殊学生学习和生活的乐园。学生们在学校里健康幸福的学习和生活,学校给他们

---

① 黄志成.全纳教育展望——对全纳教育发展近 10 年的若干思考[J].全球教育展望,2003(5):30.

提供了良好的学习环境和生活环境,学校不歧视、不排斥任何学生。学生毕业之后也可以再回校园,学校就像是一个大家庭,给他们提供了一个全纳性的环境。

第二,从学校参与社会的积极性上来说,深圳元平特殊教育学校是联系特殊学生与校外社会生活的桥梁,学校经常组织学生参加校外的一些活动,促进特殊学生与普通学生的融合。

第三,从学校对学生进行教育、康复、职业训练的角度来说,学校为特殊学生将来走向社会,并能积极参与社会做出了极大的努力。特殊学生在学校学习文化知识,参加康复训练,习得职业技能,从而能够独立自主地参与到社会生活中去,这也从侧面体现了深圳元平特殊教育学校的全纳性。

第四,从学校对特奥运动的重视度上来说,学校组织了专门的特奥运动队,这不仅有利于特殊学生身体机能的进步,更为他们参与社会生活、融合主流社会铺设道路。

深圳元平特殊教育学校一直将全纳教育作为自己的发展理念之一,努力使学生参与社会生活,共享和谐社会。

## 二、全面规划

### (一)全面规划的含义

规划是指个人或组织制订的比较全面长远的发展计划,是对未来整体性、长期性、基本性问题的思考和考量,是设计未来整套行动的方案。规划是融合多要素、多人士看法的某一特定领域的发展愿景,具有综合性、系统性、时间性、强制性等特点。全面规划是指从学校的整体出发,以学生的全面发展为最终目标,在多层次、全方位考虑所有因素的基础上设计活动方案。全面规划强调处理好整体与部分的关系,即不能仅仅着眼于部分,而是要从全局的角度出发,宏观考虑所有因素,在全面分析的基础上规划设计,为学校的长远发展指明方向。

### (二)全面规划的表现

深圳元平特殊教育学校全面规划的观念体现在学校工作的多个方面。在学校规划方面,为了给学生提供更优质的九年义务教育,更好地满足特殊学生的需要,学校通过制订长期或短期的发展规划来对学校各项工作进行整体安排。在课程规划方面,在充分分析地域特色、学校实际、学生特点及需要的基础上有计划地、系统地开展校本课程开发工作,使课程更贴合特殊学生的实际。目前学校已经形成了学校教育类、康复类、职业教育类三大类校本课程体系,并在实践的过程中不断地加以完善,保持校本课程的动态发展。此外,学校还对职业教育、信息技术、康复训练工作、教师发展、学生潜能开发等进行全面规划,全局指导学校各方面的工作。

全面规划的理念是办好学校的重要精神内核,只有全面地看待事物,分析现状,才能形成综合性的视角,站在全局的角度为事物的发展谋思路。特殊教育学校办学是一项重大工程,需要持之以恒的精力和投入,只有全面规划从整体上把握学校的发展方向,才能保证学校的持续性发展。

### 三、全程管理

#### (一) 全程管理的含义

全程管理即管理的系统性,将管理贯穿整个活动过程中,同时全程管理也具备组织、目标、资源和效率四个要素。其中组织是管理活动的场所,目标是管理活动的方向,资源是管理活动的依靠,效率是管理活动所要追求的结果,四者有机结合,就构成了管理活动的大致含义。[①] 就学校的办学过程而言,全程管理的组织是特殊教育学校,目标就是学校的办学目标,资源则包括人力资源、财力资源和物力资源,而效率则是管理成效的体现。

简单来说,全程管理就是全方位的管理和监控。事物的发展是不断变化的,需要长期的管理以掌握其发展动向。学校的建设是一个长期的过程,并不仅仅停留于某一个阶段,且办学过程中不可避免地会遇到一系列问题,存在许多未知的难题。因此,管理应该贯穿于整个学校的建设,即实现"全程管理",而只有奉行全程管理的理念才能为特殊学校的建设保驾护航。

#### (二) 全程管理的表现

管理活动就整体而言是一种过程,不是一种短暂的、即时性的动作。这一过程根据一些管理学家的分析,大致可包括几个阶段,即规划、组织、领导、协调、控制、决算、报告等。将这些阶段与上面所说的管理对象结合起来,就构成了完整的管理活动的模型图[②](见图8-1)。

深圳元平特殊教育学校管理体系完整,管理制度完善,管理人员明确,管理过程有序,管理对象明晰,推动了学校办学效率和办学水平的提高。学校的各个部门分工合作、职责明确,以学校领导为核心,组织和协调学校的各项事务,

---

[①] 吴志宏,冯大鸣,周嘉方.新编教育管理学[M].上海:华东师范大学出版社,2000:4.
[②] 吴志宏,冯大鸣,周嘉方.新编教育管理学[M].上海:华东师范大学出版社,2000:8.

办学过程有条不紊,行政管理人员、教师、后勤管理人员对教育工作进行全程管理和监控,从而实现教育教学工作良好运转。

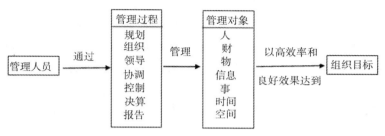

图 8-1　管理活动模型图①

### 四、全员参与

（一）全员参与的含义

全员参与源自管理学,是全面质量管理的一个基本原则,也是 ISO 国际标准化组织提出的八项管理原则(即以顾客的关注为焦点、领导作用、全员参与、过程方法、管理的系统方法、持续改进、基于事实的决策方法和互利的供方关系)之一。标准指出:"各级人员都是组织之本,只有他们充分参与,才能使他们的才干为组织带来收益。"全面质量管理的"全"字,包括三层意思:首先是全员参与,其次是全过程,再次是全组织。② 全员参与不是制度,是文化,是最优秀的学校文化;全员参与不是活动,是观念,尤其是领导的观念。

全员参与原则落实到学校的办学过程中则是指全校人员围绕学校的办学宗旨和方向,有组织、有目标、有计划、协调有序地参与学校的各项活动,共同参与,共同努力,为学校的建设贡献自己的力量。"全员"不仅包括管理人员、教学人员和后勤人员,也包括特殊学生在内的所有相关人员,如特殊学生的家长等。全员参与是指这些人员的共同投入。全员参与体现在学生身上是以生为本的理念,即在学校的教学活动和日常生活中要以学生为中心,充分尊重学生的意愿,调动学生的积极性,开发学生潜能,推进学生的发展。

（二）全员参与的表现

全员参与是学校实现办学方针和办学目标的基础。全员参与是为了让每一位员工在适合发挥自己才干的环境里,充分发挥自己的才能。处于不同岗位

---

① 吴志宏,冯大鸣,周嘉方.新编教育管理学[M].上海:华东师范大学出版社,2000:8.
② 李正叔.论全员参与的心理条件[J].印刷质量与标准化,2011(2):58.

的员工,通过学校文化的熏陶,树立科学的价值观,具有良好的信念和行为习惯,并能够在思想上、行动上自觉地与学校保持一致。这种思想上、行动上的一致,使全员参与具有明确的方向和目标,从而为学校实现预期目标提供人力资源支持,这就是全员参与的体现。① 全员参与体现在学校办学过程的方方面面,如学校在校本课程开发过程中秉承的就是全员参与的合作精神,强调教师是课程的决策者,并且这些决策应该由决策结果所要涉及的所有人参与。在校本课程开发过程中需要以教师为主体,形成由校长、课程专家、学生、家长以及社区人士共同开发课程的共同体。因此,学校采用的是"自下而上"全员参与的课程改革。②

全员参与在"医教结合"上也得到体现。利用医学可以对特殊儿童进行早期诊断和干预,也可以利用康复医学对特殊儿童进行康复治疗和训练,从而使特殊儿童尽早得到治疗或缺陷补偿。在特殊学校中,可以利用学校的医务室或者专门的康复教室或教师对特殊儿童进行康复训练,使医务人员和康复人员参与到特殊学校的教育事业中来。另外,也可以发动校外的医务工作者参与到特殊儿童的康复训练中来,使医疗和教育相结合,从而实现整个社会人员的参与。

## 五、全人发展

### (一)全人发展的含义

全人是相对于半人或者非人而言的,是指完整的人。广义上而言,全人的观点意味着人的内在特质——诸如头脑、情感、创造力、想象力、怜恤心、好奇心及尊重感,特别是自我实现的期望——对于人是否能真正达到自我实现及与社会和谐互动,都是最基本的要素。③ 概括地说,全人就是真正全面发展的人、和谐统一的人,是具有主体性并能把握自己命运的人,是作为人的人,而非作为工具的人,是在精神和心理上整全的人而非残缺的人。④

谈及"全人"就不得不提全人教育(Holistic Education)。全人教育是在20世纪70年代从北美兴起的一种以促进人的整体发展为主要目的的教育思潮。所谓全人教育,是相对于作为工具的"半人"教育而言的,其目的是对教育目标

---

① 杨辉.注重质量教育,全员参与管理[N].中国质量报,2007-5-30-007.
② 黄建行,雷江华.特殊教育学校校本课程开发[M].北京:北京大学出版社,2012:16.
③ 林耀堂.全人教育的教育哲学基础——简论批判理论的教育哲学观[EB/OL]. http://www.doc88.com/p-563146627886.html.
④ 张勇军.论全人教育思想的哲学基础及其借鉴意义[J].职教论坛,2011:31.

工具化倾向的一种矫正。① 全人教育的含义可从三个层面来分析：第一，教育目标与原则方面。全人教育是以学生为主体，将学生视为完整的个体，是以充分发展学生潜能及培养完整个体为目标；第二，教育内容与形式方面。全人教育认为全人发展的范畴有德性、智能、体力、社群、美育、事业及情绪等，对于学生的学习内容，必须加以统整，同时顾及思维与操作、观念与实践、分工与合作、欣赏与创作的学习过程；第三，教育组织与资源方法。教育单位必须统整行政结构与运作，以作为示范，并提供师生所需的教学材料与行政资源。②

全人教育是在"人人皆可成为全人"这一假设的基础上提出来的，而全人教育所指全人是指完整的人，必须在充分尊重受教育对象的基础上发展其潜能，不仅是认知能力的发展，也关注道德、身体、人际交往能力等多方面的发展，以期达到人与自我、人与人、人与自然的和谐联系。而特殊教育领域的全人教育是指："共性与个性结合的全人教育、完整动态的全人教育、既看到障碍更重视潜能的全人教育、阶段性教育与系统化生涯发展交织的全人教育。"③

简单来说，全人教育是指全方位的教育，包括"德""智""体""群""美""事""情"等的发展。其中，"德"是指社会公德、职业道德和家庭美德的培养；"智"是指知识、技能的学习；"体"的着力点在身体体质的提高；"群"是指社会交往能力；"美"则是指发现美、欣赏美和创造美德意识和能力；"事"是指事业，即就业能力的培养；"情"指情绪，即情绪控制能力的培养。

（二）全人发展的表现

深圳元平特殊教育学校在"以生为本"理念的基础上，秉承全人发展理念，以期促进特殊学生"德""智""体""群""美""事""情"等多方面的发展。而全人发展理念落实到学校教育环节就是实现全人教育，因此，全人发展指的是个人全面的发展，与全人教育不谋而合。

首先，学校创设了"立交桥"式的职业教育模式，为特殊学生提供职业技能培训，为学生就业奠定基础，这体现了"事"的发展。而"情"的发展则反映在学生生活的多方面，包括课堂和课后的学习生活中，且学校设立了专门的心理咨询室，以进一步了解和解决学生的情绪心理问题，即促进学生"情"的发展。

其次，学校确立了具有本校特色的校本课程，形成了包括教育类课程（生活

---

① 张勇军.论全人教育思想的哲学基础及其借鉴意义[J].职教论坛，2011：31.
② 陈金妆，吴建华.全人教育的理念与实践：以东莞台商子弟学校为例[EB/OL]. http://www.doc88.com/p-198102185347.html.
③ 乔梁.特殊教育的全人教育观[J].中国特殊教育，2001(4)：7-9.

语文、生活数学等)、康复类课程(感知觉训练、物理治疗等)和职业教育类课程(劳动技能、办公文员、客房服务等)等三大类课程的完整校本课程体系。课程体系有利于引导学生的全人发展,主要体现在"德""智""体""群""美"五个方面。

再次,学校在充分考虑学校办学特色和学生发展特点的基础上开设了游泳、滚球、轮滑等特奥运动项目,丰富学生的学习生活。学校通过组织学生参与特奥运动项目的比赛,激发学生对运动的兴趣,增加他们的自信心,体现了全人发展的"智""体""情"等方面的发展。

最后,学校配备有完善的康复训练设施设备,为有需要的学生提供康复训练,这主要体现了全人发展中的"体"。此外,学校信息技术的开发为学生的发展提供了良好的信息环境,创设了信息化的校园,为学生的学习提供了便利之处,使他们能够更好地掌握所学知识和技能,这也是促使学生全人发展的表现。

全人发展不仅可以反映在学生身上,还可以从学校的办学人员身上看出来。如学校会为教师举办各种活动,既有提升自身教学能力的活动,如教学技能竞赛、各种讲座等,也有娱乐性质的文娱活动,如羽毛球比赛。这些活动的举办旨在推进教师的全人发展,达到身心一致,树立良好的精神风貌。

## 第2节 实践探索

特殊教育学校办学模式的革新必须建立在观念革新的基础上,通过实践探索来检验办学的成效。深圳元平特殊教育学校建校二十多年来,已经形成了独具特色的发展模式,具体体现在校本课程的开发、职业教育模式的构建、康复与训练的实践、特奥运动项目的建设和信息技术的应用等方面。

### 一、校本课程的开发[①]

(一)现状简述

校本课程开发已成为我国基础教育课程改革的一个焦点问题。特殊教育作为基础教育的重要组成部分,特殊教育的理念、目标和内容等都发生了深刻的变化。深圳元平特殊教育学校作为全国特殊教育学校校本课程开发的先驱,为了满足特殊学生的发展需要,学校结合本地区和学校的发展水平和发展特

---

① 黄建行,雷江华.特殊教育学校校本课程开发[M].北京:北京大学出版社,2012.

色,积极进行课程改革,开发校本课程。自2001年起,学校根据本校的办学宗旨不断探索校本课程开发的思路与路径,经历了由教师个体独立开发到小组教师合作开发再到全体教师参与开发的校本课程开发过程,形成了适合特殊学生特点的符合深圳特区特色的校本课程体系,主要体现在学校教育类、康复类和职业训练类校本课程开发三个方面,形成了特殊教育学校"教育、康复、职业训练一体化"的办学模式。

学校自实施课程改革以来,开发了适合本校各类特殊学生的校本课程,在校本课程开发过程中,秉承"以生为本"的课程观、"全员参与"的合作精神、"追求个性化"的创新精神。学校不仅关注学生在学校期间的学习问题,更重视解决特殊学生融入社会后的生存、生活和发展问题。从起步阶段的各项准备工作,到目前已经编写出版了适合特殊学生的多门课程的课程标准、教材、教学指导手册、评估手册等。目前学校的校本课程开发已经进入到了多元阶段,正在形成覆盖全校所有学生的多元化和系统化的校本课程体系。其中学校教育类课程包括生活语文、生活数学、生活适应、唱游与律动、绘画与手工等,旨在提高学生的认知水平和生活适应能力;康复类课程包括物理治疗、作业治疗、沟通与交往、感知觉训练等,旨在对学生的身体缺陷和功能障碍进行恢复;职业训练类课程包括劳动技能、办公文员、客房服务、西式面点、中式厨艺、中国结艺、洗衣服务等,通过对特殊学生进行职业训练,使学生具备一定的职业技能。这三大类课程实现了对特殊学生的教育、康复和职业训练,保证学生能够独立生活,融入社会,并服务社会。

为了实现学校教育、康复和职业训练三大类校本课程的衔接,形成整合、系统的课程体系,学校在开发学校教育类、康复类和职业训练类校本课程时,以生活适应为核心课程,以特殊学生的各阶段发展需要为依据,把有关联的各学科知识有机地融合在一起,既保证了各学科"纵向顺序",也保证了学科之间"横向联系",充分体现了"以学生之经验为组织重心,借着直线式的发展、同心圆式的扩展、螺旋式的累积等组织方式,达到统整各项学习之目的"的核心课程理念。

同时,校本课程开发是自发、自主的课程开发,是出于学校内部需求,依靠自身的条件和资源的全员参与、自我评价的课程开发活动。学校在校本课程开发的过程中,逐渐形成了包括人员支持、经费支持、资源管理、硬件环境等方面全方位的支持体系,为校本课程开发的顺利开展提供了有力的保障。

(二) 未来规划

社会的发展日新月异,对人才的规格和质量要求也在不断地提升,为了使学生能跟上时代的步伐,适应社会的新要求,并充分挖掘学生的潜能和优势,为学生创造更大的生存空间,需要构建动态的、不断发展的同心圆扩展课程体系,促进学生发展、提高学生社会适应能力。今后,深圳元平特殊教育学校校本课程的发展,主要体现在教材形式、教学活动设计、参与人员、评价体系的变革。

一是尊重学生的个体差异,开发"一本多层"的校本教材。由于学校招收的特殊学生的类型多样,程度不一,学生在具有智力障碍的同时伴随着心理、言语、认知、肢体功能、社会适应等方面的障碍。为帮助不同层次的特殊学生更好地适应生活、适应社会,学校必须尊重学生个体差异,开发一套从内容到形式都适合特殊学生身心发展、体现学生不同需要的"一本多层"教材。

二是发挥学生的主观能动性,体现教学活动设计的多样性。基于新课程理念下的特殊教育课堂活动设计要求把课堂还给学生,教学活动设计采用集体、分组、个别化的多样教学形式,同时辅助康复训练。

三是注重学生的动态发展,构建发展性的课程评价体系。由于越来越多的特殊儿童可以接受正规化的学校教育以及专门机构的治疗,这必然增加了对测验和评估的需求。经过多年的实践,人们逐步认识到包含诊断性评估、阶段性评估、总结性评估等在内的发展性评价在特殊儿童教育教学、随班就读、早期干预、个案研究及制订个别化教育计划中的重要性。为了全面了解学生的学习历程,激励学生的学习和改进教师的教学,应建立评价目标多元、评价方法多样的学生发展性评价体系。

四是鼓励全员参与,课程参与人员的多元化。课程改革不仅需要专家、校领导、教师的参与,更需要家长的积极参与。鼓励家长参与学校课程改革,是现代特殊教育校本课程发展的一大趋势。

## 二、职业教育模式的构建[①]

(一) 现状简述

深圳元平特殊教育学校的办学目标是通过教育、康复与职业训练,最终使学生能够平等、充分地参与社会生活,适应社会。为此,学校开办了职业教育教学部,为高中阶段特殊学生提供职业教育、就业培训、实习和就业安置等服务。经过多年的努力,逐渐探索出一条符合本校办学特色的"立交桥"式职业教育模式。此模式致力于打造"职业教育、就业培训、就业安置一体化"的格局,即实现

---

① 黄建行,雷江华.智障学生职业教育模式[M].北京:北京大学出版社,2011.

学校的职业教育与校内外的就业培训、就业安置有机整合,实现教育、培训与安置的无缝对接。[①]"立交桥式"职业教育模式包含着学校职业教育的理念、管理、课程、教学、人员、评估和质量等多种要素及其相互关系。

学校提出"以生为本、就业导向、职特融通、能力本位、服务至上、生态发展、缺陷补偿和全面发展"的职业教育理念。职业教育的目标在于培养学生职业道德,丰富职业知识,锻炼职业体能,塑造职业形象,提高职业技能以及养成职业心态等。为保障落实职业教育的理念,实现其目标,学校设置了完善的职业教育机构体系,制订了相关的规范。机构体系主要包括实施机构、管理机构和科研机构。其中管理机构又分为以校长为首的决策机构、由各职能部门和教学组等组成的执行机构、校务委员会等咨询机构以及党团组织和工会等监督反馈机构。规范体系即学校制订的关于机构、工作和人员的各项规章制度,使学校各项工作有章可循。

在理念指引和制度保障之下,学校"立交桥式"职业教育模式的实施具体体现在教育和培训的课程、教学和人员等层面。根据"以就业为导向、以能力为本位、以学生生态发展为目标、以个别训练为手段"的课程设计理念,职业教育课程分为主干课程和辅助课程两大模块。主干课程下分基础课程、专业基础课程、专业技能课程、实习见习、团队活动等;辅助课程分为康复服务和就业服务。目前已形成了校内体系与校外体系相结合的网络化的课程体系。与课程结构相适应,学校的教学分为理论教学和实践教学两大类。理论教学主要是指专业课程和基础课程的教授。实践教学指在课堂中学生的技能操作。学校为职业教育教学部建设了多间功能教室,设置了实训基地,让学生在模拟的情境中练习操作技能。另外,学校还与社会企事业单位合作为学生提供就业实习和就业安置。

特殊学生职业教育的特殊性为教师提出较高的素质要求,教师既要具备扎实的专业理论知识,又需要有专业实践能力;既具备普通职业教育教师的知识和技能,还要掌握有关特殊学生的心理和教育知识,能够尊重理解学生,根据学生的能力和特点因材施教。为提高教师的素质,学校为其组织了多种校本培训、外出培训,还通过聘请学校内其他部门以及学校外专业技术人员兼职部分职业教育课程。结构合理、数量稳定的高水平的教师队伍有效地保障了职业教育和培训的质量。

---

① 黄建行,雷江华.智障学生职业教育模式[M].北京:北京大学出版社,2011:18.

### (二)未来规划

在今后的职业教育工作中,我们要进一步完善职业教育的"立交桥"体系建设,着力提高职业教育质量,不断丰富职业教育内涵,为特殊学生融入社会打下坚实基础。

通过扩大职业教育规模,满足学校特殊学生的职业教育需求,并力争为成年残疾人士的职业教育提供帮助。继续深化与残联、劳动等部门的合作,联合开设各类专业的职业资格培训班,聘请行业、企业的专业技术人员担任兼职教师。充分发挥深圳元平特殊教育学校作为深圳市残疾人职业教育基地的作用,拓宽学校的社会服务功能。

全面提高职业教育质量,不断提高学生职业综合素质,实现学生劳动资格证获取率和一次性就业率两个100%。加强"双师型"师资队伍的建设,力争"双师型"教师比例达到90%以上。加强职业专业和职业课程建设,成立职业教育专业建设指导委员会,完善各专业的课程标准,开发建设2个以上优质共享型专业教学资源库。突出学生的职业道德、适应能力和职业技能的全面提升,建立一套科学的学生职业能力测评体系。加强校内外相结合的实训基地建设,依托行业、企业建设1~2个校企深度合作的校内生产性实训基地,开拓建立1~2个校外实习基地,构建校外实习基地运行的长效机制,满足职业教育的需求。

创新校企合作模式,推进"三进三出"的校企合作新模式;构建就业服务体系,探索构建职业高中毕业生就业服务体系,为职业高中毕业生提供及时、全面的就业后追踪指导服务。

构建职业评估体系,建立学生职业评估档案,探索适合学生特点的职业评估方法,设计适合施测的评价量表,构建科学的职业能力评估指标,明确职业评估的实施步骤,从而建立起一整套特殊学生职业能力评估体系,促进深圳元平特殊教育学校学生职业能力发展。

### 三、康复与训练的实践[①]

#### (一)现状简述

康复与训练是帮助特殊学生恢复或补偿功能,实现生活自理、社会自立的重要途径,对特殊学生的发展有着不可替代的作用。深圳元平特殊教育学校作

---

① 黄建行,雷江华.特殊教育学校学生康复与训练[M].北京:北京大学出版社,2014.

为一所综合性的特殊教育学校,教育对象的多样性决定了学校康复工作的多重性和复杂性。为了提高康复效果,学校在"教育、康复、职业训练一体化"办学模式的指导下,以学生的功能恢复、整体发展、生活重建、全面康复作为中心,逐渐形成了"以生为本、潜能开发,功能恢复、重建生活,整体发展、全面康复"等康复理念,并确立了"早期干预、综合干预、集体干预与个别化干预、生活化干预"等康复原则。目前,学校已经形成了面向各类特殊学生的康复体系。

特殊学校学生的康复离不开各方面的支持,支持体系是否健全决定了特殊学生康复训练的质量。为了能够为特殊学生提供持久、系统和有效的康复训练,学校兴建了康复楼,并不断改造与完善无障碍设施,更新学校仪器设备,配备齐全的功能教室,为康复训练的开展提供了制度与物质保障。同时,学校针对五大类特殊学生的康复需求,开发了作业治疗、物理治疗、感觉运动、运动功能训练、社会交往、综合康复等一系列康复类校本课程,并引进了一大批具有医学背景和康复背景的优秀师资。通过以上措施,学校从硬件和软件方面保证了学校康复工作的有效开展,并从设施设备、师资、课程、制度等多个方面构建了较成熟完善的康复支持体系。

在先进的康复理念指引和完善的康复支持体系支撑下,学校为每位有康复需求的特殊学生提供了适合其发展的康复训练。在对每类学生进行康复训练时,学校坚持采用医疗康复、职业康复、家庭康复、教育康复等多元化的康复手段,从生理上、心理上、职业上和社会生活上对特殊学生进行全面的、整体的康复。此外,学校注重康复训练的规范性和科学性,形成了规范的康复过程,主要包括评估鉴定、确立康复目标、选择康复内容和方法、制订康复计划、实施康复训练、评价康复效果等环节,并为每位学生制订了个别化教育计划,使特殊学生的康复训练能够有条不紊地顺利开展。经过多年努力,学校的康复训练遍及每类特殊学生,实现了每个学生享有高质、有效的康复服务的目标。

(二)未来规划

深圳元平特殊教育学校拟完善教育康复体系建设,打造康复特色,将教育康复建设成学校的品牌项目。一是增加专业师资力量配置,培养、组建一支包括医生、作业治疗师、物理治疗师、语言治疗师、职业治疗师等人员齐备、分工明确的专业治疗师团队;二是加大基础设施投入,建成一批功能齐全、设备先进的康复训练功能教室,如物理治疗室、作业治疗室、运动训练室、水疗室、日常生活能力训练室、语言训练室、矫形模具室等;三是扩大康复服务范围,在满足义务教育阶段各类学生教育康复需求的基础上,为3～6岁学龄前儿童提供早期干预服务,为高中阶段有需要的特殊学生提高职业康复训练。整合校内资源,为不同类型、不同年龄层次的特殊儿童,提供运动、语言、认知、感知、生活自理、职业培训等方面的评估及康复训练服务;四是提高教育康复影响力,将深圳元平特殊教育学校康复中心建设成为全市普通中小学随班就读指导基地。为普通学校提供特殊儿童随班就读培训指导,为省内外特殊教育学校及机构提供康复类师资培训;五是加强社会合作,与高校、医院、残联康复中心等机构建立长期合作关系,提高深圳元平特殊教育学校康复师资的专业水平及科研能力,建立以学校为中心、各相关组织或机构为网络的支持体系,从而提高特殊学生的教育康复效率及社会衔接能力。

## 四、特奥运动项目的建设[①]

### (一)现状简述

随着智障人士的增多和人们对智障人士态度的转变,特奥运动得到了极大的发展。深圳元平特殊教育学校作为国家特奥培训基地和深圳市残疾人运动训练基地,自创办以来,一直非常重视学生的体育运动,尤其重视特奥运动项目的开展,并历经起步阶段(1991—1999年)、发展阶段(2000—2006年)和领跑阶段(2007年至今)三个阶段,已经逐步形成体系。

学校在特奥项目的建设上以社会学理论、心理学理论、体育学理论等为理论指导,在特奥运动项目的建设过程中,始终坚持"一切为了残疾孩子"的理念,逐渐形成人员、经费、设施设备、信息资源等全方位的支持体系。学校在"以生为本,促进潜能开发;功能恢复,实现全面发展;关注差异,实施个别化教学;激发兴趣,培养终身体育意识;平等参与,融入社会生活"等指导思想下,坚持目标设计、计划制订、实施过程和总结评价的流程,依据"让普及推动提高,让提高带动普及"的思路,通过特奥运动进课堂、开展特奥训练、组织特奥活动和参加特奥比赛四种途径开发学校特奥运动项目。

学校充分利用各种资源优势,不断强化特奥项目的建设,建立了游泳、保龄球、滚球、轮滑等优势特奥运动项目,并大力发展特奥篮球、特奥乒乓球、特奥足球、特奥羽毛球、特奥田径等传统特奥运动项目。学校在大力推进特奥项目建设的同时,同步推进特奥运动校本课程标准的制订和教材的开发。

学校多次承办了全国特奥教练员、东亚区特奥高级教练员等国内外培训活

---

① 黄建行,雷江华.特殊教育学校特奥运动项目建设[M].北京:北京大学出版社,2014.

动,并受国家特奥会、省残联和深圳市残联的委托,派出特奥资深教师前往海南、上海等地进行特奥教练员的培训,完成了港台地区和深圳各社区的特奥交流和比赛活动等任务。同时,学校还承接了深圳市特奥、残奥运动队和国家硬地滚球队等各级分类运动队伍的集训达几百人次,充分发挥了特奥基地的辐射和带动作用。

通过参与特奥运动项目,智障学生的康复水平、生活自理能力、心理素质和生活质量得到了提高,而且有更多的亲社会行为,更能适应各种环境,尤其是就业环境。通过参与各种国内外的特奥运动比赛,智障学生的爱国情操不断提升。通过特奥运动项目建设,学校的体育事业得到了大力的发展,体育师资队伍不断强大、硬件设备不断完善,课程体系不断更新和系统化。且以特奥运动项目建设为契机,学校不断推进与普校和社区机构的合作,推动了智障学生的社会融合。此外,在观看和参与、支持特奥运动项目的开展过程中,越来越多的社会人士逐渐接纳、认同和支持智障人士,支持特奥运动项目,支持我国残疾人事业。特奥运动项目的开展也集合了更多的社会志愿者队伍为特奥运动服务,促进了我国志愿服务体系的建构。特奥运动项目的开展,不仅丰富了智障学生的生活,还影响着健全人的精神生活,促进了我国和谐社会的建设。

(二) 未来规划

近年来,在学校领导的高度重视与大力支持下,学校的体育资源不断充实与完善,体育工作取得了极大的成效。学校在"十二五"的发展规划中将特奥运动列为学校创建的五大品牌之一,可见学校对此寄予了厚望。如何创建特奥运动品牌,如何加强学校特奥运动的普及与提高,是提升学校特奥运动水平和创建特奥品牌的基础。为此学校明确提出了普及与提高相结合的发展方针。深圳元平特殊教育学校实现特奥运动品牌目标的规划如下:

全面贯彻党的教育方针,依据《学校体育工作条例》,牢固树立"一切为了特殊孩子"的理念,大力开展特奥运动,积极探索特奥运动的普及与发展。通过特奥运动的普及与发展增强学生体质、帮助学生养成良好的运动习惯和健康的生活方式,有效促进学生身心健康发展和学校体育特色的发展。

围绕一个中心、两个基本点开展学校特奥运动项目建设;练好两个内功,实现特奥运动真品牌。一个中心即以促进学生健康发展为中心;立足两个基本点,一是立足于学生实际需要,开展符合学校实际情况和学生实际需要的特奥活动,落实好特奥运动教学、特奥运动训练和特奥比赛等活动,让学生通过特奥运动课获得特奥运动知识和技能,并能较好地掌握1~2项特奥运动技能;二是立足于特奥运动项目建设的发展目标,培养学生特奥运动的兴趣,促进学生养成良好特奥运动习惯,并具有较强的健康意识,最终使学生通过特奥运动获得身心健康发展,并推动学校体育发展。练好两个内功,实现真品牌:第一个内功是体育教师的特奥运动教学研究能力,在特奥运动的领域具有丰富的经验积累和专业见识;第二个内功是学生特奥运动水平的能力,学生在某个运动领域具有一定或较高技能,并能参与各级各类比赛。这样,学校可以真正成为学生能走出去、老师能拿得出、学校叫得响的特奥名校。

用8~10年时间创特奥运动品牌。以4~5年打基础,4~5年创品牌的总体计划,结合学校和学生实际开展特奥运动重点项目和基础项目的教学普及与推广,组建特奥运动队进行长期的训练,并通过特奥运动教学、特奥运动训练、组织特奥比赛以及特奥运动课程开发等实践活动,促进学校学生健康发展、教师专业发展、特奥运动项目建设的发展,最终实现学校体育特色和特奥运动品牌形成。

力争8~10年内学校有1~2个特奥运动项目在国内具有一定的知名度和影响力;有3~5名优秀的国家级特奥运动员;有1~2名体育教师在国内同行具有一定知名度;形成特色特奥运动校本课程,并在一定范围内推广使用。

具体内容包括:

① 学校体育工作领导小组统一思想,明确发展规划,分析学校特奥运动项目建设现状,落实组内特奥运动分工与责任。

② 加强特奥运动的普及与推广。通过开设特奥运动课,让学生都能了解特奥、参与特奥,并能掌握1~2项特奥运动技能;通过组织特奥运动比赛等活动,形成学校良好的特奥活动氛围,促进学生通过特奥运动获得健康发展。

③ 加强特奥运动的教学探究与实践。不断完善特奥运动校本教材。通过特奥运动的教学实践,了解学生在特奥运动学习中存在的问题,不断完善校本教材内容和教学手段,使特奥运动校本课程更加符合学生实际、更加科学合理,并具有一定的推广使用价值。

④ 建设特奥运动队伍。有多支特奥运动队伍具有代表市外出比赛的实力;有一支具有特色的精英队,精英队有1~2个项目的运动队伍或运动队员具有代表省参加更高级别的比赛,并在国内具有较高的知名度和影响。

⑤ 组织各类特奥运动有关的活动,提高特奥运动在学校的影响力。如每年的体育节和运动会、各级各类特奥比赛或交流活动等。

⑥ 打造一支专业素质高、具有专业见识、经验丰富的体育师资队伍,并有1

~2名教师在国内特奥同行中具有一定知名度。

### 五、信息技术的应用①

**（一）现状简述**

21世纪是一个知识化与信息化的时代。2009年《关于进一步加快特殊教育事业发展的意见》中明确指出：要"加快特殊教育信息化进程""特教学校要根据残疾学生的特点积极开展信息技术教育，大力推进信息技术在教学过程中的应用，提高残疾学生信息素养和运用信息技术的能力。"深圳元平特殊教育学校作为中国特殊教育的窗口学校，积极响应国家号召，其信息技术应用处于全国特殊教育学校的领先水平。在理论支撑下，坚持"一切为了特殊孩子"的办学理念，将信息技术应用到特殊学生的康复和学习中、教师的教学和发展中以及学校的管理和运行中，不断开创信息技术与特殊教育结合的新篇章。

深圳元平特殊教育学校在信息化建设方面进行了积极的探索和实践，历经起步阶段、发展阶段、一体化阶段。学校在完善软硬件设施的过程中更加强调将全校资源整合起来，实现全校资源的网络化、一体化，并通过承担国家重大课题，对其他学校教师进行信息技术培训，推动我国特殊教育信息化进程。学校不再仅仅满足于购进软硬件设备，还充分利用自身丰富的教师资源，根据学校自身情况以及我国特殊教育信息化特点开发信息技术平台，从而使学校信息技术走在国家前列。深圳元平特殊教育学校的信息技术设施设备除了实物展示台、交互式电子白板、交互智能平板一体机和智慧云课堂教学系统，还有一系列满足特殊学生需求的设备，如各类康复设备、辅助器具等；学校硬件系统的场地空间包括网络中心、计算机网络教室和校园电视台等。

特殊教育信息化是一个长期而艰巨的过程，需要强大的后备力量做支撑。深圳元平特殊教育学校信息化校园的构建在不断摸索中，逐渐形成了自身的支持系统。信息技术在特殊教育中应用的支持系统包括政策支持、经费支持、家庭支持和社会支持四个方面的内容。

信息技术在特殊教育中的应用最明显、最根本的体现是与教学的结合。深圳元平特殊教育学校教师将教学、康复训练与信息技术相结合，课前制作课件和视频等进行教学准备，课中应用交互式电子白板、交互智能平板一体机和智慧云课堂教学系统实施教学，课下使用网络交流教学心得。教师充分结合各类

---

① 黄建行，雷江华.信息技术在特殊教育中的应用[M].北京：北京大学出版社，2015.

学生的特征和需求进行教学设计、教学实施及康复训练。

信息技术在特殊教育的应用有助于学生进步,如促进学生的信息素养和学习能力提高、生活技能进步以及社会适应发展;信息技术推进教师的成长,如促进教师信息运用能力提高、教育教学效能优化以及评价反馈意识提升;信息技术推进学校的发展,如促进学校信息管理系统完善、信息交流机制健全以及教育教学模式创新。信息技术的应用成效还得到了社会的认可,例如政府、家长以及专业机构等。

(二)未来规划

随着移动终端、物联网、云计算、大数据等新一代信息技术的发展,信息技术在特殊教育教学中的应用创新具有更加广阔的空间。深圳元平特殊教育学校将在国家、省、市的特殊教育提升计划的大背景下,以教育部颁发的《教育信息化十年发展规划(2011—2020年)》《深圳市教育信息化发展规划(2015—2020年)》为指导,推进特殊教育"智慧校园"项目建设,打造具有环境全面感知、网络无缝互通、界面自然交互、数据智能分析、师生个性化服务等特征的智慧学习环境。依托深圳教育云,以服务教学应用为主线,以教育信息资源建设和开发应用为重点,以提高教育质量与效益、推动教育改革为目标,促进教育教学模式创新。

开展云环境下的翻转课堂、探究性学习、体验式学习、移动学习、泛在学习、智慧学习等教与学的新方法、新模式探索,促进特殊教育理念和教学方式的深刻变革。其中,智慧学习是指在泛在学习基础上新增了"智能分析",意在对学习者所产生的大范围数据中的隐含意义进行挖掘,为评估学习过程、预测未来表现和发现潜在问题提供服务。① 通过智能化的信息服务,构建智能课堂、智能管理,规范特殊教育学校的教育教学管理工作,使信息化服务教育决策、教育管理和教育发展的效能显著提升。

推进物联网的应用,通过信息传感设备,实现对特殊教育对象的智能化识别、定位、监控和管理,提高学生安全管理的效率和水平。

加强全市特殊教育学校教师信息技术应用能力培训工作,探索信息技术与教育教学深度融合的有效模式、途径和方法,促进互动式电子白板和多媒体一体机等新媒体新技术的广泛和深入应用,不断提高教育质量和教育水平,实现特殊教育的跨越式发展。

---

① 祝智庭.以智慧教育引领教育信息化创新发展[J].中国教育信息化,2012(4):4—7.

## 六、办学模式的发展

### （一）现状简述

特殊教育学校的办学模式是特殊教育学校在一定的办学理念指导下，为实现办学目标，在优化特殊教育诸要素的基础上，建立起来的一套富有特色的运行系统，包括办学理念、办学目标、办学体制、办学人员、办学环境、办学经费、办学效能等方面内容。深圳元平特殊教育学校在全国率先探索实践"教育、康复、职业训练一体化"的办学模式，取得了较为显著的教育效益和社会效益。

深圳元平特殊教育学校坚持"以人为本""服务至上""资源整合""科研兴校"的四大办学理念，确定了"宝塔式"分类推进的培养目标，始终坚持走内涵发展的道路，逐步在课程开发、职业教育、信息技术、康复训练、特奥运动等方面形成了在全国具有广泛影响的特殊教育品牌，获得了一系列的经验成果。在课程开发方面，学校在国内率先构建起"教育、康复、职业训练一体化"的智障教育课程体系，成立了校本课程改革与发展委员会，编订了适用于轻、中、重三个不同层次特殊学生的30门学科课程标准。此外，还编写了配套的校本教材、评估手册，重点建设了生活适应、感觉运动、特奥运动、物理治疗、西式面点等5门示范性课程。在职业教育方面，学校初步形成了职业教育、就业培训和就业安置"立交桥"，创新职业高中办学模式，建设立足特殊学生、面向就业市场的现代化职业教育课程体系；树立大职业教育观，打造"职业教育、就业培训、就业安置一体化"的平台；依托高校技术资源，实现中职教育与高职教育的无缝链接。在信息技术方面，学校将信息技术教育和信息技术的应用成果在全国推广应用。学校在"十五"期间承担了教育部国家级课题"信息技术在特殊教育中的应用"的研究工作，自主开发完成"中国特殊教育资源库（智障版）"，开创了特殊教育领域信息技术教育的先河。在康复训练方面，学校大力开展个别化康复训练，构建与国际接轨的学校教育与康复训练相结合的特殊教育模式，基本建立起康复类课程体系框架，形成了有深圳特色的康复训练体系，取得了较好的康复训练效果。在特奥运动方面，学校大力发展特奥运动，成为我国第一个"中国特奥培训基地"，充分发挥了特奥基地的辐射和带动作用，促进了学生身心康复。深圳元平特殊教育学校对特殊教育学校办学模式的探索和成就使其成为中国特殊教育学校中的佼佼者，"教育、康复、职业训练一体化"办学模式的成功蕴含着先进的办学理念和对特殊教育事业的热情，蕴含着敢闯敢拼的魄力与勇气，为我国特殊教育学校办学模式的发展提供了一种独特的思路。

## （二）未来规划

根据《特殊教育提升计划（2014—2016年）》（国办发〔2014〕1号）及《广东省特殊教育提升计划（2014—2016年）》（粤府办〔2014〕36号）要求，深圳市也制订了《深圳市特殊教育提升计划》。该计划指出全面推进全纳教育，使每一个残疾孩子都能接受合适的教育。经过两年努力，初步建立布局合理、学段衔接、普职融通、医教结合的特殊教育体系，义务教育阶段轻度残疾儿童少年主要到普通学校随班就读，或到其附设特教班就读，中重度残疾儿童少年主要到特殊教育学校就读；开展"医教结合"试验，探索建立康复类课程体系，完善教育与康复相结合的特殊教育模式；加快特殊教育信息化进程，建设市特殊教育资源库，促进优质特殊教育资源共享，各区要加强特殊教育信息化软硬件建设，实施特殊教育的学校要根据残疾学生特点，开展信息技术教育，提高其运用信息技术学习的能力。

根据《深圳市特殊教育提升计划》，深圳元平特殊教育学校未来的发展规划主要包括以下几个部分：

① 以"三教"为核心，深化教育教学改革。继续实行"医教结合"的教育理念，开展"医教结合"的试验，积极探索教育与康复相结合的特殊教育办学模式，探索学校康复类课程体系的建设，争取办成一所康复实验学校，使"医院进校园"成为可能。

② 普特融合，普通教育与特殊教育相融合，让特殊学生融合进普通学生的生活，同时让特殊儿童促使普通儿童成长，实现特殊教育教学的革命。如普通教育中"生命教育"缺失，特殊教育能为普通教育提供生命教育馆，可以让学生练习定向行走体验当盲人的感觉，或者坐上轮椅感受一下脑瘫学生的生活，增进普通学生对特殊学生的理解。

③ 推进特殊教育"智慧校园"项目建设，利用信息技术促进教育变革，打造智慧学习环境，提高教育质量与效益，推动教育变革，促进教育教学模式创新。推动物联网的应用，提高学生安全管理的效率。加强教师的信息技术应用能力培训工作，使信息技术与教育教学相结合。

④ 十八届三中全会指出推进法治中国建设，依法治国，依章程、依制度办事，完善治理结构，因此要推进现代学校制度的建设。

# 参考文献

[1] 安珑山.论教学制度[J].西北师范大学学报,2002,39(3).
[2] 包恒庆,汪旭东.基于组织效能内涵的理解谈对效能建设的思考[J].中国西部科技,2007(4).
[3] 毕书慧.基层特殊教育学校教师的专业化发展[J].教育理论与实践,2011(4).
[4] [美]查尔斯蒂利.身份、边界与社会联系[M].上海:上海人民出版社,2008.
[5] 查有梁.教育建模[M].南宁:广西教育科学出版社,2003.
[6] 陈如平.校长教学领导:提高学校效能和促进学校变革的策略[J].当代教育科学,2004(20).
[7] 陈孝彬.教育管理学[M].北京:北京师范大学出版社,1999.
[8] 陈小饮,申仁洪.试论我国特殊教育教师专业化发展[J].重庆师范大学学报(哲学社会科学版),2008(3).
[9] 陈佑清.教学论新编[M].北京:人民教育出版社,2011.
[10] 陈云英.中国特殊教育学基础[M].北京:教育科学出版社,2004.
[11] [美]丹尼尔·A.雷恩.管理思想的演变[M].李柱流,等,译.北京:中国社会科学出版社,1997.
[12] 丁勇.政策导向,法律约束——关于特殊教育学校教育经费投入和使用的几点建议[J].现代特殊教育,2004(3).
[13] 董少校.上海免费特殊教育覆盖学前到高中[N].中国教育报,2012-2-23-1.
[14] 杜必文.刍议学校后勤管理人员素质的提高[J].赤峰学院学报(自然科学版),2011,27(6).
[15] 方俊明.当代特殊教育导论[J].西安:陕西人民出版社,1998.
[16] 冯春欣.初中地理课堂特色教学之略观[J].课堂教育研究,2013(2).
[17] 高峰强,等.学生班级集体效能、考试焦虑和学业成绩的SEM研究[J].心理科学,2006,29(5).
[18] 郭清丽.浅议师德建设与教师专业发展一体化[J].教育与职业,2006(21).
[19] 顾明远.教育大辞典(第6卷)[M].上海:上海教育出版社,1992.
[20] [美]哈罗德·孔茨.管理学[M].黄砥石,译.北京:中国社会科学出版社,1987.
[21] 何文静.高校辅导员的角色定位研究[D].华中师范大学硕士论文,2012.
[22] 黄建行,雷江华.智障学生职业教育模式[M].北京:北京大学出版社,2011.
[23] 黄建行,雷江华.特殊教育学校校本课程开发[M].北京:北京大学出版社,2012.
[24] 黄建行,雷江华.特殊教育学校学生康复与训练[M].北京:北京大学出版社,2014.
[25] 黄建行,雷江华.特殊教育学校特奥运动项目建设[M].北京:北京大学出版社,2014.

[26] 黄建行,雷江华.信息技术在特殊教育中的应用[M].北京:北京大学出版社,2015.
[27] 黄建行,陆瑾.培智学校现代校本课程支持体系的构建[J].现代特殊教育,2014(1).
[28] 黄志成.全纳教育展望——对全纳教育发展近10年的若干思考[J].全球教育展望,2003(5).
[29] 胡芳.知识观转型与教师角色变迁[D].浙江师范大学硕士论文,2004.
[30] 霍海涛,等.组织效能影响因素实证研究[J].图书情报工作,2007,51(8).
[31] 姜飞月.自我效能理论及其在学校教育中的应用[J].宁波大学学报,2001,23(5).
[32] 康普华.育残成才的希望之路——深圳元平特殊教育学校的启示[J].中国社会工作,1997(3).
[33] 兰继军.论西部特殊教育教师的素质及其提高策略[J].中国特殊教育,2004(7).
[34] 雷江华,方俊明.特殊教育学[M].北京:北京大学出版社,2011.
[35] 黎红.经费不足特殊教育学校面临的最大难题[J].现代特殊教育,2004(3).
[36] 李剑萍.校长领导与学校效能的实证研究[M].济南:山东人民出版社,2005.
[37] 李黎红.聚焦"医教结合"[J].现代特殊教育,2011(2).
[38] 李黎红,郭俊峰.魅力元平——来自深圳元平特殊教育学校的报告[J].现代特殊教育,2006(12).
[39] 李莎曼.特殊教育学校经费来源与使用管理的现状与对策探究[J].经济生活文摘(下半月),2012(3).
[40] 李允,周海银.课程与教学原理[M].济南:山东人民出版社,2008.
[41] 李正叔.论全员参与的心理条件[J].印刷质量与标准化,2011(2).
[42] 梁裕,秦亮曦.一个校园一卡通系统的设计与实现[J].广西职业技术学院学报,2010,3(1).
[43] 林日青.创建品牌学校[M].北京:华龄出版社,2006.
[44] 刘皓,樊强.数字化校园与校园一卡通平台设计[J].黑龙江科技信息,2009(4).
[45] 刘长平.我国继续教育中校企合作办学模式分析[J].学术论坛,2006(6).
[46] 刘雄,熊辉.论校长素质与校长负责制[J].中华文化论坛,2008(S1).
[47] 刘芳,徐秋芳.大爱无疆,大智无垠——深圳元平特殊教育学校纪实[N].现代教育报,2010-05-26-11.
[48] [澳]L.J.萨哈.教育社会学[M].刘慧珍,译.重庆:西南师范大学出版社,2011.
[49] 陆昌勤,等.管理自我效能感与管理者工作态度和绩效的关系[J].北京大学学报(自然科学版),2006,42(2).
[50] 陆瑾,黄建行.以教育科研为依托,促进教师专业成长[J].现代特殊教育,2009(6).
[51] 卢侃.从香农信息论到认知信息论[J].哈尔滨工程大学学报,2011,32(8).
[52] 路仙伟,贾国安.论新形势下的教师发展[J].唐山学院学报,2009,22(5).
[53] 吕荣盛.论组织、组织效能与组织领导[J].社会科学战线,2000(5).
[54] 吕星宇.论"教育内涵式发展"[J].现代教育论丛,2010(5).
[55] 马延伟,马云鹏.课程改革与学校文化重建——一所学校的个案研究[M].教育研究,2004(3).

[56] "面向21世纪中国社区中的终身学习的调查与研究"课题组.社区终身学习理念与我国社区教育转型——关于我国社区教育现状、问题及发展对策的调查研究[J].教育研究,2002(11).

[57] 潘懋元,邬大光.世纪之交中国高等教育办学模式的变迁与走向[J].教育研究,2001(3).

[58] 彭霞光.中国特殊教育发展报告2012[M].北京:教育科学出版社,2013.

[59] 朴永馨.特殊教育学[M].福州:福建教育出版社,1995.

[60] 秦德林,蒋忠.学校学习型组织建设与中小学教师可持续发展[J].现代教育科学,2004(4).

[61] 乔梁.特殊教育的全人教育观[J].中国特殊教育,2001(4).

[62] 任颂羔 杨民.世界特殊教育研究[M].大连:辽宁大学出版社,2004.

[63] 谌启标.学校效能论[J].江西教育科研,2001(6).

[64] 谌启标.学校效能研究论纲[J].教育理论与实践,2001,21(6).

[65] 申仁洪.特殊学生生涯发展:问题与对策[M].北京:科学出版社,2012.

[66] 石部元雄.世界各国的特殊教育[M].李聪明,等,译.台北:中正书局,1988.

[67] 石雷山.教师集体效能:教师效能研究的新进展[J].外国教育研究,2005(10).

[68] 孙绵涛.教育效能论[M].北京:人民教育出版社,2007.

[69] 孙绵涛,洪哲.学校效能初探[J].教育与经济,1994(3).

[70] 唐去病.法国的特殊教育[J].全球教育展望,1981(6).

[71] 唐燕玉.学校管理人员的职业道德特点和建设[J].安徽教育学院学报,1994(4).

[72] 滕云.农村中小学校长领导力的个案研究[D].西南大学硕士论文,2010.

[73] 王道俊,王汉澜.教育学[M].北京:人民教育出版社,1999.

[74] 王根顺,孟子博.西部地区职业教育经费的现状、成因及对策分析[J].甘肃联合大学学报(社会科学版),2008(2).

[75] 王静.多重角色定位视角下的监狱警察队伍绩效考评与激励机制建设研究——以浙江省女子监狱为例[D].中国社会科学院硕士论文,2012.

[76] 汪婧莉.高校辅导员角色问题研究[D].华东师范大学硕士论文,2007.

[77] 王军永,刘霞,陈和利等.江西省残疾人康复医疗服务和救助需求调查[J].中国康复医学杂志,2011(1).

[78] 王维臣.现代教学——理论和实践[M].上海:上海教育出版社,2012.

[79] 王玲凤.特殊教育教师的职业压力、应对方式及职业倦怠[J].中国特殊教育,2010(1).

[80] 王汝余,樊道安.谈办学环境问题[J].徐州师范学院学报,1995(1).

[81] 王炜.信息论对教育发展的启示[J].产业与科技论坛,2007,8(6).

[82] 王绪池.学校总务管理[M].重庆:重庆大学出版社,2008.

[83] 王雪艾.浅谈企业文化建设中管理者效能的发挥[J].陕西煤炭,2011(5).

[84] [美]韦恩·K.霍伊,赛西尔·G.米斯克尔.教育管理学:理论研究实践(第7版)[M].范国睿,译.北京:教育科学出版社,2007.

[85] 吴清山,林天佑.教育名词——学习型组织[J].教育资料与研究,1997(18).

[86] 吴淑娇.从教育经费收支结构的地区差异看教育机会均等[J].北京大学研究生学志,2005(4).

[87] 吴志宏,冯大鸣,周嘉方.新编教育管理学[M].上海:华东师范大学出版社,2000.

[88] 萧宗六.学校管理学[M].北京:人民教育出版社,2001.

[89] 谢剑波.多身份视角下的行政态度研究——新型平等交往协作模式行政关系的构建[D].湖南师范大学硕士论文,2012.

[90] 熊琪,雷江华.我国特殊教育学校经费支出结构探析[J].中国特殊教育,2012(3).

[91] 许浩.论高校精神环境育人的特点及功能[J].经济与社会发展,2006,4(1).

[92] 学校教育理论与政策研究小组.中国名校办学模式[M].呼和浩特:远方出版社,2007.

[93] [美]亚历山大·温特.国际政治的社会理论[M].北京:北京大学出版社,2005.

[94] 杨辉.注重质量教育,全员参与管理[N].中国质量报,2007-5-30-007.

[95] 杨立雄,兰花.中国残疾人社会保障制度[M].北京:人民出版社,2011.

[96] 杨民.世界特殊教育研究[M].大连:辽宁师范大学出版社,2004.

[97] 任颂羔.特殊教育发展模式[M].北京:北京大学出版社,2012.

[98] 杨颖秀.学校管理[M].北京:北京师范大学出版社,2012.

[99] 应伟忠.德国特殊教育的特点和趋势(一)[J].现代特殊教育,1999(3).

[100] 俞文钊,吕晓俊.学习型组织导论[M].大连:东北财经大学出版社,2008.

[101] 曾悟声.市场经济条件下学校领导效能研究[J].贵州化工,2003(5).

[102] 张东娇,徐志勇,赵树贤.教育管理学[M].北京:高等教育出版社,2011.

[103] 张宁生,荣卉.残疾儿童的父母如何调适心路历程[J].心理科学,1997,20(5).

[104] 张亮、赵承福.国外学校效能评价指标研究的新进展[J].教育研究,2012(8).

[105] 张轶炳,李芒.用系统论的方法分析信息技术与课程整合的层次性和多样性[J].电化教育研究,2005(11).

[106] 张勇军.论全人教育思想的哲学基础及其借鉴意义[J].职教论坛,2011.

[107] 赵梅菊,雷江华.德国特殊教育发展的特点[J].现代特殊教育,2012(1).

[108] 赵敏,江月孙.学校管理学新编[M].广州:广东高等教育出版社,2008.

[109] 郑燕翔.教育的功能与效能[M].香港:广角镜出版有限公司,1986.

[110] 祝智庭.以智慧教育引领教育信息化创新发展[J].中国教育信息化,2012(4).

[111] Bandura A. Self-efficacy:Toward a unifying theory of behavioral change[J]. Psychological Review,1997.

[112] Bandura, A. Social foundations of thought and action:A social cognitive theory[J]. Englewood Cliffs, NJ:Prentice-Hall,1986.

[113] Mike Pedler,John Burgoyne,Tom Boydell Maidenhead. A manager's guide to leadership[M]. UK:McGraw-Hill,2004.

[114] R. Linton. The study of man[M]. New York:Appleton-Century,1936.

[115] Roger D. Goddard, Wayne K. Hoy, Anita Woolfolk Hoy. Collective teacher efficacy:Its

meaning, measure, and impact on student achievement[J]. American Educational Research Journal, 2000(37).

[116] Roger D. Goddard, Wayne K. Hoy. Collective teacher efficacy and student achievement in urban public elementary schools[J]. Paper presented at the annual meeting of American Education Research Association, 2001.

[117] Rotter J B. Generalized expectancies in internal versus external control of reinforcement [J]. Psychological Monographs, 1966.

[118] 广东省人民政府办公厅. 关于进一步加快特殊教育事业发展的实施意见[EB/OL]. http://zwgk. gd. gov. cn/006939748/201108/t20110810_207516. html. 2011-08-03.

[119] 山东省教育厅. 山东省名校工程首批立项建设单位公示[EB/OL]. http://www. sdedu. gov. cn/jyt/gsgg/webinfo/2012/10/1387592476046594. htm. 2012-10-24.

[120] 中国残疾人辅助器具网[EB/OL]. http://www. cjfj. org/templates/product/productlist. aspx? selftypeid=72.

[121] 中国孤独症网. 听觉统合治疗[EB/OL]. http://www. cautism. com/2011/1-11/1111116504740631. html. 2011-01-11.

[122] 中国残疾人联合会. 2014年中国残疾人事业发展统计公报[EB/OL]. http://www. cdpf. org. cn/zcwj/zxwj/201503/t20150331_444108. shtml. 2015-03-31.

[123] 中国残疾人联合会. 中华人民共和国残疾人教育条例[EB/OL]. http://www. cdpf. org. cn/zcfg/content/2001-11/06/content_30316064. htm. 2001-11.

[124] 中国教育和科研计算机网. 国务院关于基础教育改革和发展的决[EB/OL]. http://www. edu. cn/20010907/3000665. shtml. 2001-05-29.

[125] 中国教育和科研计算机网. 特殊教育学校暂行规程[EB/OL]. http://www. edu. cn/20010823/207448. shtml. 2002-02-12.

# 北京大学出版社
## 教育出版中心 精品图书

### 21世纪特殊教育创新教材·理论与基础系列
|  |  |  |
|---|---|---|
| 特殊教育的哲学基础 | 方俊明 主编 | 36元 |
| 特殊教育的医学基础 | 张 婷 主编 | 36元 |
| 特殊教育导论（第二版） | 雷江华 主编 | 45元 |
| 特殊教育学（第二版） | 雷江华 方俊明 主编 | 43元 |
| 特殊儿童心理学（第二版） | 方俊明 雷江华 主编 | 39元 |
| 特殊教育史 | 朱宗顺 主编 | 39元 |
| 特殊教育研究方法（第二版） | 杜晓新 宋永宁等 主编 | 39元 |
| 特殊教育发展模式 | 任颂羔 主编 | 33元 |
| 特殊儿童心理与教育（第二版） | 杨广学 张巧明 王 芳 主编 | 36元 |

### 21世纪特殊教育创新教材·发展与教育系列
|  |  |  |
|---|---|---|
| 视觉障碍儿童的发展与教育 | 邓 猛 编著 | 33元 |
| 听觉障碍儿童的发展与教育 | 贺荟中 编著 | 38元 |
| 智力障碍儿童的发展与教育 | 刘春玲 马红英 编著 | 32元 |
| 学习困难儿童的发展与教育 | 赵 微 编著 | 39元 |
| 自闭症谱系障碍儿童的发展与教育 | 周念丽 编著 | 32元 |
| 情绪与行为障碍儿童的发展与教育 | 李闻戈 编著 | 36元 |
| 超常儿童的发展与教育（第二版） | 苏雪云 张 旭 编著 | 39元 |

### 21世纪特殊教育创新教材·康复与训练系列
|  |  |  |
|---|---|---|
| 特殊儿童应用行为分析 | 李 芳 李 丹 编著 | 36元 |
| 特殊儿童的游戏治疗 | 周念丽 编著 | 30元 |
| 特殊儿童的美术治疗 | 孙 霞 编著 | 38元 |
| 特殊儿童的音乐治疗 | 胡世红 编著 | 32元 |
| 特殊儿童的心理治疗（第二版） | 杨广学 编著 | 45元 |
| 特殊教育的辅具与康复 | 蒋建荣 | 29元 |
| 特殊儿童的感觉统合训练 | 王和平 编著 | 45元 |
| 孤独症儿童课程与教学设计 | 王 梅 著 | 37元 |

### 自闭谱系障碍儿童早期干预丛书
|  |  |  |
|---|---|---|
| 如何发展自闭谱系障碍儿童的沟通能力 | 朱晓晨 苏雪云 | 29元 |
| 如何理解自闭谱系障碍和早期干预 | 苏雪云 | 32元 |
| 如何发展自闭谱系障碍儿童的社会交往能力 | 吕 梦 杨广学 | 33元 |
| 如何发展自闭谱系障碍儿童的自我照料能力 | 倪萍萍 周 波 | 32元 |
| 如何在游戏中干预自闭谱系障碍儿童 | 朱 瑞 周念丽 | 32元 |
| 如何发展自闭谱系障碍儿童的感知和运动能力 | 韩文娟，徐芳，王和平 | 32元 |
| 如何发展自闭谱系障碍儿童的认知能力 | 潘前前 杨福义 | 39元 |
| 自闭症谱系障碍儿童的发展与教育 | 周念丽 | 32元 |
| 如何通过音乐干预自闭谱系障碍儿童 | 张正琴 | 36元 |
| 如何通过画画干预自闭谱系障碍儿童 | 张正琴 | 36元 |
| 如何运用ACC促进自闭谱系障碍儿童的发展 | 苏雪云 | 36元 |
| 孤独症儿童的关键性技能训练法 | 李 丹 | 45元 |
| 自闭症儿童家长辅导手册 | 雷江华 | 35元 |
| 孤独症儿童课程与教学设计 | 王 梅 | 37元 |
| 融合教育理论反思与本土化探索 | 邓 猛 | 58元 |
| 自闭症谱系障碍儿童家庭支持系统 | 孙玉梅 | 36元 |

### 特殊学校教育·康复·职业训练丛书（黄建行 雷江华 主编）
|  |  |
|---|---|
| 信息技术在特殊教育中的应用 | 55元 |
| 智障学生职业教育模式 | 36元 |
| 特殊教育学校学生康复与训练 | 59元 |
| 特殊教育学校校本课程开发 | 45元 |
| 特殊教育学校特奥运动项目建设 | 49元 |

### 21世纪学前教育规划教材
|  |  |  |
|---|---|---|
| 学前教育概论 | 李生兰 主编 | 49元 |
| 学前教育管理学 | 王 雯 | 45元 |
| 幼儿园歌曲钢琴伴奏教程 | 果旭伟 | 39元 |
| 幼儿园舞蹈教学活动设计与指导 | 董 丽 | 36元 |
| 实用乐理与视唱 | 代 苗 | 40元 |
| 学前儿童美术教育 | 冯婉贞 | 45元 |
| 学前儿童科学教育 | 洪秀敏 | 39元 |
| 学前儿童游戏 | 范明丽 | 39元 |
| 学前教育研究方法 | 郑福明 | 39元 |
| 外国学前教育史 | 郭法奇 | 39元 |
| 学前教育政策与法规 | 魏 真 | 36元 |
| 学前心理学 | 涂艳国、蔡 艳 | 36元 |
| 学前教育理论与实践教程 | 王 维 王维娅 孙 岩 | 39元 |
| 学前儿童数学教育 | 赵振国 | 39元 |

### 大学之道丛书
|  |  |  |
|---|---|---|
| 市场化的底限 | [美] 大卫·科伯 著 | 59元 |

| 大学的理念 | [英] 亨利·纽曼 著 49元 |
| 哈佛：谁说了算 | [美] 理查德·布瑞德利 著 48元 |
| 麻省理工学院如何追求卓越 | [美] 查尔斯·维斯特 著 35元 |
| 大学与市场的悖论 | [美] 罗杰·盖格 著 48元 |

高等教育公司：营利性大学的崛起
　　　　　　　　　　　　　[美] 理查德·鲁克 著 38元

公司文化中的大学：大学如何应对市场化压力
　　　　　　　　　　　　　[美] 埃里克·古尔德 著 40元

美国高等教育质量认证与评估
　　　　　　　　[美] 美国中部州高等教育委员会 编 36元

现代大学及其图新　　[美] 谢尔顿·罗斯布莱特 著 60元

美国文理学院的兴衰——凯尼恩学院纪实
　　　　　　　　　　　　　[美] P.F.克鲁格 著 42元

教育的终结：大学何以放弃了对人生意义的追求
　　　　　　　　　　　[美] 安东尼·T.克龙曼 著 35元

| 大学的逻辑（第三版） | 张维迎 著 38元 |
| 我的科大十年（续集） | 孔宪铎 著 35元 |
| 高等教育理念 | [英] 罗纳德·巴尼特 著 45元 |
| 美国现代大学的崛起 | [美] 劳伦斯·维赛 著 66元 |
| 美国大学时代的学术自由 | [美] 沃特·梅兹格 著 39元 |
| 美国高等教育通史 | [美] 亚瑟·科恩 著 59元 |
| 美国高等教育史 | [美] 约翰·塞林 著 69元 |
| 哈佛通识教育红皮书 | 哈佛委员会撰 38元 |

高等教育何以为"高"——牛津导师制教学反思
　　　　　　　　　　　　[英] 大卫·帕尔菲曼 著 39元

| 印度理工学院的精英们 | [印度] 桑迪潘·德布 著 39元 |
| 知识社会中的大学 | [英] 杰勒德·德兰迪 著 32元 |

高等教育的未来：浮言、现实与市场风险
　　　　　　　　　　　　[美] 弗兰克·纽曼等 著 39元

| 后现代大学来临？ | [英] 安东尼·史密斯等 主编 32元 |
| 美国大学之魂 | [美] 乔治·M.马斯登 著 58元 |

大学理念重审：与纽曼对话
　　　　　　　　　　　[美] 雅罗斯拉夫·帕利坎 著 40元

学术部落及其领地——当代学术界生态揭秘（第二版）
　　　　　　　　[英] 托尼·比彻 保罗·特罗勒尔 著 33元

德国古典大学观及其对中国大学的影响（第二版）
　　　　　　　　　　　　　　陈洪捷 著 42元

转变中的大学：传统、议题与前景　郭为藩 著 23元

学术资本主义：政治、政策和创业型大学
　　　　　　　　　[美] 希拉·斯劳特　拉里·莱斯利 著 36元

21世纪的大学　　　　[美] 詹姆斯·杜德斯达 著 38元

美国公立大学的未来
　　　　[美] 詹姆斯·杜德斯达　弗瑞斯·沃马克 著 30元

| 东西象牙塔 | 孔宪铎 著 32元 |
| 理性捍卫大学 | 眭依凡 著 49元 |

**学术规范与研究方法系列**

| 社会科学研究方法100问 | [美] 萨子金德 著 38元 |
| 如何利用互联网做研究 | [爱尔兰] 杜恰泰 著 38元 |

如何为学术刊物撰稿：写作技能与规范（英文影印版）
　　　　　　　　　　　　　[英] 罗薇娜·莫 编著 26元

如何撰写和发表科技论文（英文影印版）
　　　　　　　　　　　　　[美] 罗伯特·戴 等著 39元

如何撰写与发表社会科学论文：国际刊物指南
　　　　　　　　　　　　　　蔡今忠 著 35元

| 如何查找文献 | [英] 萨莉拉·姆齐 著 35元 |
| 给研究生的学术建议 | [英] 戈登·鲁格 等著 26元 |
| 科技论文写作快速入门 | [瑞典] 比约·古斯塔维 著 19元 |

社会科学研究的基本规则（第四版）
　　　　　　　　　　　　　[英] 朱迪斯·贝尔 著 32元

做好社会研究的10个关键　[英] 马丁·丹斯考姆 著 20元

如何写好科研项目申请书
　　　　　　　　　　[美] 安德鲁·弗里德兰德 等著 28元

| 教育研究方法（第六版） | [美] 乔伊斯·高尔 等著 88元 |
| 高等教育研究：进展与方法 | [英] 马尔科姆·泰特 著 25元 |
| 如何成为学术论文写作高手 | 华莱士 著 49元 |
| 参加国际学术会议必须要做的那些事 | 华莱士 著 32元 |
| 如何成为优秀的研究生 | 布卢姆 著 38元 |

**21世纪高校职业发展读本**

| 如何成为卓越的大学教师 | 肯·贝恩 著 32元 |
| 给大学新教员的建议 | 罗伯特·博伊斯 著 35元 |
| 如何提高学生学习质量 | [英] 迈克尔·普洛瑟 等著 35元 |
| 学术界的生存智慧 | [美] 约翰·达利 等主编 35元 |

给研究生导师的建议（第2版）
　　　　　　　　　　　　[英] 萨拉·德拉蒙特 等著 30元

**21世纪教师教育系列教材·物理教育系列**

中学物理微格教学教程（第二版）
　　　　　　　　　　　张军朋　詹伟琴　王恬 编著 32元

| 中学物理科学探究学习评价与案例 | 张军朋 许桂清 编著 32元 |
| 物理教学论 | 邢红军 著 49元 |
| 中学物理教学评价与案例分析 | 王建中 孟红娟 著 38元 |

## 21世纪教育科学系列教材·学科学习心理学系列

| 数学学习心理学（第二版） | 孔凡哲 曾 峥 编著 38元 |
| 语文学习心理学 | 董蓓菲 编著 39元 |

## 21世纪教师教育系列教材

| 教育学基础 | 庞守兴 主编 40元 |
| 教育学 | 余文森 王 晞 主编 26元 |
| 教育研究方法 | 刘淑杰 主编 45元 |
| 教育心理学 | 王晓明 主编 55元 |
| 心理学导论 | 杨凤云 主编 46元 |
| 教育心理学概论 | 连 榕 罗丽芳 主编 42元 |
| 课程与教学论 | 李 允 主编 42元 |
| 教师专业发展导论 | 于胜刚 主编 42元 |
| 学校教育概论 | 李清雁 主编 42元 |
| 现代教育评价教程（第二版） | 吴 钢 主编 45元 |
| 教师礼仪实务 | 刘 霄 主编 36元 |
| 家庭教育新论 | 闫旭蕾 杨 萍 主编 39元 |
| 中学班级管理 | 张宝书 主编 39元 |
| 教育职业道德 | 刘亭亭 39元 |
| 教师心理健康 | 张怀春 39元 |
| 现代教育技术 | 冯玲玉 39元 |
| 青少年发展与教育心理学 | 张 清 42元 |
| 课程与教学论 | 李 允 42元 |

## 21世纪教师教育系列教材·初等教育系列

| 小学教育学 | 田友谊 主编 39元 |
| 小学教育学基础 | 张永明 曾 碧 主编 42元 |
| 小学班级管理 | 张永明 宋彩琴 主编 39元 |
| 初等教育课程与教学论 | 罗祖兵 主编 39元 |
| 小学教育研究方法 | 王红艳 主编 39元 |

## 教师资格认定及师范类毕业生上岗考试辅导教材

| 教育学 | 余文森 王 晞 主编 26元 |
| 教育心理学概论 | 连 榕 罗丽芳 主编 42元 |

## 21世纪教师教育系列教材·学科教育心理学系列

| 语文教育心理学 | 董蓓菲 编著 39元 |
| 生物教育心理学 | 胡继飞 编著 45元 |

## 21世纪教师教育系列教材·学科教学论系列

| 新理念化学教学论（第二版） | 王后雄 主编 45元 |
| 新理念科学教学论（第二版） | 崔 鸿 张海珠 主编 36元 |
| 新理念生物教学论（第二版） | 崔 鸿 郑晓慧 主编 45元 |
| 新理念地理教学论（第二版） | 李家清 主编 45元 |
| 新理念历史教学论（第二版） | 杜 芳 主编 33元 |
| 新理念思想政治（品德）教学论（第二版） | 胡田庚 主编 36元 |
| 新理念信息技术教学论（第二版） | 吴军其 主编 32元 |
| 新理念数学教学论 | 冯 虹 主编 36元 |

## 21世纪教师教育系列教材·语文课程与教学论系列

| 语文文本解读实用教程 | 荣维东 主编 49元 |
| 语文课程教师专业技能训练 | 张学凯 刘丽丽 主编 45元 |
| 语文课程与教学发展简史 | 武玉鹏 王从华 黄修志 主编 38元 |
| 语文课程学与教的心理学基础 | 韩雪屏 王朝霞 主编 |
| 语文课程名师名课案例分析 | 武玉鹏 郭治锋 主编 |
| 语用性质的语文课程与教学论 | 王元华 著 42元 |

## 21世纪教师教育系列教材·学科教学技能训练系列

| 新理念生物教学技能训练（第二版） | 崔 鸿 33元 |
| 新理念思想政治（品德）教学技能训练（第二版） | 胡田庚 赵海山 29元 |
| 新理念地理教学技能训练 | 李家清 32元 |
| 新理念化学教学技能训练（第二版） | 王后雄 36元 |
| 新理念数学教学技能训练 | 王光明 36元 |
| 新理念小学音乐教学法 | 吴跃跃 主编 38元 |

## 王后雄教师教育系列教材

| 教育考试的理论与方法 | 王后雄 主编 35元 |
| 化学教育测量与评价 | 王后雄 主编 45元 |
| 中学化学实验教学研究 | 王后雄 主编 32元 |
| 新理念化学教学诊断学 | 王后雄 主编 48元 |

## 西方心理学名著译丛

| 荣格心理学七讲 | [美] 卡尔文·霍尔 45元 |
| 拓扑心理学原理 | [德] 库尔德·勒温 32元 |
| 系统心理学：绪论 | [美] 爱德华·铁钦纳 30元 |

| 社会心理学导论 | [美] 威廉·麦独孤 | 36元 |
| --- | --- | --- |
| 思维与语言 | [俄] 列夫·维果茨基 | 30元 |
| 人类的学习 | [美] 爱德华·桑代克 | 30元 |
| 基础与应用心理学 | [德] 雨果·闵斯特伯格 | 36元 |
| 记忆 | [德] 赫尔曼·艾宾浩斯 著 | 32元 |
| 儿童的人格形成及其培养 | [奥地利] 阿德勒 著 | 35元 |
| 幼儿的感觉与意志 | [德] 威廉·蒲莱尔 著 | 45元 |
| 实验心理学（上下册） | [美] 伍德沃斯 施洛斯贝格 著 | 150元 |
| 格式塔心理学原理 | [美] 库尔特·考夫卡 | 75元 |
| 动物和人的目的性行为 | [美] 爱德华·托尔曼 | 44元 |
| 西方心理学史大纲 | 唐 钺 | 42元 |

## 心理学视野中的文学丛书

| 围城内外——西方经典爱情小说的进化心理学透视 | 熊哲宏 | 32元 |
| --- | --- | --- |
| 我爱故我在——西方文学大师的爱情与爱情心理学 | 熊哲宏 | 32元 |

## 21世纪教学活动设计案例精选丛书（禹明 主编）

| 初中语文教学活动设计案例精选 | 23元 |
| --- | --- |
| 初中数学教学活动设计案例精选 | 30元 |
| 初中科学教学活动设计案例精选 | 27元 |
| 初中历史与社会教学活动设计案例精选 | 30元 |
| 初中英语教学活动设计案例精选 | 26元 |
| 初中思想品德教学活动设计案例精选 | 20元 |
| 中小学音乐教学活动设计案例精选 | 27元 |
| 中小学体育（体育与健康）教学活动设计案例精选 | 25元 |
| 中小学美术教学活动设计案例精选 | 34元 |
| 中小学综合实践活动教学活动设计案例精选 | 27元 |
| 小学语文教学活动设计案例精选 | 29元 |
| 小学数学教学活动设计案例精选 | 33元 |
| 小学科学教学活动设计案例精选 | 32元 |
| 小学英语教学活动设计案例精选 | 25元 |
| 小学品德与生活（社会）教学活动设计案例精选 | 24元 |
| 幼儿教育教学活动设计案例精选 | 39元 |

## 全国高校网络与新媒体专业规划教材

| 文化产业概论 | 尹章池 | 38元 |
| --- | --- | --- |
| 网络文化教程 | 李文明 | 39元 |
| 网络与新媒体评论 | 杨娟 | 38元 |
| 新媒体概论 | 尹章池 | 39元 |

| 新媒体视听节目制作 | 周建青 | 45元 |
| --- | --- | --- |
| 融合新闻学 | 石长顺 | 39元 |
| 新媒体网页设计与制作 | 惠悲荷 | 39元 |
| 网络新媒体实务 | 张合斌 | 39元 |
| 突发新闻教程 | 李 军 | 45元 |
| 视听新媒体节目制作 | 周建青 | 45元 |
| 视听评论 | 何志武 | 32元 |
| 出镜记者案例分析 | 刘 静 邓秀军 | 39元 |
| 视听新媒体导论 | 郭小平 | 39元 |

## 全国高校广播电视专业规划教材

| 电视节目策划教程 | 项仲平 著 | 36元 |
| --- | --- | --- |
| 电视导播教程 | 程 晋 编著 | 39元 |
| 电视文艺创作教程 | 王建辉 编著 | 39元 |
| 广播剧创作教程 | 王国臣 编著 | 36元 |

## 21世纪教育技术学精品教材（张景中 主编）

| 教育技术学导论（第二版） | 李芒 金林 编著 | 33元 |
| --- | --- | --- |
| 远程教育原理与技术 | 王继新 张屹 编著 | 41元 |
| 教学系统设计理论与实践 | 杨九民 梁林梅 编著 | 29元 |
| 信息技术教学论 | 雷体南 叶良明 主编 | 29元 |
| 网络教育资源设计与开发 | 刘清堂 主编 | 30元 |
| 学与教的理论与方式 | 刘雍潜 | 32元 |
| 信息技术与课程整合（第二版） | 赵呈领 杨琳 刘清堂 | 39元 |
| 教育技术研究方法 | 张屹 黄磊 | 38元 |
| 教育技术项目实践 | 潘克明 | 32元 |

## 21世纪信息传播实验系列教材（徐福荫 黄慕雄 主编）

| 多媒体软件设计与开发 | 32元 |
| --- | --- |
| 电视照明·电视音乐音响 | 26元 |
| 播音与主持艺术（第二版） | 38元 |
| 广告策划与创意 | 26元 |
| 摄影基础（第二版） | 32元 |

## 21世纪教师教育系列教材·专业养成系列（赵国栋主编）

| 微课与慕课设计初级教程 | 40元 |
| --- | --- |
| 微课与慕课设计高级教程 | 48元 |
| 微课、翻转课堂和慕课设计实操教程 | 188元 |
| 网络调查研究方法概论（第二版） | 49元 |
| PPT云课堂教学法 | 88元 |